たのしく学ぶ

マクロ経済学

滝川好夫 著

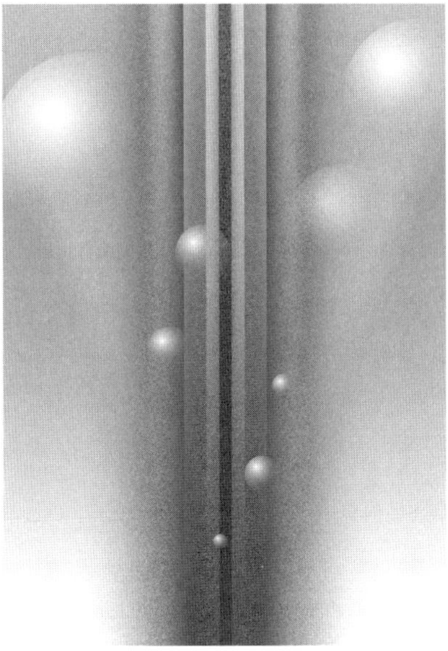

ミネルヴァ書房

はしがき

Ⅰ　本書のねらい

本書はマクロ経済学の学部学生向け教科書・参考書，社会人向け啓蒙書です。教科書・参考書には，何を，なぜ，どのようにして学ぶのかがはっきりと記述されていなければなりません。しかし，どの教科書・参考書にも，何を，どのようにして学ぶのかは記述されていますが，「なぜ，それを学ぶのか」がはっきりと書かれていません。本書では，「何を，どのようにして学ぶのか」については「実証分析」と「理論分析」を提供しています。本書では，同じ１つのテーマを，実証面，理論面から２回学習することになります。一方，「何を，なぜ学ぶのか」については「こんな新聞記事が出ていました」を提供しています。本書では，現実の生きた経済から学習材料をとり，「何を，なぜ学ぶのか」を明らかにしています。「なぜ学ぶのか」が理解できれば，「マクロ経済学は，現実の世界で役に立ちそうで，おもしろい」ということを実感するようになるでしょう。

Ⅱ　本書の４つの特徴

(1)　1項目ずつを原則見開き2ページで簡潔に説明しています。

理論，実際の出来事，あるいは問題演習でといったさまざまな工夫をしながら学部学生にマクロ経済学を教えていますが，チャート（図表）を用いた視覚的学習方法はきわめて有効であると実感し，これが本書『たのしく学ぶ　マクロ経済学』を書くことになった動機です。本書は，マクロ経済学を98項目にまとめ，１項目ずつを原則見開き２ページで簡潔に説明しています。教科書・参考書の評価は「内容」×「読みやすさ・見やすさ」であって，「内容」がゼロであっても，あるいは「読みやすさ・見やすさ」がゼロであっても，教科書・参考書の評価はゼロです。１項目ずつを原則見開き２ページで簡潔に説明することにより，本書は類書にくらべてたいへん「読みやすい・見やすい」ものになっています。

(2) 現実の生きた経済から学習材料をとり，「何を，なぜ学ぶのか」を明らかにしています。

講義では，B 4 用紙 2 枚程度に 1 週間の新聞記事を切り貼りし，両面コピーをしたうえで配布し，授業の冒頭で解説しています。現実の生きた経済から学習材料をとり，学習の動機づけを与えることは，講義への関心を高め，講義内容の理解をより確実なものにしているように思います。時事問題を取り上げることによって，講義内容をなぜ学ぶ必要があるのかを理解してもらっています。

(3) 日本経済の実態をビジュアル化しています。

各章の「短期日本経済マクロ計量モデル」では，「日本経済の実態」をビジュアル化しています。例えば，*IS-LM* 分析では，Y，r，C，I，M，L の記号が出てきますが，本書は，それらが実際の経済において，何にあたるものかを明らかにしています。また，*IS-LM* 分析では，消費関数は $C=C_0+cY$ と特定化されていますが，本書は，実際の経済における消費決定要因を明らかにしています。読者は，理論と実際の齟齬を，ビジュアル化された「日本経済の実態」を通じて理解できるでしょう。

(4) 超一級の経済学者ケインズの三部作を手掛かりにしています。

J. M. Keynes の『貨幣改革論』(1923年)，『貨幣論』(1930年)，『雇用，利子および貨幣の一般理論』(1936年) は「ケインズ三部作」と呼ばれています。ケインズと言えば『雇用，利子および貨幣の一般理論』(『一般理論』と略称されることが一般には多い) と言われていますが，最近は学部生のみならず大学院生も『一般理論』を読まずに，*IS-LM* モデルの学習だけでケインズ経済学を理解した気になっているように思います。現在のマクロ経済学がケインズから誕生しているにもかかわらず，経済学の専門家にとっても「ケインズ三部作」は難しい本であることもあり，一般の教科書・参考書では“超一級のケインズ三部作”の香りさえもありません。本書は，拙著『ケインズ経済学を読む：『貨幣改革論』『貨幣論』『雇用，利子および貨幣の一般理論』』（ミネルヴァ書房，2008年３月）に基づき，超一級の経済学者ケインズの三部作を紹介しています。“超一級の経済学”の雰囲気を楽しんでいただければ，「ケインズはさすが賢い」「ケインズの書いた本はすばらしい」と思われ，“ほんもののマクロ経済学”を学ぶことになるでしょう。

ミネルヴァ書房編集部の堀川健太郎氏，東寿浩氏には本書の企図を理解していただき，出版の機会を得られたことを，ここに記して感謝の意を表します。

2007年７月

神戸大学大学院経済学研究科教授　滝川好夫

たのしく学ぶマクロ経済学

目　　次

第2部　日本経済の供給面と需要面：GDP ギャップ

【知っておきましょう】一覧

序

マクロ経済学を学ぶにあたって

1 新聞は読むものでなく，見るものです

テレビ，ラジオ，新聞はすべて“生きたマクロ経済学”を学ぶための情報源です。テレビを見る，ラジオを聞く，新聞を読むと言いますが，見る，聞くは楽ですが，読むとなると苦になるかもしれません。テレビ，ラジオは「いつでも，どこでも」とはいきませんが，新聞であれば「いつでも，どこでも」読むことができます。しかし，「いつでも，どこでも」読めるという安心感は逆に「新聞を読む」ことを煩わしいものにさせているように思います。

新聞は「読む」と思うから長続きしないのであって，「新聞を見る」「新聞を眺める」ことにすれば楽に続けることができるでしょう。まずは，新聞は読むものではなくて，見るものなのです。新聞は同じ内容を「見出し」「リード（見出しの次の前書き）」「本文」の3回報道しているので，「見出し」だけを「見る」「眺める」ことさえすれば，記事内容を大づかみできるように思います。

新聞のすべての面を「読む」ことにすれば何時間もかかってしまいますが，「見る」「眺める」ことにすれば，10分もあれば，新聞のすべての面を「見る」ことができるでしょう。新聞の理解には，当座の間は，それで十分だと思います。重要なことは1年365日毎日続けることです。毎日，新聞の見出し，図表を見続けていると，いつの日にか，煩わしく思わずに，新聞記事を読むようになっているものです。新聞記事を読むのが煩わしいと感じる間は，新聞の「見出し」と「図表」をただ見るようにしましょう。

【知っておきましょう】　日本経済新聞の「市場アウトルック」

日本経済新聞の日曜日版の「市場アウトルック」はいわば情報の整理箱であり，そこには「株式」「為替」「金利」「NY 株」の欄があり，それらの記事をじっくり読んでさえいれば，過ぎ去った1週間と来るべき1週間の前後2週間の動きを1つの物語りとして把握でき，平日は「このテレビ・ニュースはあの話だな。あの新聞記事はあの話だな。」と分かるようになります。そうすれば，日々かなりの時間を費やすことなく，また過多になっている情報に惑わされることなく，日々の金融・経済情報を正しく理解できるようになるでしょう。

図 1－1　「市場アウトルック」：
日経平均株価

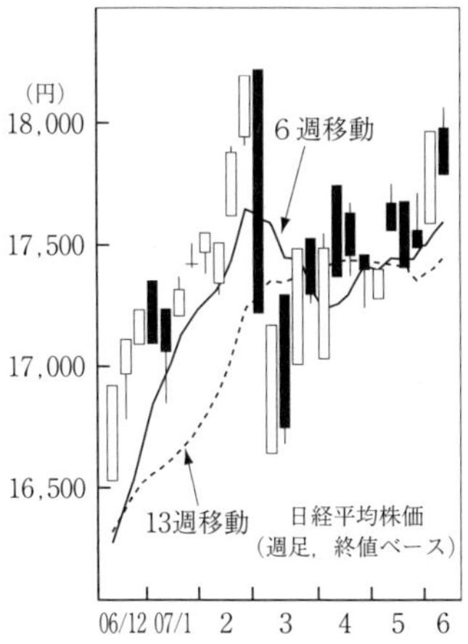

出所：『日本経済新聞』2007年 6 月10日
より作成

図 1－2　「市場アウトルック」：
為替レート（ドルの価格）

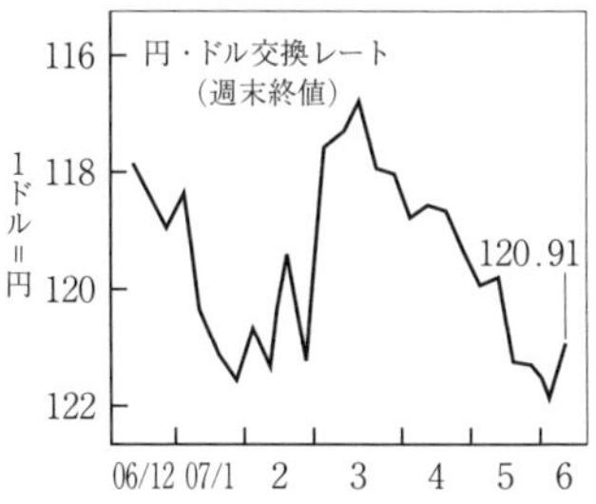

出所：『日本経済新聞』2007年 6 月10日
より作成

図 1－3　「市場アウトルック」：
長期金利（国債利回り）

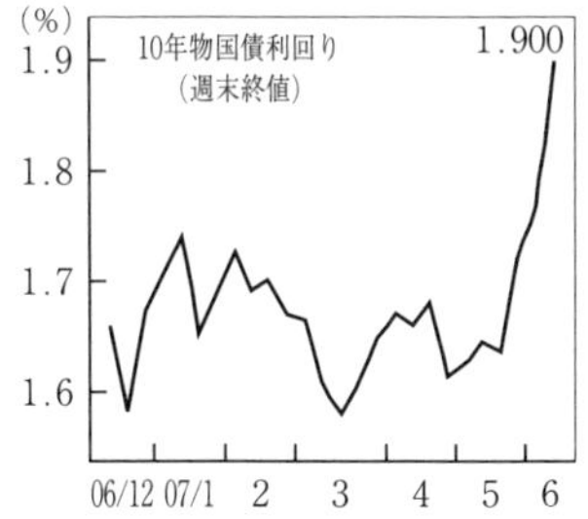

出所：『日本経済新聞』2007年 6 月10日
より作成

図 1－4　「市場アウトルック」：
米国の株価（NY ダウ）

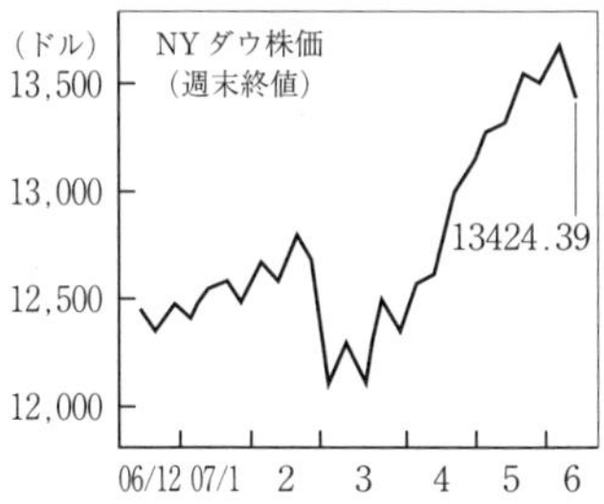

出所：『日本経済新聞』2007年 6 月10日
より作成

【知っておきましょう】　数字のタテ糸とヨコ糸

経済の数字を理解するには，数字のタテ糸とヨコ糸を結ぶことです。「タテ糸」とは，**1** つの数字が時間の経過とともにどのように動いてきたかの理解です。「ヨコ糸」とは，**1** つの数字が他の数字（例えば，株価が為替レート）とどのような関係をもっているかの理解です。

2 経済ニュースと株式の売買高・価格

「円・株・金利」と言われていますが，「円（為替レート：円とドル，円とユーロの交換比率）」「株価」「金利」は日本経済のいわば“体温計”にあたるものです。風邪などで体の状態に異常があれば体温が上がるように，日本経済に異常があれば「為替レート」「株価」「金利」は上がったり下がったりします。

株価にとって良い経済ニュース（好材料）が出てきたとしましょう。好材料に対して株式の売買高・価格はどのように反応するのでしょうか。好材料が異なった個々人によって異なった仕方で解釈され，強気・弱気の両方が起これば，株式市場において売買が行われる余地が生まれますが，強気一辺倒（買い一辺倒）あるいは弱気一辺倒（売り一辺倒）になると，株式市場は株価が新しい経済状態に対応した気配値（買い気配あるいは売り気配）に変わったまま，何らの売買取引も生じません。

【知っておきましょう】　強気と弱気

株価の下落を予想する人，したがって株式よりも貨幣を選んでいる人は「弱気筋」，逆に株価の上昇を予想する人，したがって貨幣よりも株式を選んでいる人は「強気筋」とそれぞれ呼ばれています。

株式の売買高・価格が株価にとって良い経済ニュース（好材料）と悪い経済ニュース（悪材料）のそれぞれに対してどのように反応するのかを見ましょう。

(1)　株価にとって良い経済ニュース（好材料）による強気局面

好材料により株価は上昇しています。

①　思惑の一致：すべての人が株価はさらに上がると予想

強気の意向が増大しつつあり，株式の買い一色で売買高が少ない局面です。

②　思惑の相違：株価がさらに上がると予想する人，そろそろ下がると予想する人が共存（株価の天井）

株式の売り買いが交錯し，売買高が多い局面です。

表2－1　株式の需要・供給：株式市場の「板」

株式情報

銘柄orコード：9984　検索　◉国内　○米国

東証　株価

スクリーニング（銘柄条件検索）　株主優待検索　業種別検索

ソフトバンク（9984）　単元未満株（S株）　無期限信用　ポートフォリオへ追加

東証1部（当社優先市場）　対象eワラント＞

株価　ニュース　チャート　評価レポート　四季報　株主優待　分析　コーポレートアクション

現在値	2,730 ↓ C
前日比	-5 (-0.18%) (07/17 11:00)

現物買　現物売　信用買　信用売

株価更新

始値	2,730 (09:00)	前日終値	2,735 (07/13)
高値	2,755 (09:31)	出来高	3,797,800
安値	2,720 (09:15)	売買代金	10,385,833(千円)

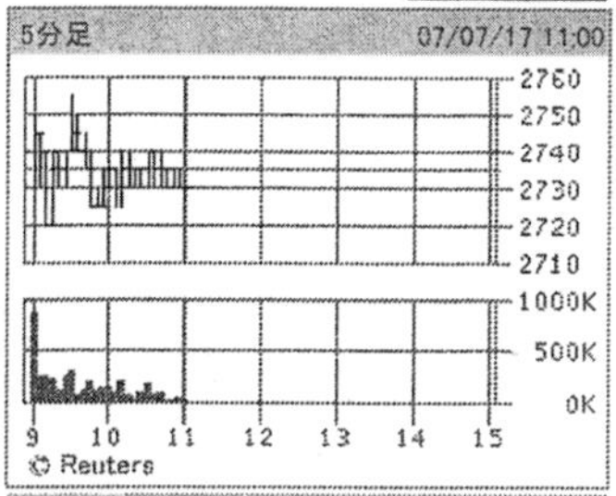

1日　1カ月　3カ月　6カ月　1年

売気配株数		気配値		買気配株数
64,500		2,755		
100,200		2,750		
89,500		2,745		
84,800		2,740		
82,800		2,735		
		2,730		89,600
		2,725		118,200
		2,720		146,800
		2,715		103,300
		2,710		75,400

売買単位	100

投資指標　08/03期（連）

予PER	30.33倍	予EPS	90
実PBR	10.19倍	実BPS	268.02
予配当利回り	0.09%	予1株配当	2.5

1株データ更新日：06/27　©東洋経済新報社

投資指標データの更新及び算出式について

年初来高値	3,190 (07/03/22)	年初来安値	2,360 (07/01/04)
信用売残	31,912,900	前週比	+2,377,000
信用買残	40,721,000	前週比	−1,817,600
貸借倍率	1.28倍	信用/貸借	貸借

出所：SBIイー・トレード証券

(2)　株価にとって悪い経済ニュース（悪材料）による弱気局面

悪材料により株価は下落しています。

③　思惑の一致：すべての人が株価はさらに下がると予想

弱気の意向が増大しつつあり，株式の売り一色で売買高が少ない局面です。

④　思惑の相違：株価がさらに下がると予想する人，そろそろ上がると予想する人が共存（株価の底）

株式の売り買いが交錯し，売買高が多い局面です。

【知っておきましょう】　株式価格に現われる平均的な期待：美人投票

ケインズの『一般理論』は，「株式取引所の日々の再評価は，主として旧投資物件を一個人から他の個人へ移転することを容易にするために行われるものであるが，不可避的に今期の投資額に決定的な影響を及ぼす。（中略）ある種の投資物件は，専門的企業者の真正の期待によるよりもむしろ，株式取引所で取引する人たちの，株式価格に現われる平均的な期待（美人投票—引用者注）によって支配されるのである。」（p. 149）と述べています。『一般理論』は資本資産から存続期間を通じて得られると期待される予想収益の系列を予測する活動を「企業」，株式取引所で支配的に行われている“美人投票”（自分が美人と思う人を選ばず，他人が美人と思う人を予想する：市場の心理を予測する活動）を「投機」とそれぞれ呼び，「投機が企業以上に優位を占めるということは必ずしもつねに事実ではない。しかし，投資市場の組織が改善されるにつれて，投機が優位を占める危険は事実増大する。（中略）投機家は，企業の着実な流れに浮かぶ泡沫としてならば，なんの害も与えないであろう。しかし，企業が投機の渦巻のなかの泡沫となると，事態は重大である。一国の資本発展が賭博場の活動の副産物となった場合には，仕事はうまくいきそうにない。」（p. 157）と述べています。

表2－2　株式の売買高と価格（ソフトバンク㈱(9984)東京）

【過去25営業日】

	始　値	高　値	安　値	終　値	売買高
7/13	2,695	2,760	2,690	2,735	16,230,600
7/12	2,715	2,715	2,655	2,675	6,955,700
7/11	2,710	2,735	2,680	2,695	10,237,500
7/10	2,730	2,745	2,695	2,710	7,742,100
7/09	2,805	2,810	2,735	2,760	10,245,500
7/06	2,785	2,850	2,770	2,795	21,653,900
7/05	2,845	2,860	2,790	2,805	19,320,300
7/04	2,780	2,850	2,770	2,845	25,039,600
7/03	2,680	2,750	2,675	2,745	22,982,400
7/02	2,670	2,685	2,650	2,670	5,908,000
6/29	2,675	2,700	2,650	2,660	8,170,400
6/28	2,640	2,690	2,640	2,675	9,428,000
6/27	2,670	2,675	2,625	2,640	11,624,700
6/26	2,735	2,750	2,670	2,680	8,833,900
6/25	2,760	2,770	2,735	2,735	6,245,500
6/22	2,805	2,820	2,755	2,775	9,710,200
6/21	2,805	2,840	2,795	2,820	8,954,200
6/20	2,815	2,845	2,810	2,820	10,061,200
6/19	2,820	2,840	2,800	2,815	10,077,500
6/18	2,780	2,840	2,775	2,825	15,899,200
6/15	2,720	2,790	2,720	2,765	12,651,700
6/14	2,720	2,735	2,695	2,715	9,618,800
6/13	2,655	2,745	2,650	2,725	12,933,600
6/12	2,740	2,745	2,665	2,695	12,133,900
6/11	2,860	2,865	2,755	2,755	18,688,600

出所：NIKKEI NET 総合企業情報 株価サーチ

3 経済における予想の役割：ケインズの短期期待と長期期待

J. M. ケインズの『一般理論』は，貨幣経済を，将来に対する予想の変化が雇用量を左右することのできる経済であるととらえ，「任意の時点における雇用水準は，ある意味において，現行の期待の状態に依存するばかりでなく，過去の一定期間にわたって存在したいくつかの期待の状態にも依存する。それにもかかわらず，なお十分に作用し尽くしていない過去の期待は，企業者が今日の決定を行うさいに顧慮しなければならない今日の資本設備の中に具体化されており，そのように具体化されているかぎりにおいて，企業者の決定に影響を及ぼすにすぎない。したがって，（中略）今日の雇用量は今日の資本設備に結びついた今日の期待によって支配されるものとして正しく叙述することができる。」（p. 51）と述べています。

『一般理論』は，企業者の予想を，「短期期待」「長期期待」の２種類に分けています。「短期期待」は生産者（売手）としての企業者の予想であり，売上金額，すなわち「いくら買いにきてくれるのか」といった消費需要・投資需要についての需要予測です。「長期期待」は投資者（買手）としての企業者の予想であり，新しい投資プロジェクトからの収益系列についての予測です。したがって，短期期待は他の諸企業者の長期期待に依存しています。『一般理論』は「経済の将来が現在と結びつけられているのは，耐久設備が存在するからである。したがって，将来に関する期待が耐久設備に対する需要価格を通じて現在に影響する」（p. 144）と述べ，「長期期待→資本資産の需要価格（既存の耐久設備の価格：株価）→投資→雇用量」といったメカニズムを考えています。

『一般理論』は，予想形成について，「短期期待」は日々の予想形成についてのことであるので，「ごく最近の結果は，通常これらの期待（短期期待―引用者注）を決定するに当たって支配的な役割を演ずる（中略）生産過程を始めようとするたびごとに改めて期待を構成し直すということは，あまりにも複雑である。その上，環境の大部分は通常実質的には日々変わることなく存続するからそれ（短期期待の修正）は時間の浪費でもある。したがって，生産者にとっては，変化を期待する確実な理由がないかぎり，ごく最近に実現した結果の大部分が持続するであろうという想定（静学的期待形成仮説―引用者注）に基づいて期待を構成することが理にかなっている。（中略）生産者の予測は将来の変化を予想して修正されるよりも，結果に照らして徐々に修正される方がむしろしばしばである。」（pp. 51-52）と述べています。一方「長期期待」は経常的には行われない投資についての予想であり，「長期期待を，実現した結果に照らして短期間に修正することができないという点は長期期待の本質である。その上，（中略）それは急激な修正を蒙りがちである。したがって，現在の長期期待という要因は近似的にさえ無視したり，実現した結果によって置き換えたりすることはできない。」（p. 52）と述べています。

『一般理論』は，資本資産から存続期間を通じて得られると期待される予想収益の系列は，「多かれ少なかれ確実にわかっていると想定することのできる現存の事実」と「多かれ少なかれ確信をもって予測しうるにすぎない将来の出来事」の２つにもとづいて推定されると論じ，「多かれ少なかれ確信をもって予測しうるにすぎない将来の出来事」に対する心理的期待の状態を「長期期待の状態」として総括し，「長期期待の状態は，単にわれわれの行うことのできる最も蓋然性の高い予測にのみ依存するものではない。それは同時に，その予測をするに当たっての確信に―われわれの最善の予測がまったく誤りに帰する可能性をわれわれがどの程度高く評価するかに―依存する。」（p. 146）と述べています。

4 数学的マクロ経済モデル：関数と方程式

現実の経済の骨格だけを大ざっぱに表現した下記のようなもの（45度線モデル）は「数学的経済モデル」と呼ばれています。

Y＝GDP，C＝消費支出，I＝意図された投資支出，I'＝意図せざる在庫投資（$I'>0$ ならば在庫増，$I'<0$ ならば在庫減），G＝政府支出とすれば，「45度線モデル」（☞ p. 168）は次のように定式化されています。

$Y=C+I+G$　（生産物市場の需給均衡式）

$C=C(Y_d)=C_0+cY_d$　$0<c<1$　（消費関数）

$Y_d=Y-T$　（可処分所得の定義）

$T=T_0$　（一定の租税）　$I=I(r)=I_0-vr$　（投資関数）

$r=r_0$　（一定の利子率）　$G=G_0$　（一定の政府支出）

① 関　数

「$C=C(Y_d)$」は消費関数と呼ばれています。横軸に Y_d，縦軸に C をとり，Y_d に１つの値を与えて，１つ以上の C の値が得られたとき，「C と Y_d との間に関係が存在する」と言われます。Y_d の各々の値に対して C の値が１つずつ定まる関係は「関数」と呼ばれています。$C(Y_d)$ の C は関数記号で，$C=C(Y_d)$ は「C は Y_d の関数である」と読まれます。関数の定義は Y_d の各値に対して C が１つだけ対応することを要求しますが，逆は必ずしも必要でありません。すなわち，同じ C の値に２つ以上の Y_d が対応していても構いません。

② ３つのタイプの方程式

(i) 定義式：$Y_d=Y-T$，$Y=C+I+I'+G$

全く同じ意味をもつ２つの異なった表現の間の同等性を示す式です。

(ii) 行動式：$C=C(Y_d)$，$I=I(r)$

ある変数が他の変数の変化に応じてどのように動くかを示す式です。

(iii) 均衡式：$Y=C+I+G$

均衡条件，すなわち均衡の達成に必要な条件を記述している式です。

【知っておきましょう】　独立変数と従属変数

消費関数「$\boldsymbol{C=C(Y_d)=C_0+cY_d}$」において，$\boldsymbol{Y_d}$ は関数の変数（独立変数），$\boldsymbol{C}$ は関数の値（従属変数）とそれぞれ呼ばれています。

【知っておきましょう】　定義式（恒等式）

「$\boldsymbol{Y_d \equiv Y-T}$」は「$\boldsymbol{Y_d}$ は $\boldsymbol{Y-T}$ と恒等的に等しい。」と読まれます。しかし，「$\boldsymbol{Y_d \equiv Y-T}$」の意味で「$\boldsymbol{Y_d = Y-T}$」と書かれることがあります。

【知っておきましょう】　事後（ex-post）の恒等式と事前（ex-ante）の均衡条件式

国民経済計算：事後（ex-post）の恒等式

$\boldsymbol{Y \equiv C+(I+I')+G}$　　　（国内総生産≡消費支出＋投資支出＋政府支出）

$\boldsymbol{I+I'}$＝実現された（事後の）投資支出

45度線モデル：事前（ex-ante）の均衡条件式

$\boldsymbol{Y=C+I+G}$

$\boldsymbol{I}$＝意図された（事前の）投資支出

【知っておきましょう】　1次関数（線型関数）：$\boldsymbol{C=C(Y_d)=C_0+cY_d}$

「$\boldsymbol{Y_d=0}$」に対応する $\boldsymbol{C}$ の値は「$\boldsymbol{Y_d=0}$」における「関数の値」と呼ばれ，$\boldsymbol{C(0)}$ で表されます。「$\boldsymbol{Y_d=0}$」のときの $\boldsymbol{C}$ の値 $\boldsymbol{C_0}$ は「縦軸切片」，「$\boldsymbol{C=0}$」のときの $\boldsymbol{Y_d}$ の値 $-\left(\dfrac{\boldsymbol{C_0}}{\boldsymbol{c}}\right)$ は「横軸切片」とそれぞれ呼ばれています。$\boldsymbol{c}$ は「勾配（傾き）」と呼ばれています。$\boldsymbol{c>0}$ であるので，右上がりの直線（増加関数）です。

図4－1　$C=C(Y_d)=C_0+cY_d$　　$0<c<1$

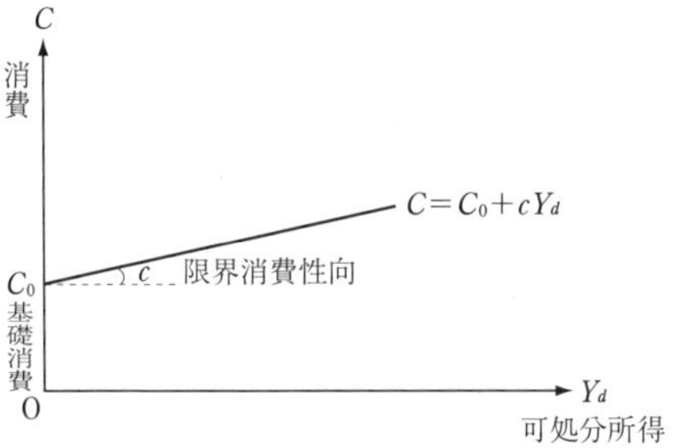

5 数学的マクロ経済モデル：変数，定数およびパラメータ

(1) 変　数

「変数」はいろいろな値をとるので，それは特定の数ではなく記号（例えば，Y, Y_d, C, I, G, T, r）で表されています。

① 内生変数

「内生変数」はモデルの内部で決まるものです。45度線モデルでは内生変数は最終的には Y のみであり，Y の均衡水準は Y^* と表されています。上添字の「＊」はスターもしくはアステリスクと読まれます。

② 外生変数

「外生変数」はモデルの外部で決まるものです。外生変数は下添字0をつけて（例えば，C_0, I_0, G_0, T_0, r_0）内生変数と区別されています。

(2) 定　数

「定数」は変化しない数量です。

(3) パラメータ（パラメータ定数）

「パラメータ」は変数であるような定数です。「$C=C_0+cY_d$」の c，「$I=I_0-vr$」の v はどんな値をもとることができるので，「パラメータ定数（パラメータ）」と呼ばれています。

【知っておきましょう】 定義域（変域）と値域

消費関数 $C=C(Y_d)$ において，変数 Y_d のとりうる値の範囲は「消費関数の定義域（変域）」，これに対応して定まる変数 C の値の範囲は「消費関数の値域」とそれぞれ呼ばれています。

【知っておきましょう】 内生変数と外生変数

あるモデルにとっては内生変数であるものが，他のモデルでは外生変数となりうることがあります。利子率 r は「*IS*-*LM* モデル」では内生変数であるが，「45度線モデル」では外生変数です。

【知っておきましょう】 ケインズ『一般理論』の所与とみなす変数，独立変数，従属変数

経済モデルには「所与とみなす変数」「独立変数」「従属変数」の3種類があります。「所与とみなす変数」と「独立変数」との区別は，ケインズ『一般理論』によれば，「所与とみなす変数」は「変化がきわめて緩慢であるかあるいはほとんど重要でないために，われわれの問題とする対象に対して，ごくわずかな比較的無視しうるほどの短期的影響を与えるにすぎないように見える諸要因」，「独立変数」は「変化がわれわれの問題とする対象に対して実際に支配的な影響を及ぼすことの明らかな諸要因」です。『一般理論』モデルは任意の時点における雇用量を決定する静学理論であり，「所与とみなす変数」「独立変数」「従属変数」はそれぞれ次のとおりです。

(1)　所与とみなす変数

「利用可能な労働の現存の熟練と量」「利用可能な設備の現存の質と量」「現存の技術」「競争の程度」「消費者の嗜好と習慣」「強度の異なった労働の不効用と監督および組織の活動の不効用」「国民所得の分配を決定する諸力を含む社会構造」

(2)　独立変数

『一般理論』は独立変数をさらに「第一次独立変数」「究極的独立変数」に2分類し，「われわれの最終的な課題は，われわれの実際に生活している種類の経済体系において，中央当局が数量的に操作したり管理することのできる変数を選び出すことにあるといってよいであろう。」（p. 245）と述べています。

①　第一次独立変数

「消費性向」「資本の限界効率」「利子率」

②　究極的独立変数

「3つの基本的な心理的要因，すなわち『心理的消費性向』『流動性に対する心理的態度』『資本資産から生ずる将来収益に関する心理的期待』」「使用者と雇用者との間に締結される契約によって決定される賃金単位」「中央銀行の行動によって決定される貨幣量」

(3)　従属変数

「雇用量」「賃金単位によって測られた国民所得」

⑥ 3つのマクロ経済モデル：45度線モデル，*IS*-*LM* モデル，*AD*-*AS* モデル

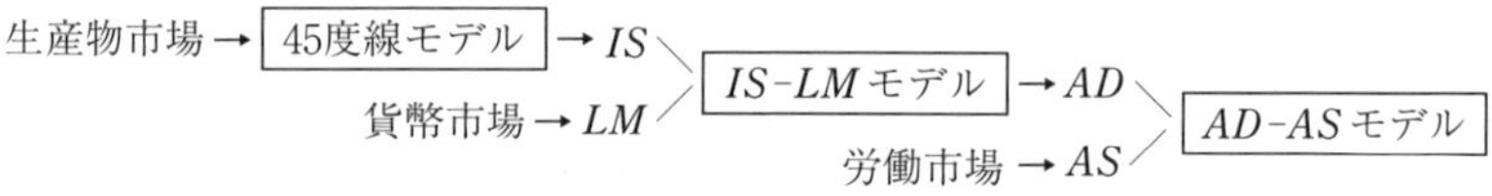

Y＝名目 GDP，*y*＝実質 GDP，*r*＝利子率，*P*＝物価とおき，下添字の 0 は一定であることを示しています。

(1) 経済の需要サイドのみ

45度線モデル，*IS*-*LM* モデルは均衡 GDP 水準が不完全雇用をもたらす状況下での，有効需要原理にもとづく GDP 決定モデル（GDP，利子率決定モデル）です。両モデルは供給者の意思決定をまったく考慮に入れていません。

① 45度線モデル（生産物市場：貨幣市場をワルラス法則により消去）

利子率一定（r_0），物価一定（P_0）です。物価が一定であるので，名目 GDP（*Y*）と実質 GDP（*y*）の区別はなく，45度線モデルは１つ（生産物市場）の需給均衡式で，１つの未知数（GDP：*Y*）を決定します。

② *IS*-*LM* モデル（生産物市場，貨幣市場：債券市場をワルラス法則により消去）

物価一定（P_0）です。物価が一定であるので，名目 GDP（*Y*）と実質 GDP（*y*）の区別はなく，*IS*-*LM* モデルは２つ（生産物市場，貨幣市場）の需給均衡式で，２つの未知数（GDP，利子率：*Y*, *r*）を決定します。

【知っておきましょう】 セイの法則 vs. 有効需要の原理

45度線モデル，*IS*-*LM* モデルでは，物価は不変で，一定の物価のもとで財貨・サービスはいくらでも供給されると仮定されています。つまり，「セイの法則（販路法則）」が「供給がそれ自身の需要を生み出す」世界を取り扱っているのに対し，45度線モデル，*IS*-*LM* モデルの「有効需要（effective demand）の原理」は逆に「需要がそれ自身の供給を生み出す」世界を取り扱っています。

(2) 経済の需要・供給の両サイド

AD-*AS* モデルは，経済の供給面・需要面の両方を考慮したGDP，利子率，物価決定モデルです。

③ *AD*-*AS* モデル（生産物市場，貨幣市場，労働市場：債券市場をワルラス法則により消去）

物価は内生変数であるので，名目 GDP（Y）と実質 GDP（y）との区別が行われ，*AD*-*AS* モデルは 3 つ（生産物市場，貨幣市場，労働市場）の需給均衡式で，3 つの未知数（GDP，利子率，物価：Y, r, P）を決定します。

図 6－1　45度線モデル

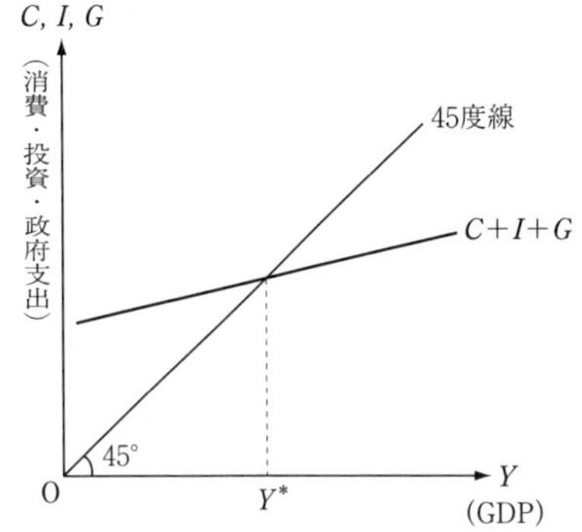

図 6－2　*IS*-*LM* モデル

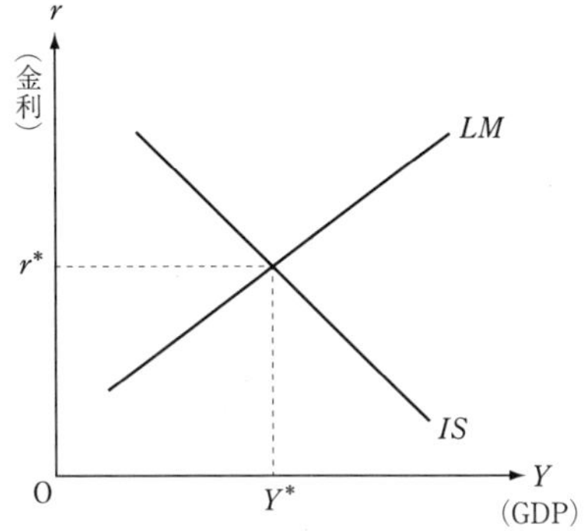

図 6－3　*AD*-*AS* モデル

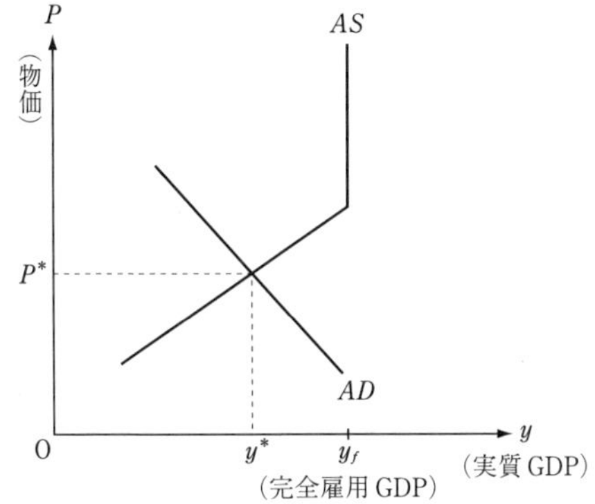

第1部　日本経済の循環構造：GDP と国富

第1章　国民経済計算と日本経済

百聞は一見に如かずで，書店や図書館で『国民経済計算年報』を見ることをおすすめします。同年報の中に，「日本経済の循環」という1ページの図がありますので，是非ご覧下さい。本章⑧（☞ p. 24）でも詳しく説明します。

「国民経済計算（新 SNA：System of National Accounts）」は一国の経済を構成する諸側面を系統的・組織的にとらえ，それを記録するマクロ経済統計であり，フロー編とストック編があります。

内閣府の『国民経済計算年報』の「日本経済の循環」には，国民所得勘定（フロー編）と国民貸借対照表（ストック編）の両方が記載されています。「フロー（流量）」は期間で測定・定義される経済量，「ストック（残高）」は時点で測定・定義される経済量です。日本経済の規模を表している指標は，フローでは1年間の国内総生産（GDP），ストックでは年末の国富です。

表1章－1　国富の内訳

（単位：兆円）

	平成8暦年末	9暦年末	10暦年末	11暦年末	12暦年末	13暦年末	14暦年末	15暦年末	16暦年末	17暦年末	前年比
正味資産(国富)	3,140.6	3,157.1	3,082.0	2,946.3	2,917.7	2,856.4	2,747.2	2,668.4	2,652.7	2,639.7	−0.5%
在庫	98.7	99.1	95.5	90.2	90.2	84.8	81.2	79.6	80.7	84.6	4.7%
有形固定資産	1,123.7	1,156.4	1,146.1	1,135.7	1,135.8	1,119.6	1,101.4	1,102.2	1,125.3	1,138.3	1.2%
無形固定資産	10.9	11.7	12.1	13.0	15.2	17.3	18.8	19.5	20.4	21.3	4.8%
有形非生産資産	1,804.0	1,765.3	1,695.1	1,622.7	1,543.5	1,455.4	1,370.4	1,294.3	1,240.5	1,214.8	−2.1%
土地	1,802.3	1,763.6	1,693.4	1,621.3	1,542.2	1,454.1	1,369.1	1,293.2	1,239.3	1,213.6	−2.1%
対外純資産	103.4	124.6	133.3	84.7	133.0	179.3	175.3	172.8	185.8	180.7	−2.7%

出所：内閣府『国民経済計算年報（平成19年版）』より作成

7 国民経済計算：5つの勘定

国民経済計算は内閣府経済社会総合研究所によって作成され，「国民所得勘定」「資金循環表」「産業連関表」「国民貸借対照表」「国際収支表」の5つの勘定からなっています。

① 国民所得勘定：GDP統計（☞ p. 28）

② 資金循環表：「金融資産・負債の変動」「金融資産・負債の残高」

経済主体（部門）ごとに，各金融商品（取引項目：取引あるいは資産・負債の内容）の取引フロー額あるいは資産負債ストック額を記録しています。

③ 産業連関表（投入産出表）：U表とV表

産業連関表を横欄（行）に沿って見ると，各産業の産出額の販路構成（中間需要＋最終需要＝産出額）を知ることができます。また，縦欄（列）に沿って見ると，各産業の産出額の費用構成（中間投入＋粗付加価値＝産出額）と各産業間の技術的依存関係（投入係数）を知ることができます。

④ 国民貸借対照表：「国民資産・負債残高」

国民は資産として非金融資産，金融資産を保有し，

正味資産(国富)＝(非金融資産＋金融資産)－負債

です。「金融資産＝対内金融資産＋対外金融資産」「負債＝対内負債＋対外負債」であり，日本人全体をとらえたとき，対内金融資産と対内負債は互いに相殺されるので，

正味資産(国富)＝非金融資産＋(対外金融資産－対外負債)

＝非金融資産＋対外純資産

です。

⑤ 国際収支表：「海外勘定」

海外に対する債権の変動＝(財貨・サービスの輸出－財貨・サービスの輸入)

＋海外からの所得(純)＋海外からの経常移転(純)＋海外からの資本移転(純)

表7－1　国民経済計算の5つの勘定

部門＼対象		実物取引		金融取引
		中間生産物	最終生産物	
国内部門	フロー	産業連関表	国民所得勘定	資金循環表
	ストック	国民貸借対照表		
海外部門		国際収支表		

表7－2　産業連関表

		中間需要		最終需要	産出額
		第1産業	第2産業		
中間投入	第1産業	X_{11}	X_{12}	$F_{1\cdot}$	$X_{1\cdot}$
	第2産業	X_{21}	X_{22}	$F_{2\cdot}$	$X_{2\cdot}$
粗付加価値		$V_{\cdot 1}$	$V_{\cdot 2}$		
産出額		$X_{\cdot 1}$	$X_{\cdot 2}$		

8 日本経済の循環構造：国民経済計算の「日本経済の循環」

(1) ストック編：国富

ストックで一国の経済力を表す代表的指標は「国富」です。「平成17年日本経済の循環」（☞ p. 24）の下部には，次の「国民貸借対照表」があります。

「期首貸借対照表（平成16年末の残高：17年１月１日の残高）」＋「平成17年中の調整」＋「平成17年中の資本取引」＝期末貸借対照表（平成17年末の残高）

例えば，平成17年１月１日（期首）にソフトバンク株を２株（2,000円×2株＝4,000円）もっていて，17年中にもう１株を2,500円で購入し（資本取引），すでに保有していたソフトバンク株が500円値上がりしたこともあって（調整），平成17年12月31日（期末）にはソフトバンク株を３株（2,500円×3株＝7,500）もっているようなものです。

平成17年１月１日（期首）時点の就業者（労働），非金融資産（資本）を生産要素として投入し，産出額（国産品）を生んでいます。

(2) フロー編：国内総生産（GDP）

フローで一国の経済力を表す代表的指標は「国内総生産（GDP：Gross Domestic Product）」です。「GDP の三面等価の原則」（☞ p. 26）と呼ばれているものがあり，それは「生産→分配→支出」の循環で理解すればよいでしょう。

① GDP の生産面

「産出額」は，中間投入（原材料），就業者（労働），非金融資産（資本）によって生産されます。例えば，パンを作るのに，小麦粉（中間投入），従業員（就業者）および機械（非金融資産）を用いるようなものです。パン屋は，購入してきた小麦粉に，従業員と機械で価値を付け加えて，パンを作っているのであり，「日本経済に対していくら生産したか」と尋ねたときに，小麦粉を計算に入れると，小麦粉はそれ自体で１回，パン作りで中間投入として用いられて１回の合計２回の二重計算になってしまいます。したがって，

GDP（付加価値）＝産出額－中間投入

としてGDPの生産面を，とらえます。

【知っておきましょう】　産出額＝中間生産物＋最終生産物

小麦粉の生産者にとって，小麦粉が営業用のパン作りのために用いられれば「中間生産物」，家庭用のパン作りのために購入されたものであれば「最終生産物」です。営業用の小麦粉はさらにパン作りに投入されるので，パンが最終生産物であり，小麦粉は中間生産物です。家庭用の小麦粉は最終消費されるので最終生産物です。

② GDPの分配面

「平成17年日本経済の循環」（☞ p. 24）の中には，

付加価値＝営業余剰・混合所得＋雇用者報酬＋（生産・輸入品に課される税－補助金）＋固定資本減耗

の関係が見られ，図中の付加価値は正しくは「粗付加価値」です。例えていえば，パン屋の経営者は価値を生み出し，パン屋の生み出した価値はパン作りに貢献してくれたものに分配されます。従業員（就業者）に対しては「雇用者報酬」，機械（非金融資産）に対しては「固定資本減耗」，政府（インフラ）に対しては「生産・輸入品に課される税－補助金」，パン屋の経営者に対しては残差として「営業余剰・混合所得」（利潤，利子，賃貸料など）がそれぞれ支払われます。固定資本減耗が非金融資産に対する報酬として取り上げられるのは，生産の過大評価を防ぐためです。「現在作ったものをすべて飲み食いすれば，将来作るための機械がなくなってしまう」ので，機械の生産能力をつねに維持するように減耗を補うことが必要であり，減耗の補填をした残りを「生産」とみなさなければなりません。

③ GDPの支出面

日本国内に対する財貨サービスの供給は，産出額（国産品）と財貨・サービスの輸入（輸入品）です。「GDPの生産面」で取り上げたパン作りの例を用いると，同じ小麦粉が，パン屋が原材料として購入してきたときは「中間消費（中間需要）」，購入されてきたものを生産過程に投入するときは「中間投入」とそれぞれ呼ばれます。さらに，同じ小麦粉が営業用のパン作りのためでなく，家庭用のパン作りのために購入されたものであれば，それは「最終消費支出」

と呼ばれます。「平成17年日本経済の循環」（☞ p. 24）の上部には，

財貨・サービスの供給＝財貨・サービスの輸入＋産出額

財貨・サービスの需要＝中間消費＋最終需要

の関係が見られ，

財貨・サービスの輸入＋産出額＝中間消費＋最終需要

であるので，

産出額－中間消費＝最終需要－財貨・サービスの輸入

です。

産出額－中間消費＝産出額－中間投入＝GDP

最終需要＝最終消費支出＋総資本形成＋財貨・サービスの輸出

財貨サービスの純輸出＝財貨・サービスの輸出－財貨・サービスの輸入

であるので，

GDP＝最終消費支出＋総資本形成＋財貨・サービスの純輸出

です。「最終消費支出＋総資本形成＋財貨・サービスの純輸出」は GDP の支出面であり，「国内総支出（GDE：Gross Domestic Expenditure）」と呼ばれています。GDE のうち「最終消費支出＋総資本形成」は「内需」，財貨・サービスの純輸出は「外需」とそれぞれ呼ばれています。

最終消費支出には民間によるもの（民間最終消費支出：C），政府によるもの（政府最終消費支出：C_G），総資本形成（粗投資支出）には民間によるもの（I），政府によるもの（I_G）があり，Y＝GDP，EX＝財貨・サービスの輸出，IM＝財貨・サービスの輸入，$G=C_G+I_G$＝政府支出とおくと，

$$
\begin{aligned}
\text{国内総生産(GDP)} &= \text{最終消費支出}(C+C_G)+\text{総資本形成}(I+I_G)\\
&\quad +\text{輸出}(EX)-\text{輸入}(IM)\\
&= \text{民間最終消費支出}(C)+\text{民間総資本形成}(I)\\
&\quad +\text{政府支出}(G)+\text{輸出}(EX)-\text{輸入}(IM)
\end{aligned}
$$

が得られます。国内総支出は国内概念，最終消費支出は国民概念です。これらの概念差は輸出・輸入が国民概念でとらえられることにより調整されています。

【知っておきましょう】　固定資本減耗の3つの意味：粗・純の概念

国民経済計算では「固定資本減耗」が次の3つの意味で用いられています。

① 固定資本の減耗に対する報酬：固定資本減耗＝国内総生産－国内純生産

② 将来の固定資本置換の源泉になる貯蓄：固定資本減耗＝粗貯蓄－純貯蓄

③ 補填投資：固定資本減耗＝粗投資－純投資

【知っておきましょう】　要素費用表示の国内所得（国内要素所得）

付加価値＝営業余剰・混合所得＋雇用者報酬＋(生産・輸入品に課される税－補助金)＋固定資本減耗

において，非金融法人企業，金融機関，家計のみが国内要素所得を受け取っているので，以下のようになります。

国内要素所得＝営業余剰・混合所得＋雇用者報酬

【知っておきましょう】　市場価格表示の国民所得と国民可処分所得

要素費用表示の国民所得＝要素費用表示の国内所得＋海外からの所得(純)

市場価格表示の国民所得(国民純生産：NNP)＝要素費用表示の国民所得＋(生産・輸入品に課される税－補助金)

国民可処分所得＝市場価格表示の国民所得＋海外からの経常移転(純)

通常の取引は給付（give）と反対給付（take）の両方を行うが，移転取引（援助，贈与，仕送りなど）は給付あるいは反対給付のみを行います。

【知っておきましょう】　国民可処分所得の処分と貯蓄投資差額

国民可処分所得＝最終消費支出＋純貯蓄

であり，海外からの資本移転(純)を無視すると，以下のようになります（☞ p. 107）。

貯蓄投資差額＝(純貯蓄＋固定資本減耗)－総資本形成
＝粗貯蓄－粗投資

【知っておきましょう】　供給≡需要：意図せざる在庫

財貨・サービスの供給はすべて需要されます。例えて言えば，トヨタが製造した車はすべて売れます。というのは，売れ残りの車はすべてトヨタが「意図せざる在庫投資」として自ら購入するからです。「国民経済計算」は事前（計画）ではなく，事後の計算であるので，売れ残りは自ら供給して，自ら需要したものとみなされます。

図 8–1　平成17年

```
                                        中間投入
                                        451.0
        ┌─財貨・サービスの供給─┐
  海    財貨・サービス   産出額              中間消費        最終消費支出
  外    の輸入          949.1              451.0            民間最終消費支出
        65.0                                                政府最終消費支出

                                    海外からの所得(純)
                                    11.8

                        営業余剰・混合所得        要素費用  市場価格
                        95.9                    表示の    表示の    国民
                付加     雇用者報酬              国民所得  国民所得  可処分
                価値     258.7                  366.4    (A)       所得
                498.1    生産・輸入品に課さ              405.2
                        れる税 − 補助金(A)                         404.6
                        38.7                             38.7
                        固定資本減耗              海外の経常移転(純)
                        104.8                    ▲0.5
```

(参考)現実最終消費
　現実最終消費
　家計現実最終消費
　政府現実最終消費

(参考)国内総生産(生産側)

　産出額　　　　　　　　949.1
　−中間投入　　　　　　　451.0
　─────────────────
　付加価値(国内計)　　　498.1
　+統計上の不突合　　　　　3.3
　─────────────────
　国内総生産　　　　　　501.4
　+海外からの所得(純)　　11.8
　─────────────────
　国民総所得　　　　　　513.3

　(注) 定義により，国内における
　　　付加価値の合計＝国内総生産

平成17年		平成16年末（残高）			調　整		
就業者数 6,392万人	労働	非金融資産 2466.9	正味資産 （国富） 2652.7		非金融資産 ▲20.3	正味資産の 変動 ▲43.1	
うち雇用者数 5,482万人		金融資産 5683.5	負債 5497.7	対外純資産	金融資産 305.9	負債 328.7	対外純資産
		合計	8150.4		(1)その他の資産量変動		
					非金融資産 ▲0.3	正味資産の 変動 2.8	
					金融資産 ▲7.0	3.0 負債 ▲10.0	

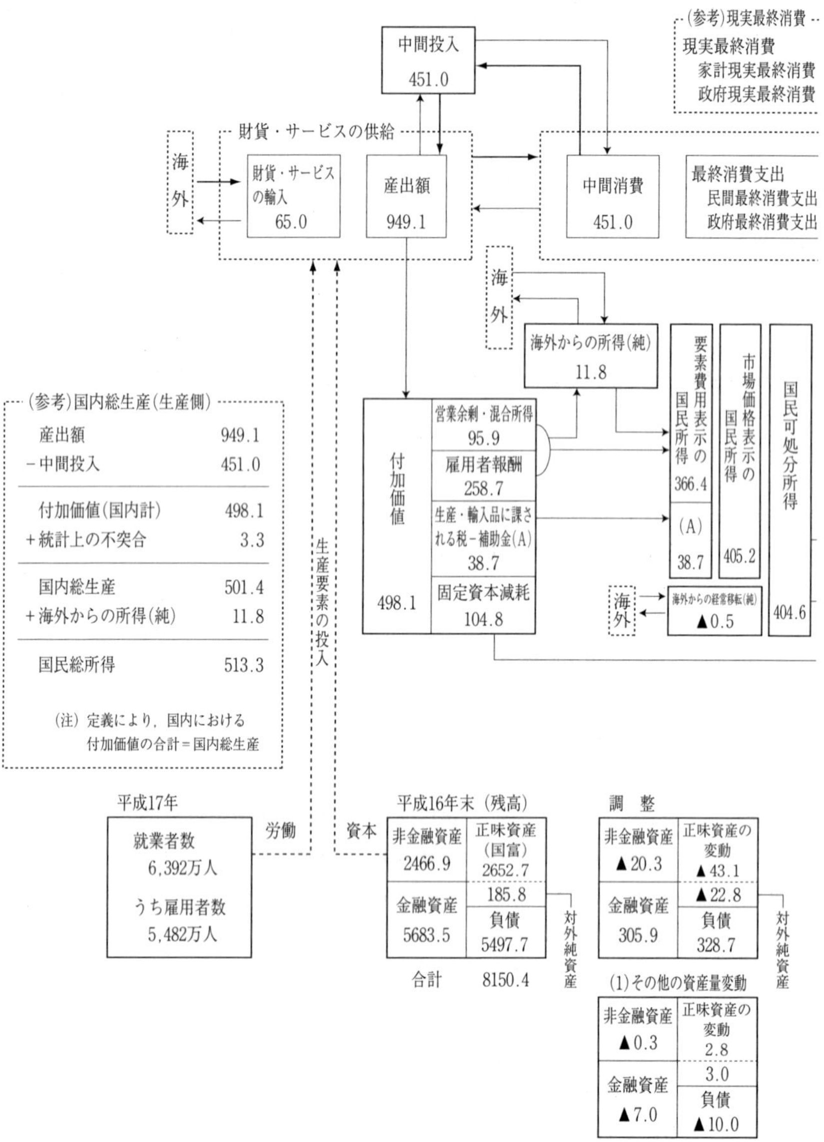

(注)　1.　→は財貨・サービスの処分等を，→は所得の処分等を示している。　2.　四捨五入の関係上．
　　　3.　平成16年末の残高に平成17暦年間の資本取引を加え，さらにこれらに関する価格変動の影響等を
出所：内閣府『国民経済計算年報（平成19年版）』より作成

8 日本経済の循環構造：国民経済計算の「日本経済の循環」

日本経済の循環

(単位：兆円)

377.3		
337.3		
40.0		

総資本形成	117.2
総固定資本形成	116.0
在庫品増加	1.2

377.3	
286.6	
90.7	

財貨・サービスの輸出 71.9

最終消費支出 377.3

海　外

最終消費支出 377.3

固定資本減耗 104.8

貯蓄 27.3

海外からの資本移転等(純) ▲0.5

統計上の不突合 3.3

正味資産の変動 30.1

総資本形成 117.2

純貸出(+)/純借入(-)	海外に対する債権の変動
14.4	17.7
統計上の不突合	(＝純貸出(+)/純借入(-)
3.3	（資金過不足）)

海　外

固定資本減耗 104.8

(参考)国内総生産(支出側)

最終消費支出	377.3
＋総資本形成	117.2
＋財貨・サービスの輸出	71.9
－財貨・サービスの輸入	65.0
国内総生産	501.4
＋海外からの所得(純)	11.8
国民総所得	513.3

(参考)海外との取引

財貨・サービスの輸出	71.9
－財貨・サービスの輸入	65.0
＋海外からの所得(純)	11.8
＋海外からの経常移転(純)	▲0.5
＋海外からの資本移転(純)	▲0.5
海外に対する債権の変動	17.7

平成17年の資本取引

非金融資産の増加	正味資産の変動
12.4	30.1
金融資産の純増	17.7
104.1	負債の純増
	86.4

(参考)非金融資産の増加

総資本形成	117.2
－固定資本減耗	104.8
非金融資産の増加	12.4

平成17年末（残高）

非金融資産	正味資産(国富)
2459.0	2639.7
金融資産	180.7
6093.5	負債
	5912.8
合計	8552.5

対外純資産

(2)再評価

非金融資産	正味資産の変動
▲16.3	▲42.1
金融資産	▲25.9
312.9	負債 338.6

(3)その他

非金融資産	正味資産の変動
▲3.7	▲3.7
金融資産 0.0	負債 0.0

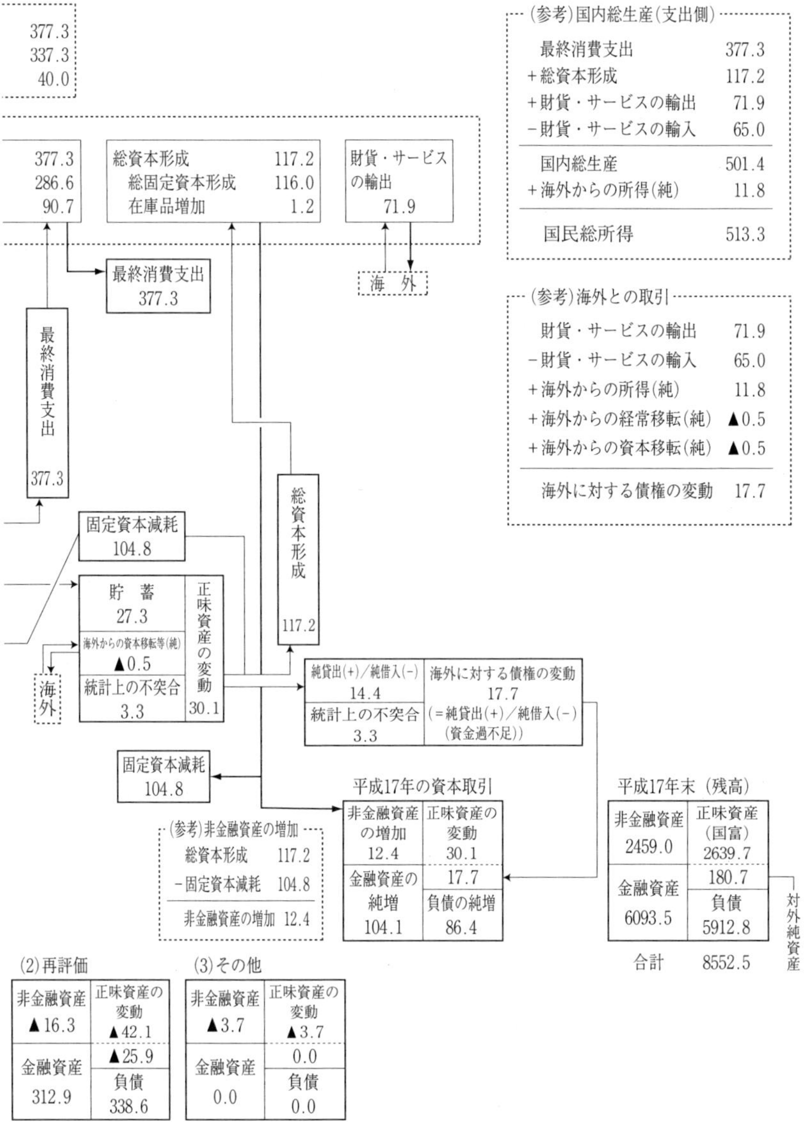

内訳項目を合計したものは，総額と一致しない。
調整（加減）したものが，平成17年末の残高となる。

⑨ GDP の三面等価の原則：生産・分配・支出

GDP（国内総生産）には「生産」「分配」「支出」の３つの面があります。

① GDP の生産面

GDP＝産出額－中間投入

② GDP の分配面

GDP＝営業余剰・混合所得＋雇用者報酬＋(生産・輸入品に課される税－補助金)＋固定資本減耗

③ GDP の支出面

GDP＝消費支出(C)＋投資支出(I)＋政府支出(G)＋輸出(EX)－輸入(IM)

上記のものは同じ GDP を「生産」「分配」「支出」の３つの面それぞれから見たものであり，それらの３つの面が等しいことは「GDP の三面等価の原則」と呼ばれています。「生産」(生産要素を買って財貨・サービスを作る)，「分配」(財貨・サービスを作った成果を生産要素に報酬として支払う)，「支出」(受け取った報酬で作られた財貨・サービスを買う）の３つの活動は経済の循環運動であり，３つの活動のいずれから話を始めても経済を一周することができます。つまり，「生産→分配→支出」「分配→支出→生産」「支出→生産→分配」はすべて同じ話になります。

しかし，同じ話になるのは経済が円滑に運営されているときであり，経済の運行に問題が生じると，「誰が悪いのか」「どこが悪いのか」といったトラブル・メーカー探しが始まります。すなわち，

(i)「生産－×→分配－○→支出」

財貨・サービスを生産したのに，報酬をもらえなかったかもしれません。

(ii)「分配－×→支出－○→生産」

報酬をもらったのに，財貨・サービスを買わなかったかもしれません。

(iii)「支出－×→生産－○→分配」

財貨・サービスを購入しようとしたのに，生産が対応できなかったかもしれません。

上記の3つのいずれを問題にするかによって，経済学には，大別2つの考え方（学派）があり，ひとつは「供給がそれ自身の需要を生み出す」という古典派の「セイの法則」，いまひとつは「需要がそれ自身の供給を生み出す」というケインズ派の「有効需要の原理」です。古典派は「支出－×→生産－○→分配」といった供給（生産）サイド重視，ケインズ派は「分配－×→支出－○→生産」といった需要（支出）サイド重視です。古典派は中長期（成長），ケインズ派は短期（景気）にそれぞれ関心をもっているので，両学派の論争は必ずしも噛み合っているとは限りません。

図 9－1　国民所得勘定の諸概念

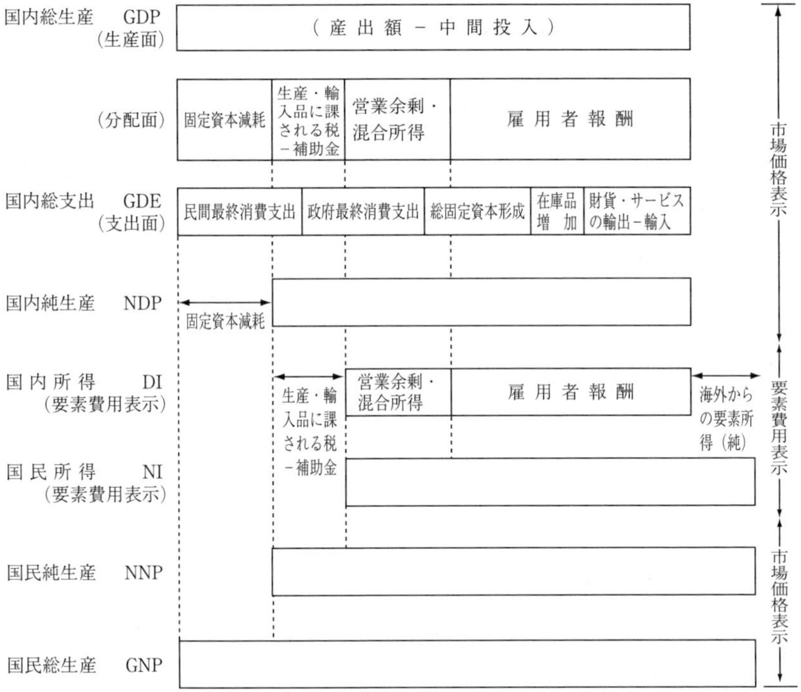

第2章　国民所得勘定：GDP 統計

四半期（1-3月は第Ⅰ四半期，4-6月は第Ⅱ四半期，7-9月は第Ⅲ四半期，10-12月は第Ⅳ四半期とそれぞれ呼ばれています）ごとに，GDP に関するニュースが新聞の第1面で大きく取り上げられます。というのは，内閣府経済社会総合研究所（旧経済企画庁経済研究所）が『季刊国民経済計算』を刊行し，そのうちの GDP 統計が新聞掲載されるからです。

「国内総生産の推移」（☞ p. 29）は「国内総支出の推移」として新聞掲載されたり，「国内総生産（国内総支出）」は逆に「国内総支出（国内総生産）」と書かれることもあります。国内総生産は GDP と呼ばれ，GDP は Gross Domestic Product の略です。国内総支出は GDE と呼ばれ，GDE は Gross Domestic Expenditure の略です。

日本経済に対し，「誰がモノを買っているのか」と尋ねると，次の回答が返ってきます。下記の括弧内の数字は，2006年度における各項目の実質国内総支出（GDE）に占める割合を示しています。

- ①　個人消費　(55.3%)
- ②　民間投資　(19.6%)
  - (i)　民間住宅投資　(3.4%)
  - (ii)　民間設備投資　(16.0%)
  - (iii)　民間在庫品増加　(0.2%)
- ③　政府支出　(21.4%)
  - (iv)　政府消費　(17.4%)
  - (v)　公共投資　(4.0%)
  - (vi)　公的在庫品増加　(0.0%)
- ④　純 輸 出　(3.9%)
  - (vii)　輸出　(14.9%)
  - (viii)　輸入　(11.0%)

表2章-1　各国の名目 GDP（2005年）

	名目 GDP（10億ドル）	割合（%）	1人当たり GDP（ドル）
米国	12,456	27.9	41,960
日本	4,557	10.2	35,672
中国	2,244	5.0	1,716
インド	781	1.7	712
ブラジル	882	2.0	4,789
ロシア	764	1.7	5,323
G7	27,068	60.6	
BRICs	4,670	10.5	
世界	44,688	100.0	6,968

出所：『日本経済新聞』2007年5月23日より作成

表2章-2　国内総生産（国内総支出）の推移

（参照年は2000年，単位10億円，四半期の数値は季節調節済みの年率換算（実質），カッコ内は前年比または前期比増減率，▲は減）

	2006年度		2006年				2007年	寄与度
	名目	実質	1-3月期	4-6月期	7-9月期	10-12月期	1-3月期	
○国内総生産（国内総支出）	509,810.1 (1.3)	550,892.5 (1.9)	545,741.4 (0.8)	547,342.5 (0.3)	547,702.1 (0.1)	554,427.9 (1.2)	557,693.4 (0.6)	0.6
○年率換算成長率	—	—	(3.1)	(1.2)	(0.3)	(5.0)	(2.4)	
○個人消費	288,711.9 (0.4)	304,779.3 (0.8)	303,644.7 (▲0.2)	305,472.7 (0.6)	302,334.2 (▲1.0)	305,534.9 (1.1)	308,162.7 (0.9)	0.5
○民間住宅投資	18,907.3 (2.6)	18,553.6 (0.4)	18,763.9 (0.9)	18,403.4 (▲1.9)	18,356.5 (▲0.3)	18,753.8 (2.2)	18,691.9 (▲0.3)	▲0.0
○民間設備投資	80,757.4 (7.7)	88,328.8 (7.2)	84,776.4 (4.7)	86,944.1 (2.6)	87,754.5 (0.9)	89,741.3 (2.3)	88,903.8 (▲0.9)	▲0.1
○民間在庫品増加	970.5 (—)	1,076.1 (—)	1,492.0 (—)	784.6 (—)	1,864.4 (—)	1,188.0 (—)	663.1 (—)	▲0.1
○政府消費	91,070.1 (0.4)	95,591.8 (0.9)	94,500.2 (▲0.0)	95,130.6 (0.7)	95,731.2 (0.6)	95,799.4 (0.1)	95,734.3 (▲0.1)	▲0.0
○公共投資	22,057.8 (▲8.1)	21,956.3 (▲9.2)	23,760.8 (▲2.3)	22,290.8 (▲6.2)	21,240.5 (▲4.7)	22,089.1 (4.0)	22,057.4 (▲0.1)	▲0.0
○公的在庫品増加	214.3 (—)	227.5 (—)	253.3 (—)	233.3 (—)	245.5 (—)	255.0 (—)	193.3 (—)	▲0.0
○純輸出	7,120.8 (—)	21,317.0 (—)	19,042.9 (—)	18,838.9 (—)	20,911.8 (—)	21,677.0 (—)	23,819.0 (—)	0.4
○輸出	83,912.7 (12.0)	82,111.8 (8.3)	79,050.9 (2.2)	79,697.9 (0.8)	81,548.7 (2.3)	82,236.5 (0.8)	84,947.5 (3.3)	0.5
○輸入	76,791.9 (12.3)	60,794.8 (3.4)	60,007.9 (1.8)	60,859.0 (1.4)	60,636.9 (▲0.4)	60,559.5 (▲0.1)	61,128.5 (0.9)	▲0.1

出所：『日本経済新聞』2007年5月18日より作成

⑩ こんな新聞記事が出ていました：GDP

「GDP 年2.4％成長」「消費・輸出けん引」「1－3月実質9期連続プラス」「昨年度は1.9％」という見出しで，「内閣府が17日発表した1－3月期の国内総生産（GDP）の速報値は物価変動の影響を除いた実質ベースで前期比0.6％増，年率換算で2.4％増となった。設備投資が前期に比べて減ったものの個人消費と輸出が堅調に伸び，内外需がそろって成長率を押し上げた。プラス成長は9・四半期連続で，日本経済は1％半ばから後半とされる潜在成長率を上回る安定成長を続けている。」（『日本経済新聞』2007年5月17日）という記事がありました。この記事は「GDP 統計」についてのニュースであり，「GDP」とは Gross Domestic Product の略で，一国経済の規模を表す代表的指標です。実質 GDP 成長率は「実質経済成長率」と呼ばれています。

上記の新聞記事（および右ページの図）から3つの疑問が出てきます。

① 記事中には「1－3月期の国内総生産（GDP）は実質ベースで前期比0.6％増，年率換算で2.4％増」とあるが，年率換算は「0.6％×4＝2.4％」の計算式でよいのでしょうか。

② 記事中には「設備投資が前期に比べて減ったものの個人消費と輸出が堅調に伸び，内外需がそろって成長率を押し上げた。」と書かれ，図には「実質成長率の需要項目別寄与度」ということで「公的」「民間」「海外」別に描かれているが，需要別寄与度はどのようにして計算されているのでしょうか。

③ 記事中には「日本経済は1％半ばから後半とされる潜在成長率を上回る安定成長を続けている。」と書かれていますが，「年率換算で2.4％の成長率」

【知っておきましょう】 GDP の「速報値」と「確報値」

「国内総生産の推移」（☞ **p. 29**）は，**2007**年**5**月**18**日付の夕刊に掲載されていたもので，同年**1－3**月期の **GDP** の「一次速報値（**QE：Quick Estimation**）」です。**GDP** の「速報値」は月次または四半期ごとに把握できる主として需要サイドから推計しているものであり，「確報値」は年**1**回集計の供給サイドに基づく推計です。ですから，**GDP** の「確報値」と「速報値」の間にはズレが生じています。

と「潜在成長率」はどのように異なっているのでしょうか。

図 10－1　GDP 成長率（前期比）

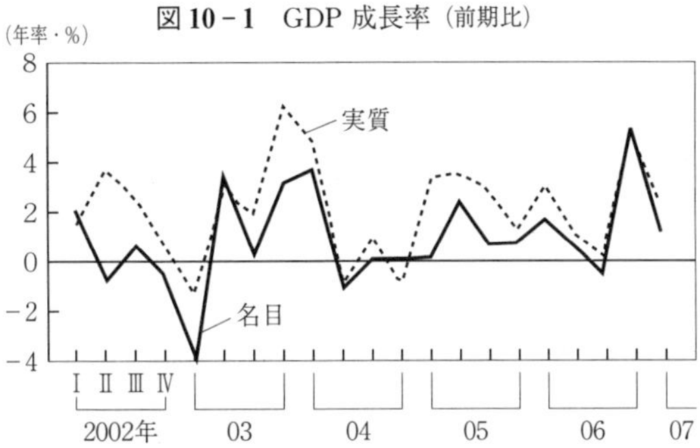

出所：『日本経済新聞』2007年５月17日より作成

図 10－2　実質成長率の需要項目別寄与度

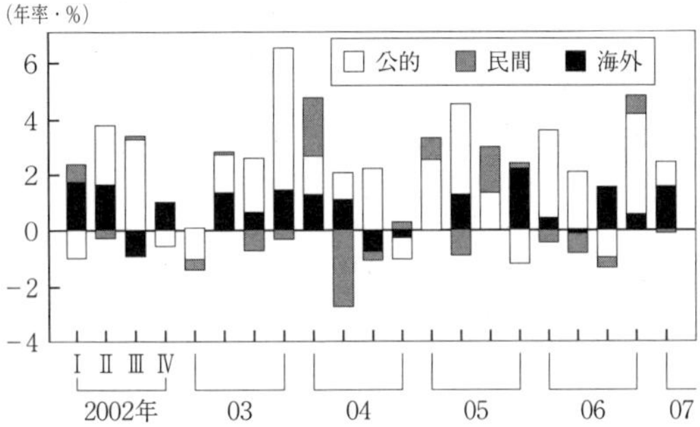

出所：『日本経済新聞』2007年５月17日より作成

図 10－3　2007年１－３月期の GDP 増減率の需要項目別内訳

	実　質	名　目
GDP	0.6（ 1.2）	0.3（ 1.3）
（年率換算）	2.4（ 5.0）	1.2（ 5.4）
個人消費	0.9（ 1.1）	0.6（ 0.6）
住宅投資	▲0.3（ 2.2）	0.2（ 2.4）
設備投資	▲0.9（ 2.3）	▲0.7（ 2.4）
政府消費	▲0.1（ 0.1）	▲0.1（ 0.1）
公共投資	▲0.1（ 4.0）	0.2（ 3.8）
輸　出	3.3（ 0.8）	3.0（ 1.8）
輸　入	0.9（▲0.1）	1.7（▲0.1）

（注）カッコ内は2006年10-12月期，前期比％，▲は減。
出所：『日本経済新聞』2007年５月17日より作成

11 国内総生産の推移：国内総生産≡国内総支出

日本に財を供給しているのは，日本国内にいる供給者と国外の供給者です。日本国内にいる供給者が作った財は「国内総生産（GDP）」，国外の供給者が作った財は「財貨・サービスの輸入」とそれぞれ呼ばれ，

財の供給＝国内総生産(GDP)＋財貨・サービスの輸入

です。一方，財を需要しているのは，家計，法人企業，政府および外国です。日本国内で，家計・法人企業・政府によって買われた財，つまり「民間消費支出＋民間投資支出＋政府支出」は「内需」，外国によって買われた財は「財貨・サービスの輸出」とそれぞれ呼ばれ，

財の需要＝内需＋財貨・サービスの輸出

です。「財貨・サービスの輸出－財貨・サービスの輸入」は，「財貨・サービスの純輸出」もしくは「外需（ネット外需）」と呼ばれています。「財の供給≡財の需要」（☞ p. 22）であるので，

財の供給＝国内総生産(GDP)＋財貨・サービスの輸入

財の需要＝内需＋財貨・サービスの輸出

より，

国内総生産(GDP)＝内需＋外需

を得ることができます。「内需＋外需」は「国内総支出（GDE）」と呼ばれています。つまり，国産品は，買う側から見たときは「国内総支出」，売る側から見たときは「国内総生産」とそれぞれ呼ばれています。同じ財を，買う側と売る側から見て，それぞれ異なった呼び方をしているだけなので，国内総支出（GDE）と国内総生産（GDP）は同じ大きさです。

【知っておきましょう】 等号記号（＝）と恒等記号（≡）

「$Y \equiv C+I+G+EX-IM$」は「Y は $C+I+G+EX-IM$ と恒等的に等しい」と読まれます。しかし，「$Y \equiv C+I+G+EX-IM$」の意味で「$Y=C+I+G+EX-IM$」と書かれることがあります。

財の例として，車を取り上げると，日本国内のトヨタは「日本国内にいる供給者」，米国のトヨタは「国外の供給者」です。また，誰が，国産車を買ってくれたのかによって，車に対する需要は，家計が買えば「民間消費支出」，法人企業が買えば「民間投資支出」，政府が買えば「政府支出」，外国が買えば「輸出」とそれぞれ呼ばれます。

日本国内のトヨタは車を作り，日本国内の家計・法人企業・政府および外国に売っています。では，製造した車が売れなければ，どうなるのでしょうか。売れ残りで倉庫で眠っている新車は，トヨタが作り，そのトヨタが買ったものとみなされ，「(意図せざる) 民間在庫品増加」の中に含められます。ですから，トヨタの車を需要しているのは，家計，法人企業（トヨタを含めて)，政府，外国です。このように考えれば，「財の供給≡財の需要」であり，

財の供給＝国内総生産(GDP)＋財貨・サービスの輸入

財の需要＝内需＋財貨・サービスの輸出

であるので，

GDP＝内需＋外需＝GDE

です。つまり，

国内総生産(GDP)≡国内総支出(GDE)

です。

【知っておきましょう】　日本人と米国人

国籍が日本人であっても，1 年以上米国に住めば，経済の上では，米国人として取り扱われることになります。ですから，米国トヨタは，経済の上では，米国の会社になるので，国内で生産されたトヨタの車は「国産車」，国外で生産されたトヨタの車は「輸入車」にそれぞれなります。

⑫ 国内総生産の推移：名目と実質

「国内総生産の推移」（☞ p. 29）の注釈に「参照年は2000年」とあります。また，2006年度のところに，「名目」と「実質」と書かれてあります。2006年度の GDP の名目値509兆8,101億円，実質値550兆8,925億円は，それぞれ，

名目 GDP＝∑{(2006年度の数量)×(2006年度の価格)}

実質 GDP＝∑{(2006年度の数量)×(2000年度の価格)}

で計算されたものです（∑はシグマと読まれ，各財貨・サービスの合計を意味しています)。つまり，2006年度に，さまざまな財貨・サービスが生産され，それらの数量を，2006年度の価格で金額表示したものが2006年度の名目 GDP 509兆8,101億円，2000年度（参照年度）の価格で金額表示したものが2006年度の実質 GDP 550兆8,925億円です。「$\frac{\text{名目 GDP}}{\text{実質 GDP}}$」は「GDP デフレーター」（☞ p. 192）と呼ばれています。名目 GDP の伸び率は「名目成長率」，実質 GDP の伸び率は「実質成長率」とそれぞれ呼ばれ，「名目成長率－実質成長率」はインフレ率（☞ p. 196）です。

【知っておきましょう】 成長率のゲタ

2007年度は**2007**年**4－6**月期からのスタートですが，**2007**年度の各四半期 **GDP** がすべて前期比（**2007**年**1－3**月期）横ばい，つまり

4－6月	**557**兆**6,934**億円	**7－9**月	**557**兆**6,934**億円
10-12月	**557**兆**6,934**億円	**1－3**月	**557**兆**6,934**億円

であったならば，**2007**年度の実質成長率はゼロでしょうか。実感としてはゼロ%ですが，計算上は，**2007**年度の実質成長率は，

(**557**兆**6,934**億円－**550**兆**8,925**億円)÷**550**兆**8,925**億円＝**0.0123**(**1.23**%)

になり，年率**1.23**%のプラス成長です。この**1.23**%が「成長率のゲタ」と呼ばれているもので，「**2007**年度の **GDP** は**1.23**%のゲタを履いている」と言われます。このようなことは通常，前年度の最終四半期（**1－3**月期）に高い伸びを示した結果，今年度の **GDP** が高い「発射台」から推移する場合に生じます。

図表 12－1　戦後の大型景気における名目成長率と実質成長率

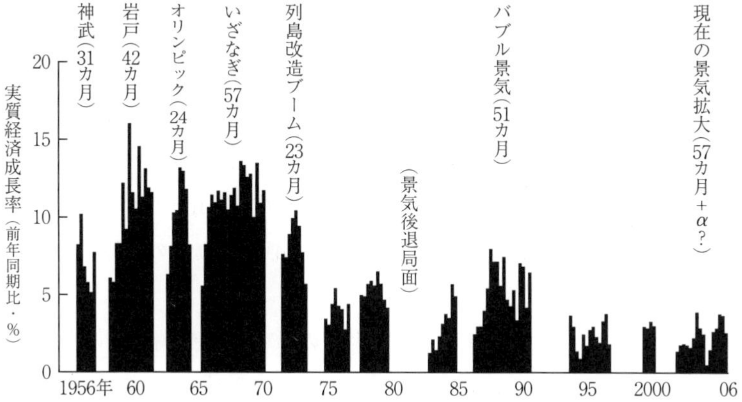

	いざなぎ景気（65年11月～70年７月）	バブル（平成）景気（86年12月～91年２月）	現在の景気拡大局面（2002年２月～）
実質成長率（年率平均）	11.5%	5.4%	2.4%
名目成長率（同）	18.4	7.3	1.0
拡大期間の伸び率	122.8	34.7	4.2
給料（雇用者報酬）の伸び率	114.8	31.8	▲1.6
消費者物価の上昇率	27.4	8.5	0.7
労働力人口の増減	351万人	413万人	▲65万人
景気のけん引役（年率平均の実質伸び率）	個人消費 9.6%　設備投資 24.9　輸出 18.3	4.4　12.2　5.5	1.7　6.5　10.5

（注）▲はマイナス。成長率，雇用者報酬は2006年４－６月期までの数値。消費者物価と完全失業率は06年８月までの数値。労働力人口は季節調整値。
出所：『日本経済新聞』2006年10月13日より作成

【知っておきましょう】 GDP と GNP

国内総生産が「国内（Domestic）」概念であるのに対し，「国民総所得」は「国民（National）」概念です。GDP が「日本の土地」において生み出された粗付加価値の合計金額であるのに対し，国民総所得は「日本人」によって稼得された総所得です。「GNP（国民総生産）」は，Gross National Product の略ですが，GNP と GDP の関係は，以下の通りです。

GNP＝GDP＋海外からの純所得（所得収支）

⑬ 国内総生産の推移：年率換算成長率

「国内総生産の推移」(☞ p. 29) の2007年１‐３月期の国内総生産を見ると，上段に (0.6%)，下段に (2.4%) が見られます。新聞記事 (☞ p. 30) 中には「１‐３月期の国内総生産 (GDP) は実質ベースで前期比0.6%増，年率換算で2.4%増」とありますが，年率換算は「0.6%×4＝2.4%」の計算式でよいのでしょうか。

「国内総生産の推移」の注釈に，「四半期の数値は季節調整済みの年率換算 (実質)」との説明があります。四半期とは，１‐３月，４‐６月，７‐９月，10-12月のことで，それぞれ第Ⅰ，Ⅱ，Ⅲ，Ⅳ四半期と呼ばれています。2006年度の実質 GDP は550兆8,925億円，2007年第Ⅰ四半期 (１‐３月期) の実質 GDP は557兆6,934億円ですが，550兆8,925億円は2006年４月～2007年３月までの１年間の GDP の数字，557兆6,934億円は2007年１‐３月間の四半期の GDP の年率換算の数字です。つまり，557兆6,934億円は，2007年１‐３月期の四半期 GDP が１年間続くとしたときの，2007年１月～12月までの１年間の GDP の数字です。

また，「国内総生産の推移」(☞ p. 29) の注釈に，「カッコ内は前年比または前期比増減率」との説明があり，左上のところに，「年率換算成長率」と書かれてあります。2007年１‐３月期の GDP (国内総生産) のところには，上段のカッコ内に0.6%，下段のカッコ内に2.4%の２つの数字があります。この0.6%は「前期比増減率」であり，2.4%は「年率換算成長率」です。2007年１‐３月期の「前期比増減率」0.6%は，{(2007年第Ⅰ期の GDP)－(2006年第Ⅳ期の GDP)}÷(2006年第Ⅳ期の GDP) で，つまり，

(557兆6,934億円－554兆4,279億円)÷(554兆4,279億円)≒0.0059

で求められます。この「前期比増減率」0.6% (0.0059) は，「瞬間風速」と呼ばれることもあります。

一方，2007年１‐３月期の「年率換算実質成長率」2.4%は，同期の「前期比増減率」0.6%が１年間続くとしたときの，2007年１月～12月までの１年間の

実質成長率の数字です。つまり，

$$\{1+(0.0059)\}^4-1=0.0238(2.4\%)$$

で計算される数字です。年率換算実質成長率は，厳密には，四半期変化率の4乗を含む計算で求めなければなりませんが，簡便法として，四半期変化率を単純に4倍すれば年率換算成長率を求めることができます。つまり，0.6％×4≒2.4％で年率をつかむことができます。

表13－1　過去の大型景気における需要項目の伸び率

	いざなぎ景気	バブル景気	今回の景気拡大局面
期　　間	1965年11月～70年7月で57カ月	1986年12月～91年2月で51カ月	2002年2月～07年3月で62カ月
実質経済成長率（年率平均）	11.5％	5.4％	2.2％
名目経済成長率（年率平均）	18.4	7.3	0.9
需要項目の伸び率（実質・前期比の年率平均，▲はマイナス）			
個人消費	9.6％	4.4％	1.2％
設備投資	24.9	12.2	6.0
公共投資	12.6	3.0	▲8.0
輸　　出	18.3	5.5	10.0

出所：『日本経済新聞』2007年3月13日より作成

⑭ 国内総生産の推移：需要項目の寄与度

景気が上向いたり下向いたりする循環（景気循環）はもっぱら「お客さんの買う，買わないの気まぐれ」，つまり経済の需要面の変動によって生じます。どのお客さんが買いに来てくれて景気が上向いたのか，どのお客さんが買いに来なくなって景気が下向いたのかを「寄与度」は示しています。

各需要項目の寄与度はそれぞれの項目の景気（実質 GDP 成長率）に対する貢献度であり，寄与度がプラスの，つまり景気を押し上げている項目もあれば，寄与度がマイナスの，つまり景気を押し下げている項目もあります。

記事（☞ p. 30）中には「設備投資が前期に比べて減ったものの個人消費と輸出が堅調に伸び，内外需がそろって成長率を押し上げた。」とあり，図には「実質成長率の需要項目別寄与度」ということで「公的」「民間」「海外」別に描かれていますが，需要別寄与度はいかにして計算されるのでしょう。記事の見出しには「消費・輸出けん引」とあり，「国内総生産の推移」（☞ p. 29）中の個人消費の「寄与度 0.5」はいかにして計算されているのでしょう。

個人消費の「寄与度」は，

（個人消費÷国内総生産）×（個人消費の変化÷個人消費）
＝（前四半期における個人消費の国内総生産に占める割合）
×（個人消費の伸び率）
＝（305兆5,349億円÷554兆4,279億円）
×{（308兆1,627億円－305兆5,349億円）÷305兆5,349億円}
＝0.00474≒0.5％

で，計算されています。「個人消費の寄与度 0.5」とは，2007年 1 - 3 月期の実質成長率0.6％のうち0.5％（全体の83.3％）は，個人消費という需要項目のお陰であったことを，つまり景気の押し上げへの個人消費の寄与度が 0.5 であったことを意味しています。

各構成項目の「寄与度」は，（各構成項目の国内総生産に占める割合：☞ p. 28）と（各構成項目の伸び率）を掛けたものであるので，国内総支出に占める割合の大きい需要項目（大口顧客）は，たとえ伸び率が小さくても，寄与度は大きくなります。逆に，国内総支出に占める割合の小さい需要項目（小口顧客）は，たとえ伸び率が大きくても，寄与度は小さくなります。

表14－1　需要項目の寄与度

項目	単位		平成13年度	平成14年度	平成15年度	平成16年度	平成17年度	17年度構成比(%)
GDP（支出側）	（兆円）	名目	493.6	489.9	493.7	498.3	503.4	
GDP（支出側）	（増加率，％）	名目	−2.1	−0.8	0.8	0.9	1.0	
GDP デフレーター	（増加率，％）		−1.3	−1.8	−1.3	−1.0	−1.3	
GDP（支出側）	（増加率，％）	実質	−0.8	1.1	2.1	2.0	2.4	名目 100.0
国内需要	（増加率，％）	実質	−0.3	0.3	1.3	1.5	1.9	98.7
	（寄与度，％）	実質	−0.3	0.3	1.3	1.5	1.9	
民間需要	（増加率，％）	実質	−0.5	0.4	1.9	2.4	2.4	75.9
	（寄与度，％）	実質	−0.4	0.3	1.4	1.8	1.8	
民間最終消費支出	（増加率，％）	実質	1.4	1.2	0.6	1.3	1.9	57.1
	（寄与度，％）	実質	0.8	0.7	0.4	0.8	1.1	
家計最終消費支出	（増加率，％）	実質	1.3	1.2	0.5	1.2	1.9	55.8
	（寄与度，％）	実質	0.7	0.7	0.3	0.7	1.0	
民間住宅	（増加率，％）	実質	−7.7	−2.2	−0.2	1.7	−1.0	3.7
	（寄与度，％）	実質	−0.3	−0.1	−0.0	0.1	−0.0	
民間企業設備	（増加率，％）	実質	−2.4	−2.9	6.1	6.2	5.8	14.9
	（寄与度，％）	実質	−0.3	−0.4	0.8	0.9	0.8	
民間在庫品増加	（寄与度，％）	実質	−0.5	0.1	0.3	0.1	−0.1	0.2
公的需要	（増加率，％）	実質	0.6	0.1	−0.5	−1.5	0.4	22.8
	（寄与度，％）	実質	0.1	0.0	−0.1	−0.3	0.1	
政府最終消費支出	（増加率，％）	実質	2.8	2.1	2.6	1.7	0.9	18.0
	（寄与度，％）	実質	0.5	0.4	0.5	0.3	0.2	
公的固定資本形成	（増加率，％）	実質	−4.7	−5.4	−9.5	−12.7	−1.4	4.8
	（寄与度，％）	実質	−0.3	−0.4	−0.6	−0.7	−0.1	
公的在庫品増加	（寄与度，％）	実質	−0.0	0.0	−0.0	0.0	−0.0	0.0
財貨・サービスの純輸出	（寄与度，％）	実質	−0.5	0.7	0.8	0.5	0.5	1.3
財貨・サービスの輸出	（増加率，％）	実質	−7.9	11.5	9.8	11.4	9.0	14.9
	（寄与度，％）	実質	−0.9	1.2	1.1	1.4	1.2	
財貨・サービスの輸入	（増加率，％）	実質	−3.4	4.8	3.0	8.4	6.0	13.6
	（寄与度，％）	実質	0.3	−0.5	−0.3	−0.9	−0.7	

出所：『国民経済計算年報（平成19年版）』より作成

第3章　景気を見る3つの眼：景気の良い，悪いを判断する

何を基準にして「景気が良い」「景気が悪い」と判断すればよいのでしょうか。景気判断には，次の３つの眼が必要です。

①　水面上・水面下：「GDP ギャップ」あるいは「需給ギャップ」

景気を見るための第１の眼は「水面上・水面下」です。水面下「供給>需要」のときは，不況です。水面上「供給<需要」のときは，好況です。例示として，ケーキ屋さんを日本株式会社として取り上げると，潜在 GDP（供給）はケーキ屋さんが１日当たり何個のケーキを作ることができるのか，実際の GDP（需要）はケーキ屋さんが１日当たり何個のケーキの買い注文を受けて，実際に何個のケーキを作ったのかをそれぞれ示しています。

②　上向き・下向き：「景気動向指数」

景気を見るための第２の眼は「上向き・下向き」です。「景気動向指数が３カ月連続して50％を上回る」ときは上向き（景気の拡張）です。「景気動向指数が３カ月連続して50％を下回る」ときは下向き（景気の後退）です。景気の上向き・下向きの繰り返しは「景気循環」と呼ばれ，景気が上昇局面にあるのか，下降局面にあるのかは「景気動向指数」により判断されています。内閣府は景気動向指数を用いて景気の山・谷，拡張期・後退期を判定しています。

③　強さ・弱さ：「日本銀行の企業短期経済観測調査（日銀短観）」

景気を見るための第３の眼は「強さ・弱さ」です。「業況判断指数が大きい」ときは景気は強い，「業況判断指数が小さい」ときは景気は弱いと判断されます。日本銀行は，企業経営者に対して，業況が「良い」「さほど良くない」「悪い」の３つの選択肢で回答してもらうアンケート調査を行っています。「『良い』と答えた企業の割合－『悪い』と答えた企業の割合」を求めたものが，「業況判断指数」と呼ばれているものです。業況判断指数が大きければ大きいほど景気は強い，逆に業況判断指数が小さければ小さいほど景気は強い，と言うことができます。

景気が上昇局面にあれば拡張期，下降局面にあれば後退期ですが，拡張期であっても景気が水面下であれば不況ですし，後退期であっても景気が水面上であれば好況です。ですから，景気に関するニュースを正しく理解するためには，それが「上向き・

「上がると予測するものと，下がると予測するものの両方が同じ新聞に書いてあって，どちらが正しいのか混乱します。」という質問を受けることがあります。一般新聞は競馬新聞のような予測新聞ではなく，予測という点では中立であり，2つのコメントがあれば「上がる」「下がる」，3つのコメントがあれば「上がる」「下がる」「変わらない」という予測を同時掲載することになっています。経済予測は当たっているかどうかよりも，「上がる」「下がる」「変わらない」といったそれぞれの予測を行っている理由を理解することが重要です。

年末が近づいてくると，政府や民間調査機関から翌年（翌年度）の経済見通し・経済予測が公表されます。民間調査機関はたんに翌年（翌年度）の景気や物価の予測を行っているにすぎませんが，「政府経済見通し」は単なる予測ではなく，政府の次年度の経済政策運営の指針を示しています。

【知っておきましょう】 政府経済見通し

年末が近づいてくると，政府や民間調査機関から翌年（翌年度）の経済見通しが公表されます。ただし，「政府経済見通し」は，政府の次年度の経済政策運営の指針を示すもので，単なる予測ではありません。毎年12月20日前後に公表され，翌年1月頃に閣議決定されます。とりわけ，「公的固定資本形成」の数字に注目が集まります。公的固定資本形成は，土地（用地費）を含まない点で，公共投資とは異なっています。公的固定資本形成の伸び率で，翌年度の財政政策が拡張的か緊縮的かを判断できます。

図3章－1　景気を見るための3つの眼

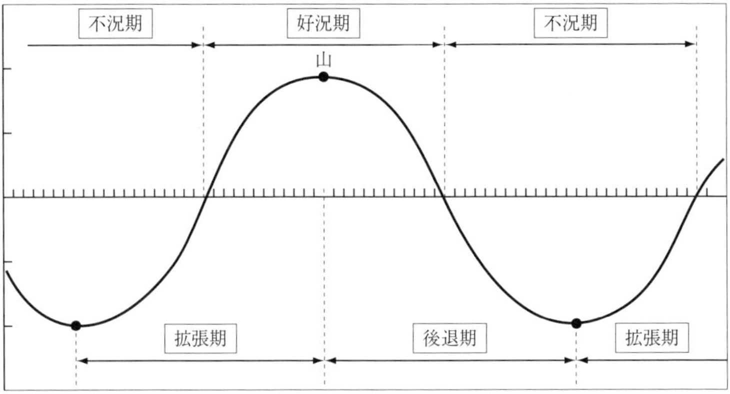

下向き」についてか,「水面上・水面下」についてかのいずれであるのかに注意する必要があります。上向きであるので景気が良い，しかし水面下であるので景気が悪いというふうに答えなくてはいけません。

表3章－1　政府経済見通し

	平成17年度(2005年度)(実績)	平成18年度(2006年度)(実績見込み)	平成19年度(2007年度)(見通し)	対前年度比増減率 平成17年度(2005年度)		平成18年度(2006年度)		平成19年度(2007年度)	
	兆円(名目)	兆円程度(名目)	兆円程度(名目)	%(名目)	%(実質)	%程度(名目)	%程度(実質)	%程度(名目)	%程度(実質)
国内総生産	503.4	510.3	521.9	1.0	2.4	1.5	1.9	2.2	2.0
民間最終消費支出	287.5	289.8	295.0	1.1	1.9	0.8	0.9	1.8	1.6
民間住宅	18.4	18.9	19.1	0.1	▲1.0	2.5	0.5	0.9	0.2
民間企業設備	75.0	80.5	83.4	5.5	5.8	7.3	7.1	3.7	3.6
民間在庫品増加 ( )内は寄与度	1.0	1.7	2.5	(▲0.1)	(▲0.1)	(0.1)	(0.1)	(0.1)	(0.1)
政府支出	114.9	113.0	113.9	0.7	0.4	▲1.7	▲1.6	0.8	0.3
政府最終消費支出	90.7	91.3	93.2	1.0	0.9	0.7	1.1	2.0	1.6
公的固定資本形成	24.0	21.6	20.7	▲0.0	▲1.4	▲10.2	▲11.4	▲3.8	▲4.3
財貨・サービスの輸出	74.9	83.5	90.4	11.7	9.0	11.5	7.6	8.2	6.2
(控除)財貨・サービスの輸入	68.4	76.8	82.5	17.7	6.0	12.3	4.6	7.4	4.9
内需寄与度				1.5	1.9	1.4	1.4	2.0	1.7
民需寄与度				1.3	1.8	1.8	1.8	1.8	1.6
公需寄与度				0.2	0.1	▲0.4	▲0.4	0.2	0.1
外需寄与度				▲0.5	0.5	0.0	0.5	0.2	0.3
国民所得	367.6	374.3	383.2	1.3		1.8		2.4	
雇用者報酬	259.6	263.6	270.4	1.3		1.5		2.6	
財産所得	14.0	15.6	16.8	29.5		10.8		7.9	
企業所得	94.0	95.1	96.0	▲1.9		1.2		1.0	
労働・雇用	万人	万人程度	万人程度	%		%程度		%程度	
労働力人口	6,654	6,660	6,655	0.2		0.1		▲0.1	
就業者総数	6,365	6,385	6,390	0.5		0.3		0.1	
雇用者総数	5,420	5,480	5,510	1.2		1.1		0.6	
完全失業率	% 4.3	%程度 4.1	%程度 4.0						
生産	%	%程度	%程度						
鉱工業生産指数・増減率	1.6	4.5	2.1						
物価	%	%程度	%程度						
国内企業物価指数・変化率	2.1	2.7	0.7						
消費者物価指数・変化率	▲0.1	0.3	0.5						
GDP デフレーター・変化率	▲1.3	▲0.4	0.2						
国際収支	兆円	兆円程度	兆円程度	%		%程度		%程度	
貿易・サービス収支	7.4	7.0	8.4						
貿易収支	9.6	9.3	10.3						
輸出	65.2	72.8	78.6	10.8		11.6		8.0	
輸入	55.6	63.5	68.2	21.8		14.1		7.5	
経常収支	19.1	19.9	22.6						
経常収支対名目 GDP 比	% 3.8	%程度 3.9	%程度 4.3						

(注)　世界 GDP，円相場，原油価格については，以下の前提を置いている。なお，これらは，作業のための想定であって，政府としての予測あるいは見通しを示すものではない。

	平成17年度	平成18年度	平成19年度
世界 GDP(日本を除く)	3.9%	3.8%	3.3%
円相場(円/ドル)	113.2	116.4	117.3
原油価格(ドル/バレル)	55.5	64.6	61.1

(備考)

1. 世界 GDP(日本を除く)は，国際機関等の経済見通しを基に算出。
2. 円相場は，平成18年11月1日～11月30日の1か月間の平均値(117.3円)で以後一定と想定。
3. 原油価格は，平成18年9月1日～11月30日の3か月間のスポット価格の平均値に運賃，保険料を付加して以後一定と想定(61.1ドル)。

出所：内閣府・経済財政政策ホームページ

⑮ こんな新聞記事が出ていました：景気一致指数

「景気一致指数　２カ月連続50％超」「５月　基調判断を上方修正」という見出しのもとで，「内閣府が５日発表した５月の景気動向指数（速報値）は景気の現状を示す一致指数が66.7％となり，景気判断の分かれ目となる50％を２カ月連続で上回った。数カ月先の景気動向を示す先行指数は30％と７カ月連続で50％を下回ったが，内閣府は景気後退懸念が薄らいだとみて，基調判断を『一進一退』から『改善』に上方修正した。景気動向指数は内閣府が景気に敏感な複数の指標を選び，３カ月前と比べて改善した指標がどの程度の比率になっているかで示す。先行指数，一致指数，遅行指数の３種類があり，一致指数が50％超だと景気は上向き，50％を下回ると景気は下向きと判断する。」「５月の一致指数は５日までに集計が間に合った９つの指標のうち６つが改善。鉱工業生産財出荷指数は過去最高を更新し，製造業の中小企業売上高も02年２月に始まる今回の景気拡大局面で最高となった。製造業を中心に減速感がみられたものの，足元では景気全体の減速懸念は払拭されつつある。」「各指標の変化率の推移から景気の勢いや強弱を測る合成指数（2000年＝100）は，一致指数が前月と同じ112.8とバブル期並みの高水準を維持した。」（『日本経済新聞』2007年７月６日）という新聞記事がありました。

学習は疑問から始まります。上記の新聞記事から４つの疑問が出てきます。

① 記事中「景気の現状を示す一致指数が66.7％となり，景気判断の分かれ目となる50％を２カ月連続で上回った。」とあるが，66.7％はいかにして計算されたのでしょうか。50％が景気判断の分かれ目とはどんなことでしょうか。

② 記事中に「景気動向指数は内閣府が景気に敏感な複数の指標を選び」とあるが，どのような経済指標が選ばれているのでしょうか。

③ 景気動向指数には先行指数，一致指数，遅行指数の３種類があるが，それらの違いは何でしょうか。

④ 記事中に「各指標の変化率の推移から景気の勢いや強弱を測る合成指数（2000年＝100）」とあるが，合成指数は何でしょうか。

表 15－1　景気一致指数を構成する指標の動き

	3月	4月	5月
鉱工業生産	●	○	●
鉱工業生産財出荷	●	○	○
大口電力使用量	○	○	○
製造業の稼働率	●	●	—
製造業の所定外労働時間	●	●	●
投資財出荷	●	○	●
小売業の商業販売額	●	○	○
卸売業の商業販売額	●	○	○
営業利益	●	—	—
製造業の中小企業売上高	●	○	○
有効求人倍率	●	●	○
一致指数(%)	9.1	70.0	66.7

（注）　3カ月前比で○は改善，●は悪化，—は未公表。
出所：『日本経済新聞』2007年7月6日より作成

【知っておきましょう】　景気動向指数：**DI** と**CI**（合成指数）

景気動向指数には「**DI**（先行指数，一致指数，遅行指数：ディフュージョン・インデックス)」と「**CI**（合成指数：コンポジット・インデックス)」の **2** 種類があり，日本では **DI**，米国では **CI** をそれぞれ重視しています。**DI** は，採用指標の変化の方向（符号）のみを合成することにより，景気局面の判断，予測と景気の転換点をつかむことを目的にしています。**CI** は，**DI** と同じ採用指標の変動幅を調整したのち合成し，その結果求められた変化率を累積，指数化（現在の基準年次は **2000**年）することにより，景気変動の大きさやテンポ（量感）を把握することを目的にしています。

16 第1の眼は景気の水面上・水面下：GDPギャップ

景気を見るための第1の眼は「水面上・水面下」です。水面下「供給＞需要」のときは，不況です。水面上「供給＜需要」のときは，好況です。

ここで，ケーキ屋さんを日本株式会社として取り上げましょう。ケーキ屋さんが1日当たり何個のケーキを作ることができるのかは，人（労働），機械（資本），技術しだいです。これはケーキ屋さんの供給面のはなしです。他方，このケーキ屋さんが実際に1日当たり何個のケーキを作るかは，お客さんが何個買ってくれるのかに依存しています。これはケーキ屋さんの需要面のはなしです。

表16－1　供給と需要の数値例

供給	需要	景　気
100個	50個	不況
100個	100個	GDPギャップ・ゼロ
100個	150個	好況

不況のときは，50個しか買いに来てくれませんので，100個作れるにもかかわらず，50個しか作らず，人と機械は失業します。好況のときは，100個しか作れないにもかかわらず，150個も買いに来てくれるので，お客さんの中には値段が高くても買いたいという人が出て来てケーキの値段が上がります。

日本経済全体を考えると，日本株式会社が1年間にどれくらいの量の商品を作ることができるかは，労働，資本，技術しだいです。日本に存在する労働，資本，技術のすべてを用いてできる最大のGDPは「潜在GDP」と呼ばれ，これは日本経済の供給面（潜在能力）のはなしです。他方，日本株式会社が実際に1年間にどれくらいの金額の商品を作るかは，有効需要（お金の裏付けのある需要）に依存しています。有効需要によって決まるGDPは「実際のGDP」と呼ばれ，これは日本経済の需要面のはなしです。

民間は「景気が悪い」と思っているのに，政府は「景気が良い」と言うことがしばしばあります。これは民間は景気を見る第1の眼で「景気の水面下」を，政府は景気を見る第２の眼で「景気の上向き」をそれぞれ見ていて，見る眼が異なっているから起こっているのです。政府は，2002年１月を谷とする現在の景気拡張を「いざなぎ景気」(1965年10月～71年12月の57カ月) を上回る最長の好景気であると言っていますが，景気拡張期の大半の期間は「景気の水面下（不況)」にあったので，民間は好景気を実感していないと思われます。「実感なき景気拡大」と言われていますが，景気を見る第２の眼から見て，景気が上向きであったとしても，その大半の期間は，景気を見る第１の眼から見れば水面下（不況）です。

図 16－1　GDP ギャップ（需給ギャップ）

(注)　内閣府試算値。需給ギャップは $\left(\dfrac{\text{実際の GDP}-\text{潜在 GDP}}{\text{潜在 GDP}}\right)$

出所：『日本経済新聞』2007年６月19日より作成

17 第２の眼は景気の上向き・下向き：景気動向指数

景気を見るための第２の眼は「上向き・下向き」です。「景気動向指数が３カ月連続して50％を上回る」ときは，景気の拡張期（上向き）です。「景気動向指数が３カ月連続して50％を下回る」ときは，景気の後退期（下向き）です。

内閣府は景気に敏感な経済指標30個を選んでいます。これら30個の指標の性質をそれぞれ検討して，５，６カ月先の景気に敏感な経済指標のグループを「先行系列」と呼び，真ん中の景気の現状に敏感な経済指標のグループを「一致系列」と呼び，半年から１年前の景気に敏感な経済指標のグループを「遅行系列」と呼びます。30個の景気指標のそれぞれをバラバラに見ていても，「全体としての景気」の状態をつかめません。内閣府は，「先行系列」「一致系列」「遅行系列」の３つのグループから，それぞれ「先行指数」「一致指数」「遅行指数」と呼ばれる「景気動向指数」を作成しています。各指標に，「あなたの景気指標では，３カ月前と比べて，良くなりましたか。」と聞いたとします。

「良くなりました」と答えれば，○が，「変わりません」と答えれば，△が，「悪くなりました」と答えれば，●がそれぞれつけられることになっています。

例えば，一致系列11個中10個が公表されているとします。○を１点，△を0.5点，●を０点として，全部○であれば，10点満点中10点であり，

$$\frac{10}{10}=100\%$$

全部●であれば，10点満点中０点であり，

$$\frac{0}{10}=0\%$$

半分○，半分●であれば，10点満点中５点であり，

$$\frac{5}{10}=50\%$$

です。こうして計算される100％，０％，50％が「一致指数」です。

表17－1　景気動向指数を構成する系列

	系　列　名	作成機関	資料出所
先行系列	L 1　最終需要財在庫率指数(逆)	経済産業省	生産・出荷・在庫指数
	L 2　鉱工業生産財在庫率指数(逆)	〃	〃
	L 3　新規求人数(除学卒)	厚生労働省	一般職業紹介状況
	L 4　実質機械受注(船舶・電力を除く民需)	内閣府経済社会総合研究所	機械受注統計調査報告
		日本銀行	物価指数月報
	L 5　新設住宅着工床面積	国土交通省	建築着工統計
	L 6　耐久消費財出荷指数	経済産業省	生産・出荷・在庫指数
	L 7　消費者態度指数	内閣府経済社会総合研究所	消費動向調査報告
	L 8　日経商品指数(42種総合)	日本経済新聞社	日本経済新聞
	L 9　長短金利差	日本銀行	金融経済統計月報
		〃	〃
	L10　東証株価指数	東京証券取引所	東証統計月報
	L11　投資環境指数(製造業)	財務省	法人企業統計季報
		〃	〃
		日本銀行	金融経済統計月報
	L12　中小企業業況判断来期見通し(全産業)	中小企業金融公庫	中小企業動向調査報告
一致系列	C 1　生産指数(鉱工業)	経済産業省	生産・出荷・在庫指数
	C 2　鉱工業生産財出荷指数	〃	〃
	C 3　大口電力使用量	電気事業連合会	電灯・電力需要実績
	C 4　稼働率指数(製造業)	経済産業省	生産・出荷・在庫指数
	C 5　所定外労働時間指数(製造業)	厚生労働省	毎月勤労統計調査月報
	C 6　投資財出荷指数(除輸送機械)	経済産業省	生産・出荷・在庫指数
		〃	〃
	C 7　百貨店販売額	〃	商業販売統計
	C 8　商業販売額指数(卸売業)	〃	〃
	C 9　営業利益(全産業)	財務省	法人企業統計季報
	C10　中小企業売上高(製造業)	中小企業庁	規模別製造工業生産指数
		〃	中小企業調査月報
	C11　有効求人倍率(除学卒)	厚生労働省	一般職業紹介状況
遅行系列	Lg 1　最終需要財在庫指数	経済産業省	生産・出荷・在庫指数
	Lg 2　常用雇用指数(製造業)	厚生労働省	毎月勤労統計調査月報
	Lg 3　実質法人企業設備投資(全産業)	財務省	法人企業統計季報
		内閣府経済社会総合研究所	四半期別国民所得統計速報
	Lg 4　家計消費支出(全国勤労者世帯，名目)	総務省統計局	家計調査報告
	Lg 5　法人税収入	財務省	租税及び印紙収入，収入額調
	Lg 6　完全失業率(逆)	総務省統計局	労働力調査報告
	Lg 7　国内銀行貸出約定平均金利	日本銀行	金融経済統計月報

(注)　(逆)とは逆サイクル系列のことである。

18 第３の眼は景気の強さ・弱さ：日銀短観

景気を見るための第３の眼は「強さ・弱さ」です。業況判断指数は「景気の強さ・弱さ」を示すものであり，「強い・弱い」の目安は±０％です。業況判断指数が大きければ大きいほど景気は強い，逆に業況判断指数が小さければ小さいほど景気は弱い，と言うことができます。

景気の現状，先行き見通し等についての経営者の生の声を聞くアンケート調査は「ビジネス・サーベイ」と呼ばれ，その代表格は「日本銀行の企業短期経済観測調査（日銀短観）」です。日銀短観は，一般の経済統計指標では得られない，企業経営者の「景況感」といった実感を客観的にとらえています。日本銀行は，企業経営者に対し，１年に４回（３，６，９，12月），「おたくの会社の景気は３カ月前と比べて良くなりましたか。３カ月後は良くなりそうですか。」といった感覚的な判断を尋ね，「良い」「さほど良くない」「悪い」の３つの選択肢で回答してもらうアンケート調査を行っています。「『良い』と答えた企業の割合－『悪い』と答えた企業の割合」を求めたものが，「業況判断指数」と呼ばれているものです。

【知っておきましょう】　景気判断

景気判断には，「水面上・水面下（GDP ギャップあるいは需給ギャップ）」「上向き・下向き（景気動向指数）」「強さ・弱さ（日銀短観）」の３つの眼が必要であり，景気についてのニュースを見聞きしたときには，どの眼から見る景気ニュースであるのかを理解していなければなりません。現在の景気は「水面上ですか，水面下ですか」「上向きですか，下向きですか」「強いですか，弱いですか」を確かめましょう。

図18－1　大企業の業況判断指数

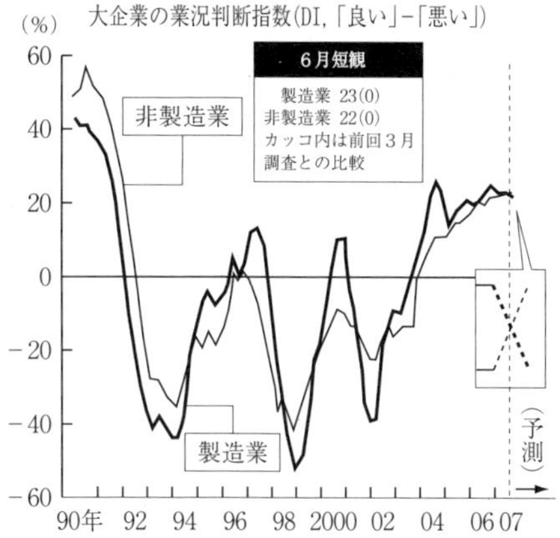

出所：『日本経済新聞』2007年7月2日より作成

表18－1　業況判断指数（DI：%）の動き

		今　回 （前回比）	先行き （今回比）
大企業	製造業	23（ 0）	22（▲1）
	非製造業	22（ 0）	23（ 1）
中堅企業	製造業	13（▲3）	14（ 1）
	非製造業	8（ 3）	7（▲1）
中小企業	製造業	6（▲3）	4（▲2）
	非製造業	▲7（▲1）	▲10（▲3）
全規模	製造業	13（▲2）	12（▲1）
	非製造業	8（ 0）	1（▲2）

（注）先行きは3カ月先までの見通し，▲はマイナス，悪化

出所：『日本経済新聞』2007年7月2日より作成

【知っておきましょう】「月例経済報告」

内閣府の「月例経済報告」は，政府の景気についての唯一の公式判断であり，閣議前の「月例経済報告等関係閣僚会議」を経て発表されています。旧経済企画庁長官が「月例経済報告」の表現は文学的表現で分かりにくいと言ったことがありますが，それを理解するための一番の早道は，毎月毎月の表現を追いかけることです。つまり，前月の報告と，今月の報告の景気判断に，どのような変化が起きているのかを理解することです。

図18－2　月例経済報告（2007年7月17日）

〈日本経済の基調判断〉

景気は，生産の一部に弱さがみられるものの，回復している。

- 企業収益改善。設備投資は増加。
- 雇用情勢は，厳しさが残るものの，改善に広がりがみられる。
- 個人消費は，持ち直している。
- 輸出は，横ばい。生産は，横ばい。

（先行き）
・先行きについては，企業部門の好調さが持続し，これが家計部門へ波及し国内民間需要に支えられた景気回復が続くと見込まれる。
・一方，原油価格の動向が内外経済に与える影響等には留意する必要がある。

出所：内閣府・経済財政政策ホームページ

19 日本の景気循環：景気動向指数による判定

景気が上向きになったり，下向きになったりすることの繰り返しが「景気循環（ビジネスサイクル）」であり，「谷－(拡張期)－山－(後退期)－谷」が１つの景気循環です。景気が上向きになったり，下向きになったりする循環（景気循環）はもっぱら「お客さんの買う，買わないの気まぐれ」，つまり経済の需要面の変動によって生じます。お客さんが買ってくれるときは景気が良くて，どんどん買ってくれるときは景気は上向きになりますが，お客さんが買ってくれないと景気が悪くなり，ますます買ってくれないと景気は下向きになります。

【知っておきましょう】　景気循環の時間の長さ：周期性

景気循環を波にたとえれば，実は一般に言う景気の良い，悪いといった循環は小波にすぎず，いくつもの小波を含む中波や，いくつもの中波を含む大波，さらにはいくつもの大波を含む超大波があります。景気が上向きになったり，下向きになったりする理由のいかんによって，小波，中波，大波，超大波があり，次のように整理されます。以下，周期とは，「谷－(拡張期)－山－(後退期)－谷」の１つの景気循環の時間の長さです。

①　キチンの波（約40カ月の周期：小波）

在庫投資といったお客さんの気まぐれによって生じる循環であり，世間一般で言う景気循環はキチンの波（小波）のことです。

②　ジュグラーの波（７～10年の周期：中波）

設備投資といったお客さんの気まぐれによって生じる循環です。

③　クズネッツの波（約20年の周期：大波）

建設投資といったお客さんの気まぐれによって生じる循環です。

④　コンドラチェフの波（約50～60年の周期：超大波）

技術革新，戦争・革命，金鉱発見よって生じる循環です。

１つの景気循環を山にたとえれば，山が高ければ高いほど，谷は深くなる（大型好景気であればあるほど，大型不景気になる）ので，大型好景気といって浮かれてばかりいられません。大型不景気が嫌であれば，はじめから大型好景気にならなければよいのかもしれませんが，シュンペーターという経済学者は，

「好景気のときには無駄な肉がつくので，無駄な肉を落とし，頑健な体を作るためには，不景気が必要である」と言い，不景気を次の飛躍のために歓迎しています。

表19－1　景気循環

景 気 循 環				拡張期	後退期	全循環
循環	谷	山	谷	期間（月）	期間（月）	期間（月）
1	—	1951年6月	1951年10月	—	4	—
2	1951年10月	1954年1月	1954年11月	27	10	37
3	1954年11月	1957年6月	1958年6月	31	12	43
4	1958年6月	1961年12月	1962年10月	42	10	52
5	1962年10月	1964年10月	1965年10月	24	12	36
6	1965年10月	1970年7月	1971年12月	57	17	74
7	1971年12月	1973年11月	1975年3月	23	16	39
8	1975年3月	1977年1月	1977年10月	22	9	31
9	1977年10月	1980年2月	1983年2月	28	36	64
10	1983年2月	1985年6月	1986年11月	28	17	45
11	1986年11月	1991年2月	1993年10月	51	32	83
12	1993年10月	1997年5月	1999年1月	43	20	63
13	1999年1月	2000年11月	2002年1月	22	14	36
14	2002年1月	—	—	—	—	—
平　均（第2循環～第13循環）				33	1	50

第6循環の拡張期：いざなぎ景気，後退期：ニクソンショック
第7循環の拡張期：列島改造ブーム，後退期：第1次石油危機
第9循環の後退期：第2次石油危機
第10循環の後退期：プラザ合意・円高不況
第11循環の拡張期：バブル景気，後退期：バブル崩壊
第12循環の後退期：金融システム不安
第13循環の拡張期：*IT*バブル景気，後退期：*IT*バブル崩壊
出所：内閣府『平成18年版経済財政白書』より作成

第4章　日本経済の供給面：GDP 成長率のサイクル vs. トレンド

「景気循環」を日本では景気動向指数（☞ p. 48）を用いて総合的に判断していますが，米国では実質 GDP 成長率のみを用いて判断しています。実質 GDP は一国の経済（生産・分配・支出）活動水準を代表する指標であるので，実質 GDP 水準の変動の「トレンド」と「サイクル」は関心事です。

図は日本経済の各景気拡張期・景気後退期の実質 GDP 平均成長率を示しています。この図から，実質 GDP 成長率は変動する（サイクル）のみでなく，その平均値（トレンド）も期間（景気拡張期・景気後退期）によって異なることが分かります。実質 GDP はトレンドのまわりを変動する形で成長しており，実質 GDP 成長率のトレンドは「成長」，トレンドから離れて変動することは「景気循環」とそれぞれ呼ばれています。

「経済成長」は長期的・持続的な経済活動水準の発展を表す概念であり，経済成長理論は，総需要が増大しても，経済の供給面の能力向上が伴わなければ経済成長は実現しないと考えています。

図 4 章 - 1　景気拡張期・景気後退期の実質 GDP 平均成長率

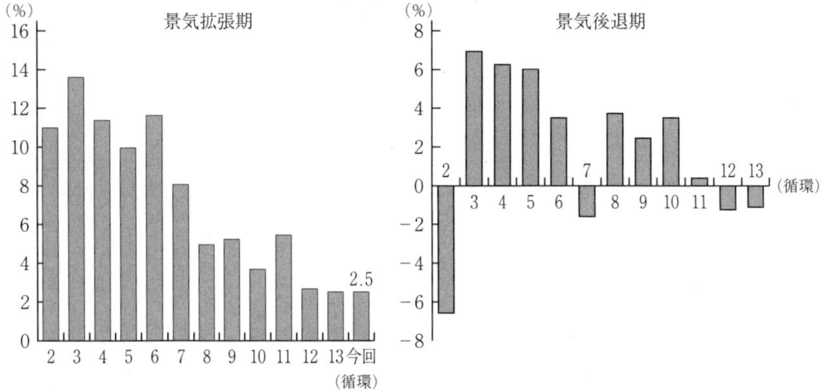

出所：内閣府『平成18年版経済財政白書』より作成

20 こんな新聞記事が出ていました：成長を考える

「成長を考える　改革怠れば負担重く」という見出しのもとで，「十分豊かになった日本は成長ではなく『優雅なる衰退』を受け入れるべきだと一部の識者はいう。『人口が減少するのだから，国全体で成長しなくても，一人当たり国内総生産（GDP）が増えればいい』『無理な成長は所得格差など社会のひずみをもたらす』との指摘も根強い。本当にそうなのだろうか。経済同友会が今年6月にまとめた試算によると，改革に向け特段の手を打たずに現状を放置する『自然体ケース』はいわば『優雅なる衰退』シナリオだ。このシナリオに従えば，潜在成長率は年々低下し，早ければ2010年代後半以降はマイナスに転じる。この場合，人口の減少以上に GDP が小さくなり，結果的に一人当たりのパイも減るかもしれない。国民一人当たり GDP の伸びは20年後にはゼロになり，その後はマイナスに転落する。成長率が上がらなければ税収も伸びないので，財政余力も低下する。消費税率を現行の 5 %に据え置くとすると，一般的な行政経費が税収でどこまで賄えるかを示す基礎的財政収支（プライマリーバランス）の赤字幅は大幅に拡大。一般政府債務残高の名目 GDP に対する比率は現在は170％程度だが，20年後には300％に近づく。」（『日本経済新聞』2006年10月30日）という新聞記事がありました。

学習は疑問から始まります。上記の新聞記事から 2 つの疑問が出てきます。

① 記事中に「潜在成長率は年々低下し，早ければ2010年代後半以降はマイナスに転じる。」とあるが，なぜ潜在成長率はマイナスになるのでしょうか。

② 経済成長はどのようなメカニズムによって決定されるのでしょうか。

図 20－1　潜在成長率の見通し

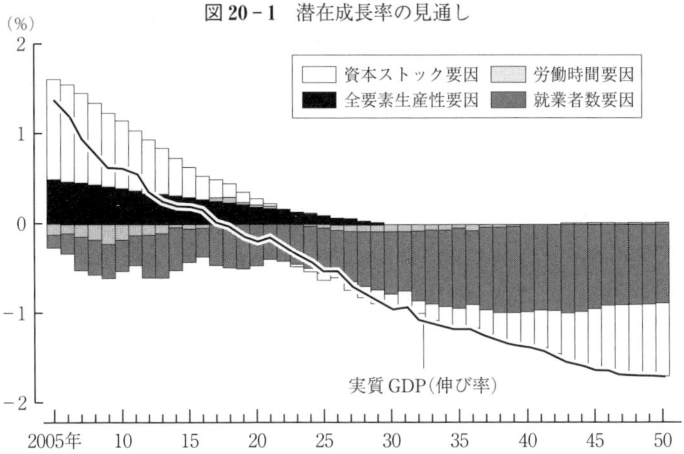

出所：『日本経済新聞』2006年10月30日より作成

表 20－1　各国の実質成長率比較（GDP はドル）

国	当初年(カッコ内)の1人当たり実質 GDP	2000年の1人当たり実質 GDP	成長率(年率，%)
日本	1,256（1890年）	26,460	2.81
ブラジル	650（1900年）	7,320	2.45
メキシコ	968（1900年）	8,810	2.23
カナダ	1,984（1870年）	27,330	2.04
ドイツ	1,825（1870年）	25,010	2.03
中国	598（1900年）	3,940	1.90
アルゼンチン	1,915（1900年）	12,090	1.86
米国	3,347（1870年）	34,260	1.81
インド	564（1900年）	2,390	1.45
インドネシア	734（1900年）	2,840	1.35
英国	4,107（1870年）	23,550	1.35
パキスタン	616（1900年）	1,960	1.16
バングラディッシュ	520（1900年）	1,650	1.16

出所：『日本経済新聞』2006年10月30日より作成

21 経済の供給面と潜在 GDP：経済成長をもたらす3つの要因

日本経済をうまく運行させるためには，経済の需要面と供給面の両方がうまく運営される必要があります。経済の需要面は景気循環（長期のトレンドをめぐる循環運動）を，経済の供給面は経済成長（長期のトレンド）をそれぞれ規定しています。小泉純一郎前首相は「構造改革なくして成長なし」，安倍晋三首相は「成長なくして日本の未来なし」とそれぞれ言っていますが，需要者（買手）ばかり多くて，供給者（売手）が対応できなければ経済はダメですし，供給者がしっかりしていても，需要者が少なければ経済はダメです。日本経済を再生させるためには，一方でしっかりした供給者を作り，他方でたくさんの需要者を作る必要があります。

ケーキ屋さんを日本株式会社として取り上げると，ケーキ屋さんが1日当たり何個のケーキを作ることができるのかは，人，機械，技術しだいです。つまり，ケーキ屋さんのもっている技術で，従業員が健康を害さない程度に一生懸命働き，ケーキを作る機械をすべて稼働させたときに，1日当たり作ることができるケーキの個数が「潜在 GDP（完全雇用・完全稼働 GDP）」です。

「景気循環」は長期のトレンドをめぐる循環運動のはなしであり，実際のスピード（実際の GDP）の変動にかかわっていますが，「経済成長」は長期のトレンドのはなしであり，フルスピードで走ったときの速度（潜在 GDP）にかかわっています。

日本経済を車に例えて言えば，潜在成長率は日本経済という車がフルスピードで走ったときの速さです。潜在成長率（フルスピード）を決定しているものは労働投入量，資本投入量，TFP（全要素生産性：技術）の3つです。

日本経済の将来を展望するとき，労働投入は「人口減少社会」ということで，資本投入は「高齢社会による貯蓄の取り崩し」ということでそれぞれ低下するでしょう。となると，頼りにしなければならないのはTFP（Total Factor Productivity：全要素生産性）であり，そのためのイノベーションです。イノベーションは革新（技術革新）と日本語では訳されていますが，中国語では

“創新”です。新しく創造することなしに，日本の未来はないでしょう。

図 21－1　全要素生産性の上昇率

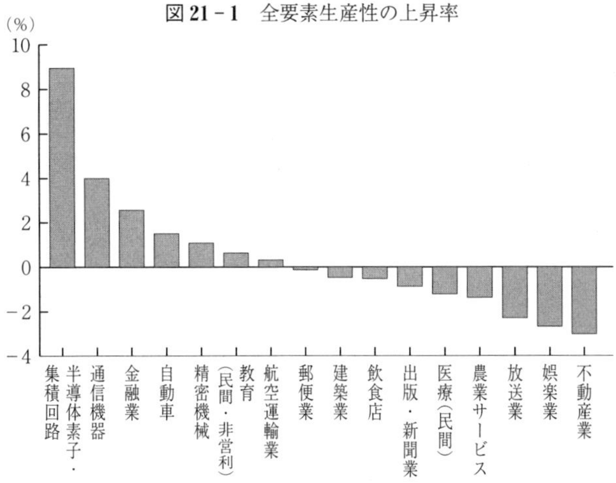

出所：『日本経済新聞』2006年10月30日より作成

【知っておきましょう】　日本産業の全要素生産性の上昇率

社会経済生産性本部が**2005**年にまとめた試算によれば，**1996**年から**2000**年の全産業の平均で見た全要素生産性上昇率は**0.64**%です。製造業は**2.94**%上昇したのに対し，サービス業は**0.44**%上昇したにすぎませんでした。卸売・小売，建設，不動産などはいずれもマイナスで，非製造業の生産性の低さが目立っています。日本全体の成長の観点から見れば，**GDP** の **8** 割を占めるサービス業など非製造業の生産性をいかに引き上げるかが日本経済の課題です。

22 成長会計：経済成長の要因分解

経済成長の源泉は「資本投入量（K）の増加」「労働投入量（L）の増加」「技術（A）の進歩」の3つです。一国の生産量（実質GDP：Y）の成長に対する3つの源泉の貢献度は時代により，国により異なっています。

ソロー（R. M. Solow）による「成長会計」は，資本投入量の増加，労働投入量の増加，技術進歩の3つの要因がそれぞれ経済成長率にどの程度寄与しているのかを示しています。

実質GDP（Y）が資本投入量（K），労働投入量（L），技術（全要素生産性：A）に依存すると想定すれば，マクロ生産関数は，

$$Y=A\cdot F(K, L)$$

であり，それをコブ=ダグラス型に特定化すれば，マクロ生産関数は，

$$Y=A\cdot K^{\alpha}\cdot L^{1-\alpha}$$

です。ここで，係数αは一定の値（$0<\alpha<1$）です。両辺の対数をとれば，

$$\log Y=\log A+\alpha\log K+(1-\alpha)\log L$$

であり，これを時間に関して微分すると，たとえば $\frac{d\log Y}{dt}=\frac{d\log Y}{dY}\frac{dY}{dt}=\frac{1}{Y}\frac{dY}{dt}=\frac{\Delta Y}{Y}$ であるので，

$$\frac{\Delta Y}{Y}=\frac{\Delta A}{A}+\alpha\frac{\Delta K}{K}+(1-\alpha)\frac{\Delta L}{L}$$

が得られます。これを言葉でいえば，α＝資本分配率，$(1-\alpha)$＝労働分配率であるので，

経済成長率＝技術進歩率＋資本分配率×資本投入量の増加率
＋労働分配率×労働投入量の増加率

であり，これは「成長会計の基本式」と呼ばれています。技術（A）は生産要素すべての質（全要素生産性：TFP）を表していて，（資本分配率×資本投入量の増加率＋労働分配率×労働投入量の増加率）は経済成長に対する量的寄与度，技術進歩率は質的寄与度です。

図 22－1　日本の経済成長の要因分解

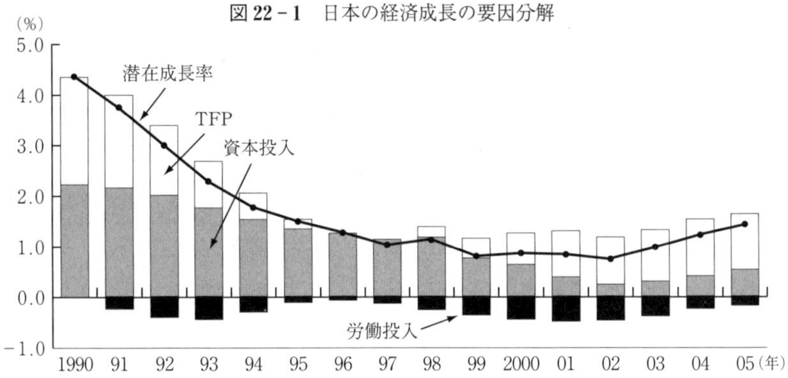

出所：内閣府『平成18年版経済財政白書』より作成

【知っておきましょう】　3 つのタイプの技術進歩（A）

技術進歩には次の **3** つのタイプがあります。

①　ヒックス中立的技術進歩（A_1）：$Y=A_1 \cdot F(K, L)$

技術進歩が起こると，同一水準の生産要素投入比率の下で，資本と労働の限界生産性は同じ率で増大します。技術変化の前後で労働・資本分配率を不変に保つ技術進歩です。

②　ハロッド中立的技術進歩（A_2）：$Y=F(K, A_2L)$

資本投入量を一定としたときに，同じ生産を行うのに必要な労働投入量を節約するような技術進歩です。「資本使用的」あるいは「労働節約的」技術進歩であり，技術変化の前後で資本分配率を高める技術進歩です。

③　ソロー中立的技術進歩（A_3）：$Y=F(A_3K, L)$

労働投入量を一定としたときに，同じ生産を行うのに必要な資本投入量を節約するような技術進歩です。「労働使用的」あるいは「資本節約的」技術進歩であり，技術変化の前後で労働分配率を高める技術進歩です。

【知っておきましょう】　経済成長に成功した国，失敗した国：「収束」

各国の **GDP** 水準が初期時点では異なっているが，最終的に等しくなっていく現象は「収束」と呼ばれています。収束は先進国間では成立するが，世界全体では成立しません。

23 3つの経済成長理論：経済成長のメカニズム

「経済成長理論」は経済成長がどのようなメカニズムによって決定されるのかを明らかにしようとしています。まずは対立している2つの経済成長理論（ハロッド＝ドーマーのケインズ派成長理論 vs. ソローの新古典派成長理論）を取り上げます。この2つの経済成長理論は，市場メカニズムのもとで経済成長を達成できるかどうかに関して対立しています。

(1) ハロッド＝ドーマーのケインズ派成長理論

ハロッド＝ドーマー理論では「投資の二重性」が重要です。設備投資は「投資需要－(乗数効果)→経済全体の有効需要」といった有効需要創出効果と，「投資フロー－(資本ストック)→経済全体の生産能力（最大供給可能量）」といった生産能力創出効果の2つの効果をもっています。したがって，投資のこれら2つの効果がちょうど同じであれば，長期的に生産物市場の需給がバランスした経済成長率（「保証成長率」）を達成できます。ハロッド＝ドーマー理論（ナイフ・エッジ定理あるいは不安定性原理）では，経済が保証成長率を達成するのは「ナイフの刃」の上を渡るくらい難しいことであるとされています。

(2) ソローの新古典派成長理論

新古典派成長理論は，生産量が資本投入量と労働投入量に依存し，資本・労働間の生産要素代替が可能であることを仮定し，生産物市場の需給が等しくな

【知っておきましょう】 保証成長率と自然成長率

資本の完全利用（正常稼働）を保証する成長率は「保証成長率」あるいは「適正成長率」と呼ばれています。労働の完全雇用が持続するために必要な成長率は「自然成長率」と呼ばれています。ハロッド＝ドーマーのケインズ派成長理論においては，「現実の成長率＝保証成長率」は偶然の一致以外にはありえません。ソローの新古典派成長理論においては，「現実の成長率＝保証成長率＝自然成長率」は生産要素価格メカニズムによって実現されます。

い場合には生産要素価格の調整メカニズムが働き，経済の成長経路（資本の完全利用と労働の完全雇用の経路）は需給が一致した安定したものになるとしています。

(3) 内生的経済成長理論

新古典派成長理論は，資本の限界生産性逓減を仮定しているので，経済成長が進展するにつれて，資本投入量は，労働人口の増加や技術進歩が起こったときだけ増加することになり，1人当たり GDP 水準の成長率は労働人口の増加と技術進歩の2つの源泉のみによって決定されます。新古典派成長理論においては，労働人口成長率や技術進歩率は国ごとにさほど違いはないので，各国の経済成長率はあまり差がないとされています。しかし，各国の GDP 水準は大きく異なり，成長率が高い国もあれば，低い国もあります。世界全体で見ると，各国の GDP 水準はある一定の範囲の中に収束していません。

内生的経済成長理論は資本の限界生産性逓減を仮定していないので，資本投入量の増加は1人当たり GDP 水準を高める重要な要因です。内生的経済成長理論は経済成長の源泉が，労働人口の増加や技術進歩といった外生的要因だけではなく，資本投入量の増加といった内生的要因にあるとしています。

【知っておきましょう】 内生的経済成長理論：人的資本と外部性

① 人的資本

「人的資本」とは，その国の労働者が持つ知識，技術，熟練度のことです。物的資本が増加すると，人的資本が相対的に不足するので，人的資本を増加させるような投資（例えば教育投資）がさかんに行われるようになり，その結果物的資本が増加した場合に，それが人的資本の増加を伴う限り，資本の限界生産性はほとんど減少しません。

② 技術や知識の外部性

技術や知識には正の外部性があり，自企業の生産性を高めると同時に，他企業の生産性を高める効果があります。個々の企業にとっては資本の限界生産性は逓減するが，正の外部性を考慮に入れると，経済全体にとっては資本の限界生産性はもはや逓減しません。

第5章　日本経済の需要面：消費需要

J. M. ケインズの「有効需要の原理」では，GDP を決定するのは有効需要です。ですから，好況・不況が話題になるときは，国内総支出（GDE≡GDP）を構成する各需要項目（個人消費，民間投資，政府支出，純輸出）や，それらを整理した民間需要，公的需要，海外需要が問題にされます（☞ p. 31）。

日本経済に対し，「誰がモノを買っているのか」と尋ねると，次の回答が返ってきます。下記の括弧内の数字は，2006年度における各項目の実質国内総支出（GDE）に占める割合を示しています（☞ p. 29）。

(1)　個人消費　(55.3%)
(2)　民間投資　(19.6%)
　②　民間住宅投資　(3.4%)
　③　民間設備投資　(16.0%)
　④　民間在庫品増加　(0.2%)
(3)　政府支出　(21.4%)
　⑤　政府消費　(17.4%)
　⑥　公共投資　(4.0%)
　⑦　公的在庫品増加　(0.0%)
(4)　純 輸 出　(3.9%)
　⑧　輸出　(14.9%)
　⑨　輸入　(11.0%)

「個人消費」が国産品供給者にとっての，最大の大口顧客であることが分かります。本章では，最大の需要項目である個人消費の決定要因を学習します。

図5章－1　個人消費：財貨とサービス

（四半期，年率換算，季節調整値）

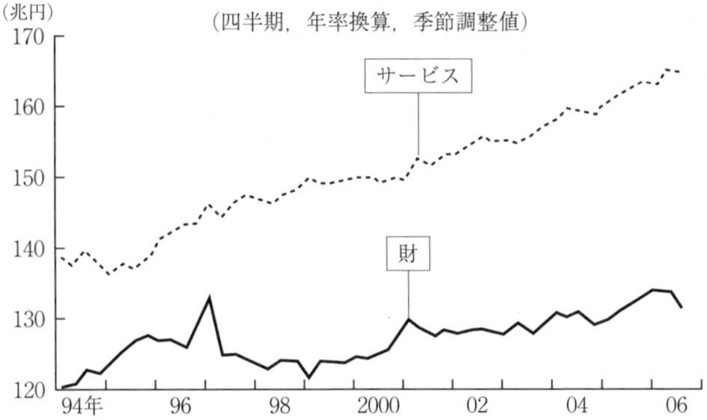

出所：『日本経済新聞』2007年2月1日より作成

【知っておきましょう】ローレンツ曲線とジニ係数

横軸に世帯数の累積分布，縦軸に収入総額の累積分布をそれぞれとってグラフを描いたものは「ローレンツ曲線」と呼ばれています。所得が不平等になる（所得格差が拡大する）ほど，対角線から右下に離れていきます。

対角線とローレンツ曲線の間の弓形の面積（の**2**倍）の正方形の面積（**1.0**）に対する比率は「ジニ係数」と呼ばれています。ジニ係数が**0**であれば，完全平等，**1**であれば完全不平等であり，**1**に近づくほど不平等となります。

図5章－2　ローレンツ曲線

（2005年：全世帯）

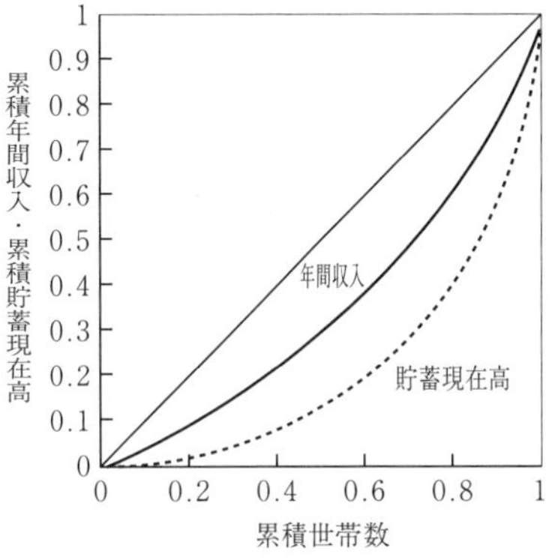

出所：日本統計協会『統計でみる日本 2007』より作成

図5章－3　ジニ係数

（2005年：全世帯）

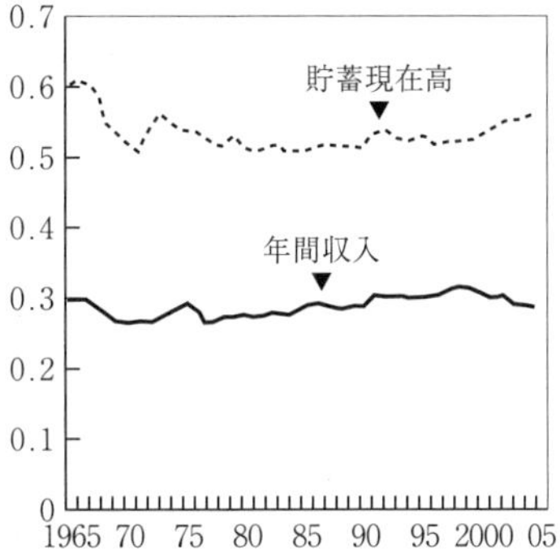

出所：日本統計協会『統計でみる日本 2007』より作成

24 こんな新聞記事が出ていました：景気回復でも消費より備え

「景気回復でも消費より備え」「サラリーマン世帯　昨年の貯蓄率　８年ぶり上昇」という見出しで，「総務省の家計調査によると，所得のうちどれだけを貯蓄に回したかを示す家計の貯蓄率が単身世帯を除くサラリーマンの全世帯平均で８年ぶりに上昇した。30-50代の働き盛り世代が消費を抑え，その分を預貯金や住宅ローンの返済に振り向ける傾向を強めたのが背景。こうした家計の財布のヒモの固さが貯蓄率の低下に歯止めをかけた形だが，同時に景気回復下でもなかなか消費が増えない要因になっている可能性もある。」「総務省の家計調査ベースの貯蓄率は，毎月の収入から税金や社会保険料を差し引いた可処分所得のうち消費に充てず，手元に残したお金（貯蓄）の比率。貯蓄率は27.5％と前年比で2.2ポイント上昇した。」「１カ月あたりの可処分所得は44万円と前年比0.1％増えたが，消費は2.8％減らし,貯蓄は8.6％増やした。」「家計調査ベースでの貯蓄率は1998年の28.7％をピークに低下が続いてきた。企業のリストラで可処分所得が減るなか，生活を維持するために貯蓄を減らさざるをえなかったのが背景。06年は可処分所得が全体平均でわずかに増えたものの，家計は蓄えに回す方を優先したようだ。」（『日本経済新聞』2007年２月19日）という記事がありました。

学習は疑問から始まります。上記の新聞記事から２つの疑問が出てきます。

① 一般には消費は所得の増加関数と定式化されているが，記事中に「景気回復下でもなかなか消費が増えない」「１カ月あたりの可処分所得は44万円と前年比0.1％増えたが，消費は2.8％減らし，貯蓄は8.6％増やした。」とあります。可処分所得が増加しているのに，なぜ消費は減少するのでしょうか。

② 消費・貯蓄の決定要因は何でしょうか。

【知っておきましょう】　個人消費の動きを表している指標

内閣府が選び出した「30個の景気指標」（☞ p. 51）の中には，個人消費の動きを表している，次の5つの指標が含められています。

先行系列

① 耐久消費財出荷指数

② 消費者態度指数

一致系列

③ 百貨店販売額

④ 商業販売額指数（卸売業）

遅行系列

⑤ 家計消費支出（全国勤労者世帯，名目）

ですから，個人消費の動きについての新聞記事を見たとき，発表された消費指標が，先行系列，一致系列，遅行系列のいずれであるのかを確認する必要があります。

図24－1　サラリーマン世帯の貯蓄率

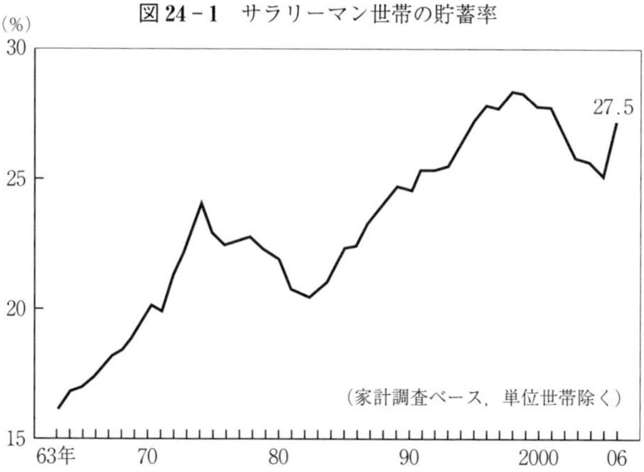

出所：『日本経済新聞』2007年2月19日より作成

25 消費は何に依存しているのか：短期日本経済マクロ計量モデル

「短期日本経済マクロ計量モデル」によれば，実質民間最終消費支出（計測期間：1985.1～1997.1）は，次の要因に依存しています。

① 恒常所得

（完全雇用 GDP）×（１－期待租税負担率）は，「恒常所得」（☞ p. 78）の代理変数です。つまり，恒常所得が増大すれば，個人消費は増えます。

② 個人可処分所得

現在及び過去の「（個人可処分所得）÷（民間最終消費支出デフレーター）」，つまり実質個人可処分所得が増大すれば，個人消費は増えます。可処分所得とは，税金などが差し引かれたあとの手取りの給料のことです。

③ 家計保有の実質純資産

現在及び過去の「（前期の家計保有の純資産）÷（民間最終消費支出デフレー

【知っておきましょう】 短期日本経済マクロ計量モデル

政府・日本銀行が財政・金融政策を実施するときには，それがどれだけの効果を日本経済にもたらすのかを予測したうえで行います。この予測に用いられているのが，旧経済企画庁（現内閣府）の「短期日本経済マクロ計量モデル」です。短期日本経済マクロ計量モデルは，**129**本の方程式（うち**48**本の推定式）から構成されています。同モデルは，四半期ベースの推定パラメータ型計量モデルです。モデルは，財貨・サービス市場，労働市場，貨幣市場，および外国為替市場の**4**市場から構成されています。このうち労働市場はオークン法則（生産関数）による財貨・サービス市場との表裏関係を基礎に構成されており，モデルのベースは伝統的な***IS-LM-BP***型（☞ **p. 250**）のフレームワークです。価格は期待修正フィリップス曲線（☞ **p. 216**）で内生化されており，そのような意味で，モデルは「価格調整を伴う開放ケインジアン型」です。本書は，同モデルを図式化することにより，「日本経済の実態」をビジュアル化しています。詳しくは，経済企画庁経済研究所編「短期日本経済マクロ計量モデルの構造とマクロ経済政策の効果」『経済分析』第**157**号，**1998**年**10**月を見ましょう。

ター）」，つまり実質純資産が増大すれば，個人消費は増えます。ここで，家計保有の純資産は，「家計保有の純資産＝金融純資産＋土地総額＋株式総額＋民間住宅ストック」と定義されています。

④　長期金利

10年物利付国債利回り（長期金利）が上昇すれば，個人消費は減少します。

ですから，個人消費を決定するのはほぼ所得です。地価や株価上昇によるプラスの「資産効果」もありますが，金利のマイナスの影響は小さいのです。図25－2を見れば，なぜ個人消費に波があるのかが分かります。数字はそれぞれの決定要因の影響度（回帰推定値）を示しています。

図25－1　可処分所得

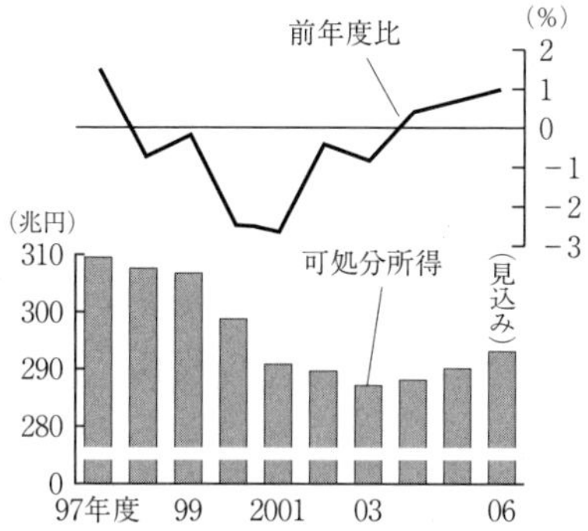

出所：『日本経済新聞』2007年6月5日より作成

図25－2　実質民間最終消費支出

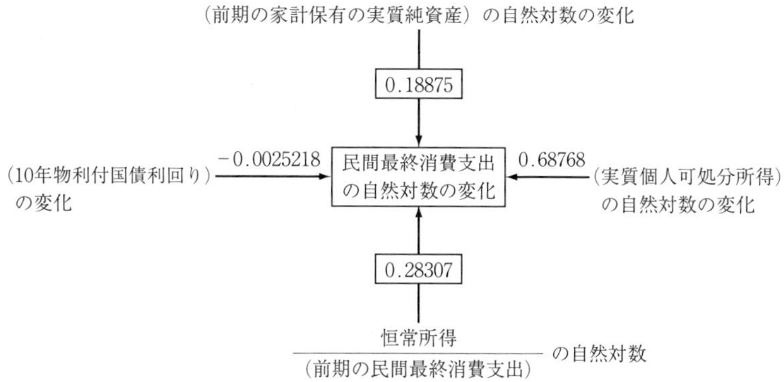

26 消費は何に依存しているのか：ケインズの主観的要因と客観的要因

J. M. ケインズの『一般理論』は，第３編「消費性向」で，個人消費に影響を及ぼす要因を「客観的要因」（第８章）と「主観的要因」（第９章）に分類しています。『一般理論』の用語法は，現在の「国民経済計算」（☞ p. 24）の用語法とは異なっていますので，現在の用語法で，ケインズが挙げている主要な個人消費決定要因を整理すると，次のようになります。例証のために，持ち家に居住する個人を取り上げると，個人消費に影響を及ぼす客観的要因は次の７つです。ただし，下記の括弧内の用語は『一般理論』の用語法です。

① 所得フロー（粗所得）

② 持ち家に住むことによって，住宅ストックに生じる変化（使用者費用）

③ 持ち家に住む，住まないのいかんにかかわりなく住宅ストックに生じる変化のうち，市場価値の予測可能な変化，正常な陳腐化または単なる時間の経過による損耗，保険を掛けることのできる危険にもとづく変化（補足費用）

④ 持ち家に住む，住まないのいかんにかかわりなく住宅ストックに生じる変化のうち，市場価値の予測不可能な変化，例外的な陳腐化，災害（地震等）による破壊にもとづく変化（資本価値の意外の変化）

⑤ 利子率

⑥ 所得税，相続税など

⑦ 現在の所得フローと将来の所得フローとの間の関係についての期待

一方，個人消費と個人貯蓄は裏表の関係にあるので，個人消費の決定要因は個人貯蓄の決定要因でもあります。ですから，ケインズは，個人消費ではなく，個人貯蓄に影響を及ぼす主観的要因として，「ためる」（深慮，向上，独立，自尊，貪欲），「ふやす」（打算，企業），「備える」（予備）の８つを挙げています（括弧内の用語は『一般理論』の用語法）。

ケインズは，短期においては，主観的要因は所与であり，客観的要因のみが個人消費に影響を及ぼすと論じています。

図26－1　消費性向

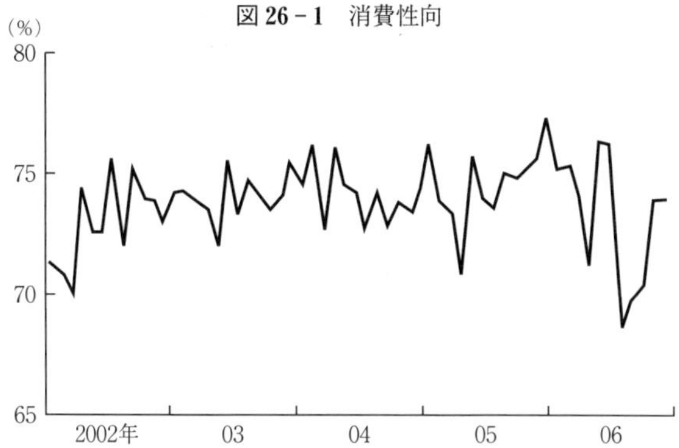

出所：『日本経済新聞』2006年12月27日より作成

【知っておきましょう】 家計貯蓄率の推移と寄与度

表26－1　家計貯蓄率

	平成13年度	14年度	15年度	16年度	17年度
家計貯蓄率 $\left(\frac{c}{(d+e)}\right)$ (%)	5.2	4.6	3.9	3.4	3.1
家計貯蓄（c）――――(兆円)	15.1	13.2	11.2	9.7	8.9
年金基金年金準備金の変動（受取）（d）-(兆円)	1.9	1.1	0.6	−0.4	−0.3
家計可処分所得（e） (兆円)	291.0	289.7	287.2	288.4	290.3

出所：内閣府『国民経済計算年報（平成19年版）』より作成

表26－2　家計貯蓄率の対前年度差に対する寄与度（%）

	平成13年度	14年度	15年度	16年度	17年度
家計貯蓄率の対前年度差	−2.7	−0.6	−0.7	−0.5	−0.3
消費要因	0.03	0.07	0.33	−0.56	−1.00
所得要因	−2.74	−0.68	−0.99	0.03	0.69
可処分所得	−2.51	−0.42	−0.82	0.38	0.65
雇用者報酬	−1.04	−2.22	−1.61	−0.01	1.10
財産所得（受取）	−1.92	−0.54	−0.49	0.45	0.53
配当	−0.19	0.27	0.13	0.47	0.84
年金基金年金準備金の変動（受取）	−0.22	−0.26	−0.17	−0.35	0.04

出所：内閣府『国民経済計算年報（平成19年版）』より作成

27 消費関数論争：絶対所得仮説

C＝民間最終消費支出（個人消費），Y＝GDP とします。ケインズ『一般理論』の消費関数（☞ p. 70）は正しくは，

$$C=C(Y)=C_0+cY \qquad C_0>0,\ 0<c<1$$

あるいは，

$$\frac{C}{Y}=C_0\left(\frac{1}{Y}\right)+c \qquad C_0>0,\ 0<c<1$$

ではありませんが，マクロ経済学の大半のテキストでは，上記のような線型（図で描けば直線）の形での特定化をもって「ケインズ型消費関数」とし，それは「絶対所得仮説」と呼ばれています。

「絶対所得仮説（ケインズ型消費関数）」は次の3つの特徴をもっています。

① 基礎消費（C_0）は正です（$C_0>0$：下添字の0は定数であることを意味しています）。

② 平均消費性向（$\frac{C}{Y}$：図中の直線 OA，OB，OC などの勾配）は所得水準（Y）が高まるにつれて，逓減します。

③ 限界消費性向 $\left(\frac{dC}{dY}=c\right)$ は所得が1単位増える場合の消費の増分であり，Yのいかなる水準でも，限界消費性向（c）＜平均消費性向 $\left(\frac{C}{Y}\right)$ です。

【知っておきましょう】 消費関数論争：クズネッツの実証研究

クズネッツ（**S. S. Kuznets**）は，実証研究の結果として，短期の時系列データを用いた推計においては，ケインズ型消費関数はあてはまるが，長期の時系列データ（**1869～1929年**）を用いた推計においては，

$$\boldsymbol{C_L=c'Y}$$

となって，平均消費性向（＝限界消費性向）は一定となり，ケインズ型消費関数はあてはまらないと指摘しました。このクズネッツの指摘をきっかけとして，短期の消費関数（$\boldsymbol{C=C_0+cY}$）と長期の消費関数（$\boldsymbol{C_L=c'Y}$：$\boldsymbol{c<c'}$）を統一的に説明できる理論的仮説はないかという論争が**1940**年代から**50**年代にかけて生じ，これは「消費関数論争」と呼ばれるようになりました。

ケインズ型消費関数は「個人消費は，現在の GDP 水準に依存しています。つまり，個人が今月いくら消費するのかは，その個人の今月の給料しだいです」と解釈されるようになりました。以下では，この「絶対所得仮説」に対する，別のいくつかの仮説が，いかに短期の（1つの景気循環にわたる）消費関数（$C=C_0+cY$）と長期の消費関数（$C=c'Y$）を整合的に説明しようとしているのかを紹介します。

図 27－1　ケインズ型消費関数

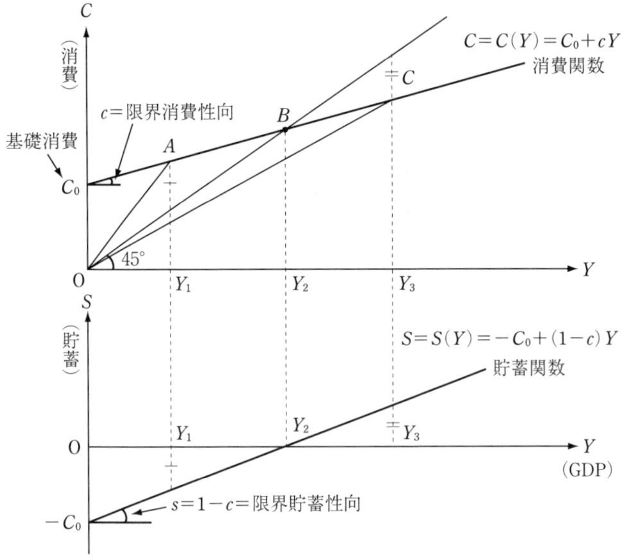

【知っておきましょう】　限界消費性向と微分

経済学では「限界（**marginal**）」という概念がよく出てきます。あともう **1** 杯飲めば（限界効用），あともう **1** 時間働けば（労働の限界生産力）などですが，限界消費性向は「あともう **1** 単位の所得 $\boldsymbol{Y}$ が増えれば（$\boldsymbol{dY}$），あと何単位の消費が増える（$\boldsymbol{dC}$）のでしょうか」を問題にしています。この限界概念を理解するには，数学の微分がどうしても必要になります。$\boldsymbol{\frac{dC}{dY}}$ は $\boldsymbol{C}$ を $\boldsymbol{Y}$ で微分する記号です。数学の教科書には，$\boldsymbol{y=f(x)=5}$ ならば，$\boldsymbol{\frac{dy}{dx}=f'(x)=0}$，$\boldsymbol{y=f(x)=x^3}$ ならば，$\boldsymbol{\frac{dy}{dx}=f'(x)=3x^{3-1}=3x^2}$ などと出ています。

28 消費関数論争：相対所得仮説

「相対所得仮説」の特徴は，個人消費が，所得の絶対水準に依存するだけでなく，時間的には，過去の最高所得水準（F. モディリアーニの「時間的相対所得仮説」），空間的には，他の個人の消費水準（J. S. デューゼンベリーの「空間的相対所得仮説」）にもそれぞれ依存していることです。ここでは，F. モディリアーニの時間的相対所得仮説だけを紹介します。C＝個人消費，Y＝現在の所得水準，Y^{max}＝過去の所得の最高水準として，消費関数を，

$$C=C(Y, Y^{max})=aY-b(Y-Y^{max})$$

あるいは，変形して，

$$C=(a-b)Y+bY^{max}$$

あるいは，その両辺に $\frac{1}{Y}$ を乗じた

$$\frac{C}{Y}=a-b\frac{Y-Y^{max}}{Y}$$

と特定化しています。

① 個人所得が Y^{max} を更新しながら増大している好況局面では，$Y=Y^{max}$ ですので，$\frac{Y-Y^{max}}{Y}=0$ であり，好況局面では，平均消費性向 $\frac{C}{Y}$ は一定（a）です。$C=\frac{C}{Y}Y$ で，平均消費性向 $\frac{C}{Y}$ は一定ですので，個人所得（$Y=Y^{max}$）が上昇すると，個人消費（C）は比例的に増大します。

② 逆に，不況局面では，$Y<Y^{max}$ ですので，$\frac{Y-Y^{max}}{Y}<0$ です。不況局面では，平均消費性向 $\frac{C}{Y}$ は $\left[a-b\frac{Y-Y^{max}}{Y}\right]$ であり，aを上回っています。つまり，個人所得（Y）が低下すると，平均消費性向 $\frac{C}{Y}$ は上昇します。ですから，$C=\frac{C}{Y}Y$ で，平均消費性向 $\frac{C}{Y}$ は Y の逓減関数ですので，個人所得（Y）の低下による個人消費（C）の減少は，平均消費性向 $\frac{C}{Y}$ の上昇によって一部相殺されます。つまり，個人所得が低下する不況下では，好況局面とは非対称的に，個人消費は比例的には減少しません。消費関数は，$C=C(Y, Y^{max})$ であり，個人は，過去の所得の最高水準（Y^{max}）のときの

贅沢の味を忘れられず，現在の所得（Y）が低下しても，比例的には消費水準を落としません。個人消費はかつて享受していた消費水準が歯止めとなって低下しにくく，これは「歯止め効果」（ratchet effect）と呼ばれています。

③　経済が回復局面に入ると，現在の所得が過去の所得の最高水準に追いつくまでの間は，景気後退過程と同じ短期の消費関数［$C=(a-b)Y+bY^{\max}$］上を右上方へと移動します。

④　現在の所得が過去の所得の最高水準に追いつき，それを追い越していく過程（$Y=Y^{\max}$）では，長期の消費関数（$C=aY$）が当てはまるようになります。なお，再び景気が後退過程に入ったときには，個人消費は前の短期の消費関数上ではなく，更新された縦軸切片（$bY^{\max}$）をもつ，上方にシフトした短期の消費関数上を後退します。

図 28－1　時間的相対所得仮説

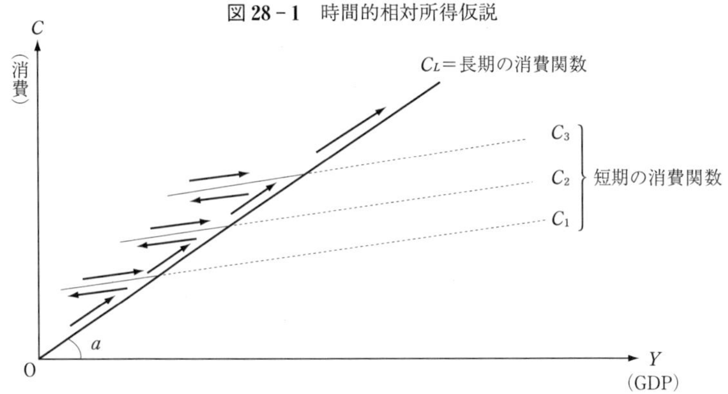

29 消費関数論争：ライフ・サイクル仮説

F. モディリアーニ＝R. ブランバーグ＝A. アンドーの「ライフ・サイクル仮説」の特徴は，個人が人生のどの段階にあるのかによって，消費様式が異なるという点です。西暦 t 年（たとえば2003年）に生存している50歳の一個人を取り上げます。d＝死亡年齢，$y_i(i=t, t+1, \cdots, d)$＝第 i 年の予想所得，r＝消費計画期間中一定の利子率とすると，その人は，これまでに行った貯蓄の累積である資産ストック（a_t）と，生涯の残された期間に受け取ると予想する所得の流列を利子率で割り引いた現在価値［$y_t^*=\sum_{n=0}^{d-t}\frac{y_{t+n}}{(1+r)^n}$：☞ p. 86］の合計を，残った生涯を通じて利用可能な資力（w_t）と考え，効用関数 $u=u(c_t, c_{t+1}, \cdots, c_d)$ を最大化するように，第 i 年の消費計画［$c_i(i=t, t+1, \cdots, d)$］を決定します。ただし，単純化のために，この人は先祖からの遺贈を受けることもなければ，子孫への遺産を行うこともないと仮定しています。

いま利用可能な資力の規模が，消費への配分比率に影響を与えない場合には，与えられた利子率のもとで，この人の消費関数は，

$$c_t=\varepsilon_t w_t$$

という形をとるでしょう。さて，1個人についての上記の定式化を，国民経済全体について集計したものを考え，$A_t=a_t$ を国民経済全体の個人について集計したもの，$Y_t^*=y_t^*$ を国民経済全体の個人について集計したもの，$C_t=c_t$ を国民経済全体の個人について集計したもの，$Wt=w_t$ を国民経済全体の個人について集計したもの，Y_t＝非人的資産からの所得（rA_t）＋人的資産からの所得（Y_t^*）＝国民所得とすれば，

$$C_t=\varepsilon_t W_t=\varepsilon_t(A_t+Y_t^*)=\varepsilon_t\{A_t+(Y_t-rA_t)\}$$
$$=\varepsilon_t Y_t+(\varepsilon_t-\varepsilon_t r)A_t$$

という形のマクロ消費関数が得られます。アンドー＝モディリアーニの推定した消費関数は，

$$C_t=0.7Y_t+0.03A_t$$

であり，この式の両辺を Y_t で割り，平均消費性向を求めると，

$$\frac{C_t}{Y_t}=0.7+0.03\frac{A_t}{Y_t}$$

です。資産-所得比率 $\frac{A_t}{Y_t}$ は5の付近にあると言われ，そのときは，平均消費性向 $\frac{C_t}{Y_t}$ は0.85です。0.7が「短期の限界消費性向」，0.85が「長期の平均消費性向（＝限界消費性向）」です。かくて，短期においては，A_t は不変であるので，Y_t の上昇は平均消費性向を低下させます。長期においては，Y_t が増加すれば A_t は増加し，$\frac{A_t}{Y_t}$ は一定であるので，平均消費性向は一定です。

【知っておきましょう】　消費の平準化

各個人の所得が年齢により異なるにもかかわらず，消費量を一定にするとき，つまり所得の低い（ゼロ）若年期には借入をし，所得の高い壮年期には借入金の返済と将来のための貯蓄を行い，所得の低い（ゼロ）老年期には貯蓄の取り崩しを行うことによって，若年期，壮年期，老年期の消費を一定にすることは「消費の平準化」と呼ばれています。

図 29－1　消費パターンの平準化

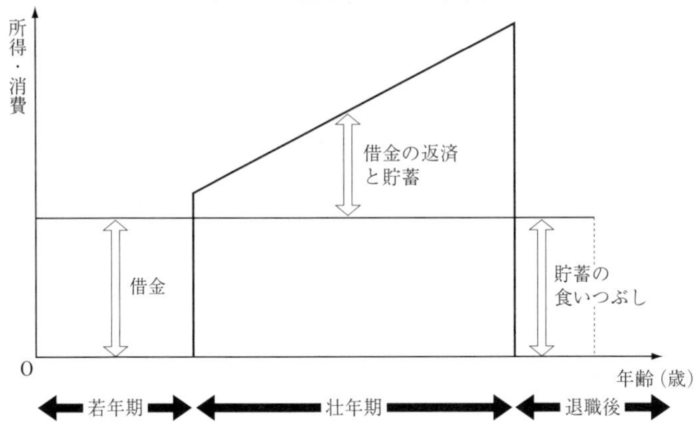

【知っておきましょう】　流動性制約

「流動性制約」とは，若年期において，所得以上の消費を行おうとする場合，銀行借入等を行う必要があっても，信用等の問題のため銀行借入が困難になり，消費が所得により制約されることです。

30 消費関数論争：恒常所得仮説

フリードマン（M. Friedman）の「恒常所得仮説」の特徴は，ケインズ型消費関数の絶対所得 Y，個人消費 C をそれぞれ「実際の所得」「実際の消費」と呼んで，実際の所得を「恒常所得」Y_P と「変動所得」Y_T に，実際の消費を「恒常消費」C_P と「変動消費」C_T にそれぞれ分類し，消費関数を，

$$C=C_P=cY_P$$

あるいは，その両辺に $\frac{1}{Y}$ を乗じ，さらに変形して，

$$\frac{C}{Y}=\frac{cY_P}{Y_P+Y_T}=\frac{c}{1+\frac{Y_T}{Y_P}}$$

と特定化している点です。

フリードマンの「恒常所得」Y_P とは，計画時点の「消費者の資力」W から，消費計画期間中，毎期毎期，生じると予想される所得のことです。つまり，消費計画期間を第 0 期（今期）から第 τ 期間までとし，W_N＝第 0 期首の非人的富（非金融資産と金融資産），W_H＝第 0 期首の人的富，Y_0＝第 0 期（今期）の所得，Y_i＝第 i 期（将来期）の予想所得（$i=1\sim\tau$），r＝利子率とすれば，

$$W=W_N+W_H$$

$$W_H=Y_0+\frac{Y_1}{1+r}+\frac{Y_2}{(1+r)^2}+\cdots+\frac{Y_\tau}{(1+r)^\tau}$$

であり，恒常所得は，

$$W=Y_P+\frac{Y_P}{1+r}+\frac{Y_P}{(1+r)^2}+\cdots+\frac{Y_P}{(1+r)^\tau}$$

で定義される Y_P のことです。

消費関数 $C=C_P=cY_P$ あるいは $\frac{C}{Y}=\frac{c}{1+\frac{Y_T}{Y_P}}$ は長期的視点にたった消費計画です。今期の実際の個人消費（C）は，恒常所得（Y_P）に正比例し，平均消費性向 $\left(\frac{C}{Y}\right)$ は，変動所得の恒常所得に対する比率 $\left(\frac{Y_T}{Y_P}\right)$ と逆の動きをしています。かくて，

①　景気拡張の局面では，変動所得（臨時的・一時的な残業手当などの所定外労働に対する報酬）のウェイトが高まり$\left(\frac{Y_T}{Y_P}\right.$の上昇$\left.\right)$，平均消費性向は低下します。逆に，景気後退の局面では恒常所得（所定内労働に対する報酬）のウェイトが高まり$\left(\frac{Y_T}{Y_P}\right.$の低下$\left.\right)$，平均消費性向は上昇します。

②　長期においては，恒常所得の実際所得に占める比率$\left(\frac{Y_P}{Y}\right)$，つまり変動所得の恒常所得に対する比率$\left(\frac{Y_T}{Y_P}=\frac{Y}{Y_P}-1\right)$が一定であるので，平均消費性向は一定です。

第6章　日本経済の需要面：投資需要

J. M. ケインズの「有効需要の原理」では，GDP を決定するのは有効需要です。ですから，好況・不況が話題になるときは，国内総支出（GDE≡GDP）を構成する各需要項目（個人消費，民間投資，政府支出，純輸出）や，それらを整理した民間需要，公的需要，海外需要が問題にされます（☞ p. 31）。

日本経済に対し，「誰がモノを買っているのか」と尋ねると，次の回答が返ってきます。下記の括弧内の数字は，2006年度における各項目の実質国内総支出（GDE）に占める割合を示しています（☞ p. 29）。

(1)　個人消費　(55.3%)
(2)　民間投資　(19.6%)
　②　民間住宅投資　(3.4%)
　③　民間設備投資　(16.0%)
　④　民間在庫品増加　(0.2%)
(3)　政府支出　(21.4%)
　⑤　政府消費　(17.4%)
　⑥　公共投資　(4.0%)
　⑦　公的在庫品増加　(0.0%)
(4)　純 輸 出　(3.9%)
　⑧　輸出　(14.9%)
　⑨　輸入　(11.0%)

したがって，日本経済に対し，「誰が投資支出を行っているのか」と尋ねると，民間部門による「民間住宅投資」「民間設備投資」「民間在庫品増加」，公的部門による「公共投資」「公的在庫品増加」との回答が返ってきます。民間設備投資が投資支出の中の最大項目であり，2006年度における対実質国内総支出（GDE）の数字では，民間企業設備投資は，国産品供給者にとっては16.0%のまあまあ大きい顧客です。この

「民間企業設備投資」というお客さんは，気まぐれ屋で，つまり経済全体を撹乱することで有名です。在庫投資（在庫品増加）は微々たるものです。

景気循環の主要因は「投資」の変動であるといってもよく，GDP の変動を説明あるいは予測しようとすれば，投資需要の決定因を知ることが必要です。

図6章－1　法人企業の設備投資（前年同期比伸び率）

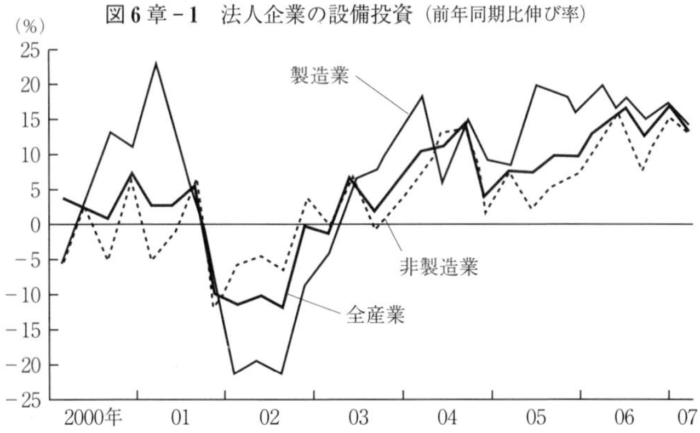

（注）　2002年7－9月期からソフトウエアを含む額で比較
出所：『日本経済新聞』2007年6月4日より作成

図6章－2　個人消費・設備投資の前期比増減率

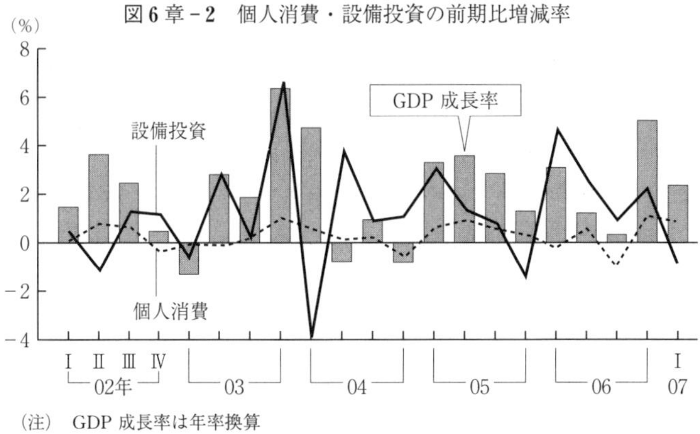

（注）　GDP 成長率は年率換算
出所：『日本経済新聞』2007年5月18日より作成

31 こんな新聞記事が出ていました：設備投資

「設備投資　けん引役交代」「13.6％増，非製造業好調　法人統計」という見出しのもとで，「財務省がまとめた1－3月期の法人企業統計によると，企業の設備投資は前年同期比13.6％増えた。けん引役は非製造業。収益は伸び悩んだものの，企業は借り入れを増やしながら攻めの投資姿勢を保っている。1－3月期の実質経済成長率の改定値に関する民間調査機関の予測平均は年率3.1％となり，速報値の2.4％からの上方修正を見込む。」「設備投資は5月に発表された1－3月期の国内総生産（GDP）速報では5・四半期ぶりに前期比マイナスとなった。先行指標である機械受注統計も低調で，設備投資の動向には不透明感も出ていたが，法人企業統計では足取りの確かさが改めて裏づけられた。」（『日本経済新聞』2007年6月5日）という記事がありました。

学習は疑問から始まります。上記の新聞記事（および右ページの図）から3つの疑問が出てきます。

① 記事中には「収益は伸び悩んだものの（中略）攻めの投資姿勢を保っている。」と書かれ，図には設備投資と経常利益が重ねて描かれています。設備投資は経常利益に依存しているのでしょうか。

② 記事中には「1－3月期の実質経済成長率の改定値に関する民間調査機関の予測平均は年率3.1％となり，速報値の2.4％からの上方修正を見込む。」と書かれていますが，設備投資は経済成長率とどのような関係にあるのでしょうか。

③ 記事中には「先行指標である機械受注統計も低調で，設備投資の動向には不透明感も出ていた」と書かれていますが，設備投資の不透明感は機械受注統計の低調とどのような関係にあるのでしょうか。

図 31－1　経常利益と設備投資（前年同期比伸び率）

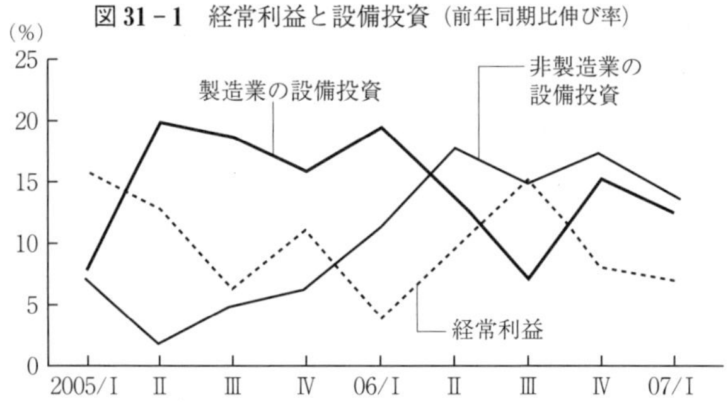

出所：『日本経済新聞』2007年6月5日より作成

【知っておきましょう】　設備投資の動きを表している指標

内閣府が選び出した「**30**個の景気指標」（☞ **p. 51**）の中には，民間企業設備投資の動きを表している，次の **4** つの指標が含められています。

先行系列

① 実質機械受注（船舶・電力を除く民需）

② 投資環境指数（製造業）

一致系列

③ 投資財出荷指数（除く輸送機械）

遅行系列

④ 実質法人企業設備投資（全産業）

ですから，民間企業設備投資の動きについての新聞記事を見たとき，発表された設備投資指標が，景気の先行指標，一致指標，遅行指標のいずれであるのかを確認する必要があります。

図 31－2　機械受注（船舶・電力を除く民需，季節調整値）

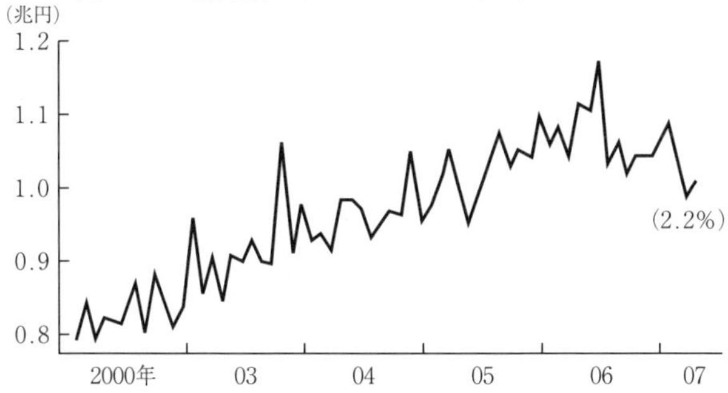

出所：『日本経済新聞』2007年6月8日より作成

32 設備投資は何に依存しているのか：短期日本経済マクロ計量モデル

新聞記事には，設備投資は経常利益や経済成長率に依存しているように書かれ，一般の教科書には，設備投資は利子率の減少関数と定式化されています。設備投資は実際の日本経済において何に依存しているのでしょうか。

旧経企庁「短期日本経済マクロ計量モデル」によれば，実質民間企業設備固定資本形成（計測期間：1985.1～1997.4）は，主に次の要因に依存しています。

①　GDPの変化

民間企業設備投資は「加速度原理」（☞ p. 93）を基本としています。つまり，設備投資は，現在及び過去（1～2期前）のGDPの変化にプラスに依存しています。1期前の係数が最大です。

②　資本の使用者費用

現在及び過去（1～2期前）の「資本の使用者費用」が増大すれば，設備投資は減少します。資本の使用者費用は，固定資本ストックを1単位使用するための費用のことで，「(1－負債・自己資本比率)×(借入資本の使用者費用)＋(負債・自己資本比率)×(自己資本の使用者費用)」と定義されています。です

【知っておきましょう】　国民経済計算の「総固定資本形成」

「国民経済計算」上では，

総資本形成＝総固定資本形成＋在庫品増加

であり，総固定資本形成はマクロ経済学における「粗投資」概念にあたります。「資本」はストック，投資はフローであり，第t期の粗投資フローは次のように定義されます。K_{t-1}＝第$t-1$期末（第t期首）の資本ストック，K_t＝第t期末の資本ストック，I_t＝第t期間の粗投資フロー，d＝資本減耗率とすれば，

$$I_t=(K_t-K_{t-1})+dK_{t-1}$$

です。(K_t-K_{t-1})は純投資，dK_{t-1}は補填投資とそれぞれ呼ばれています。生産能力増強のための機械設備の購入は純投資，古い機械設備を新しい機械設備で置換することは補填投資です。日本のような経済大国は資本ストックが大きく，補填投資も大きなものになっています。

から，法人税制などの影響も組み込まれています。現在の係数の絶対値が最大です。

図 32－1　実質民間企業設備固定資本形成

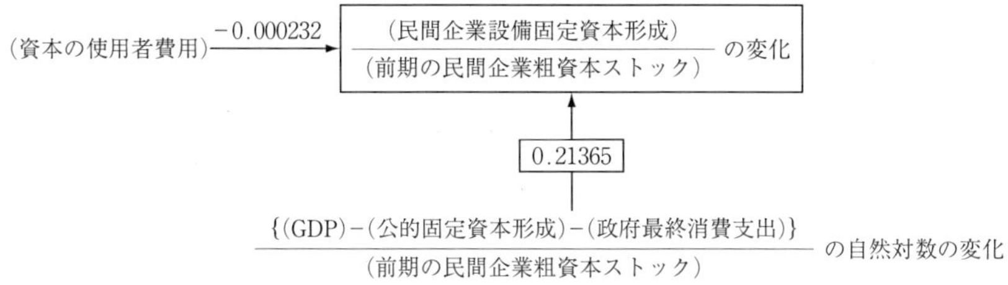

【知っておきましょう】　資本ストックの期中の価値変化：使用者費用，補足費用および意外の損失

ケインズ『一般理論』の用語法は次のとおりです。

①　使用者費用（$\boldsymbol{U}$）

「期末における資本設備の価値と期首における価値とを比べたさいの変化のうち，企業者が利潤の最大化を求めようとする自発的決意の結果生ずる変化部分」(**p. 57**)

②　補足費用（$\boldsymbol{V}$）

「非自発的ではあるが期待されないものではない設備の減価を，すなわち，期待される減価が使用者費用を超える額」(**p. 57**)

③　意外の損失

「非自発的でしかも同時に一広い意味において一予測不可能な資本価値の変化であって，これは市場価値の不測の変化とか，例外的な陳腐化とか，災害による破壊に基づくものである。」(**p. 58**)

33 将来価値と現在価値：投資の決定のための基礎知識

価値の足し算，引き算は同じ時点のものでしかできません。つまり，

現在の100円＋現在の100円＝現在の200円

１年後の100円＋１年後の100円＝１年後の200円

ですが，

現在の100円＋１年後の100円

は計算不可能です。これを計算しようと思えば，

① すべての価値を現在時点で評価して：現在価値（Present Value）

現在の100円＋「１年後の100円」の現在価値

② すべての価値を将来時点で評価して：将来価値（Future Value）

「現在の100円」の１年後の価値＋１年後の100円

(1) 現在価値から将来価値を求める：$FV_t = PV_0 \times (1+r)^t$

100万円を年複利５％で銀行に預金すると，２年後にはいくらになっているのでしょうか。

$$FV_1 = PV_0(1+r)^1 = 100 \times (1+0.05)^1 = 100+5 = 105$$

$$\begin{aligned} FV_2 &= PV_0(1+r)^2 = 100 \times (1+0.05)^2 \\ &= (100+5) \times (1+0.05) \\ &= (100+100 \times 0.05) + (5+5 \times 0.05) \\ &= 105+5.25 = 110.25 \end{aligned}$$

このとき「現在の100万円と２年後の110.25万円は等価である」と言われます。

(2) 将来価値から現在価値を求める：$PV_0 = \dfrac{FV_t}{(1+r)^t}$

２年後に100万円をあげると父から言われました。しかし，すぐさま現金が必要なので，父にいますぐ現金が欲しいと言ったところ，それならば年複利（割引率）５％で計算すると言われました。父は私にいくらくれるのでしょうか。

$$FV_2 = PV_0(1+r)^2 = PV_0(1+0.05)^2 = 100$$

であるので，

$$PV_0=\frac{FV_2}{(1+r)^2}=\frac{100}{(1+0.05)^2}\fallingdotseq 90.70$$

このとき，「２年後の100万円と現在の90.70万円は等価である」と言われます。$\frac{1}{(1+r)^t}$ は「割引ファクター」と呼ばれています。

図 **33－1**　将来価値：$FV_t=PV_0\times(1+r)^t$

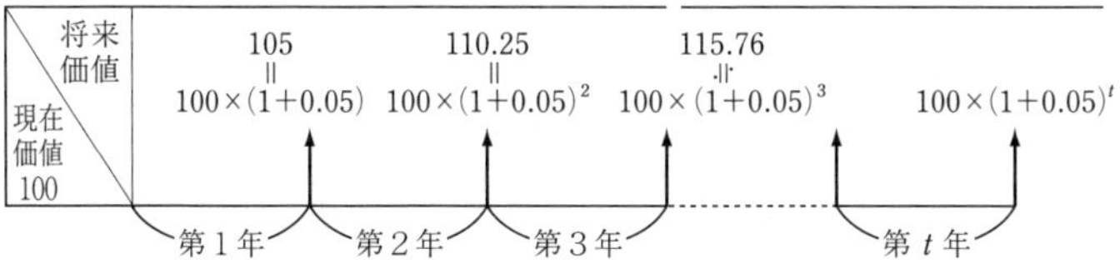

FV_t＝第 t 年末における将来価値
PV_0＝第０年末における価値（現在価値：ここでは100）
r＝年当たりの金利（ここでは５％）
t＝期間

図 **33－2**　現在価値：$PV_0=\frac{FV_t}{(1+r)^t}$

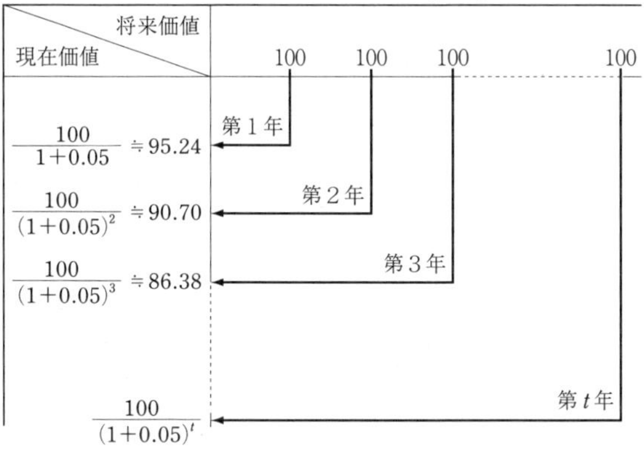

PV_0＝第０年末における価値（現在価値）
FV_t＝第 t 年末における将来価値（ここでは100）
r＝年当たりの割引率（ここでは５％）
t＝期間

34 投資の決定：割引現在価値法（中古機械と新品機械の価格との比較）

J. M. ケインズの用語法では，中古であれ，新品であれ，機械の購入は「投資物件」の購入，新品の機械を購入することは「投資」とそれぞれ呼ばれています。「国民経済計算」では，国内総支出（GDE）の構成項目としての投資支出は，その期間に新しく作られたモノに対する支出でなければなりません。

投資物件（機械）の購入は，機械の寿命期間中における予想収益の系列に対する権利を購入することを意味していますが，企業は，なぜ中古でなく，新品の機械を購入する，つまり「投資」を行うのでしょうか。投資が実行される条件は何でしょうか。

投資（I）の決定には，2つのアプローチ（割引現在価値法と内部収益率法）があり，それらは同じものです。ここでは，「割引現在価値法」を説明します。

P^s＝供給価格（限界取替費用：新品機械の価格），P^d＝需要価格（中古機械の価格），R_j＝第j期の予想収益（$j=1, 2, \cdots, n$），r＝金利（機械の存続期間にわたって不変であると仮定します）とします。

中古機械の価格（P^d）は，

$$P^d=\frac{R_1}{(1+r)}+\frac{R_2}{(1+r)^2}+\cdots+\frac{R_n}{(1+r)^n}$$
$$=P^d(r, R_1, R_2, \cdots R_n)$$

で求められます。機械の存続期間が無限（$n=\infty$），予想収益の系列がすべて等しい（$R_j=R$）と仮定すると，等比数列の和の公式（あるいは，上式に $\frac{1}{1+r}$ を乗じたものから上式を引いて，同じ項を消去すること）より，

$$P^d=\frac{R}{r} \qquad \text{（中古機械の価格）}$$

になります。新品機械の価格（P^s）＜中古機械の価格（P^d）のとき，投資が行われます。

図 34－1　割引現在価値法と内部収益率法

割引現在価値法				内部収益率法		
新品の価格		中古の価格		投資の限界効率		金利
P^s	$>$	P^d	$\Longleftrightarrow$	m	$<$	r
P^s	$=$	P^d	$\Longleftrightarrow$	m	$=$	r
P^s	$<$	P^d	$\Longleftrightarrow$	m	$>$	r

【知っておきましょう】 $P^d=\dfrac{R}{r}$ の導出

ここでは，

$$P^d=\frac{R}{(1+r)}+\frac{R}{(1+r)^2}+\cdots+\frac{R}{(1+r)^n}$$

$$-\Big)\ \left\{\frac{1}{(1+r)}\right\}\times P^d=\frac{R}{(1+r)^2}+\cdots+\frac{R}{(1+r)^n}$$

$$\left\{\frac{r}{(1+r)}\right\}\times P^d=\frac{R}{(1+r)}$$

より，

$$P^d=\left\{\frac{1}{(1+r)}\right\}\cdot\left\{\frac{(1+r)}{r}\right\}\cdot R=\left(\frac{1}{r}\right)\cdot R$$

を得ることができます。

35 投資の決定：内部収益率法（金利と投資の限界効率との比較）

P^s＝供給価格（限界取替費用：新品機械の価格），P^d＝需要価格（中古機械の価格），R_j＝第j期の予想収益（$j=1, 2, \cdots, n$），r＝金利（金利は機械の存続期間にわたって不変であると仮定します），m＝投資プロジェクトの収益率（投資の限界効率）とします。

投資プロジェクトの予想収益率（m）は，

$$P^s=\frac{R_1}{(1+m)}+\frac{R_2}{(1+m)^2}+\cdots+\frac{R_n}{(1+m)^n}$$

で定義されます。つまり，mは，新品機械をP^sで購入（投資）し，n期間にわたって，$R_1, R_2, \cdots, R_n$の収益を得ることを予想する投資プロジェクトの複利利回りです。機械の存続期間が無限（$n=\infty$），予想収益の系列がすべて等しい（$R_j=R$）と仮定すると，等比数列の和の公式より，

$$P^s=\frac{R}{m} \quad \text{あるいは} \quad m=\frac{R}{P^s}$$

になります。「内部収益率法」によれば，投資プロジェクトの予想収益率（m）＞金利（r）のとき，投資が行われます。

$P^d=\frac{R}{r}$，$P^s=\frac{R}{m}$ であり，割引現在価値法の「新品機械の価格（P^s）＜中古機械の価格（P^d）」は，内部収益率法の「投資プロジェクトの予想収益率（m）＞金利（r）」と同じことを意味しています。

いま，複数の投資プロジェクトを予想収益率の高い順に配列すると，図35－1の棒グラフのように右下がりになります。企業は，高収益性の順に，投資プロジェクトを実行していくので，限界単位の投資プロジェクトから見込まれる収益率は低下します。限界単位の投資計画の予想内部収益率は「投資の限界効率」（ケインズの「資本一般の限界効率」に対応する）と呼ばれ，図35－1の曲線は，投資プロジェクトが細分可能と仮定して，連続的な投資の限界効率曲線を示しています。投資の限界効率関数は，

$$m=m(I) \qquad m'<0$$

と定式化され，mは総投資の減少関数です。

もし金利がr_0ならば，r_0とmとが一致するまで投資プロジェクトが遂行され，そのときの総投資はI_0です。同様に，金利がr_1に低下すれば，そのときの総投資はI_1です。このように総投資は金利の低下とともに増大し，金利（r）と総投資（I）との関係を示す表は「投資需要表」と呼ばれています。かくて，総投資関数は，

$$I=I(r)=I_0-vr \qquad I'<0$$

と定式化され，総投資の金利変動に対する反応の敏感度は，投資の金利弾力性$\left[\varepsilon_I \equiv -\frac{\left(\frac{\Delta I}{I}\right)}{\left(\frac{\Delta r}{r}\right)}\right]$によって測ることができます。

図 35－1　投資の限界効率表

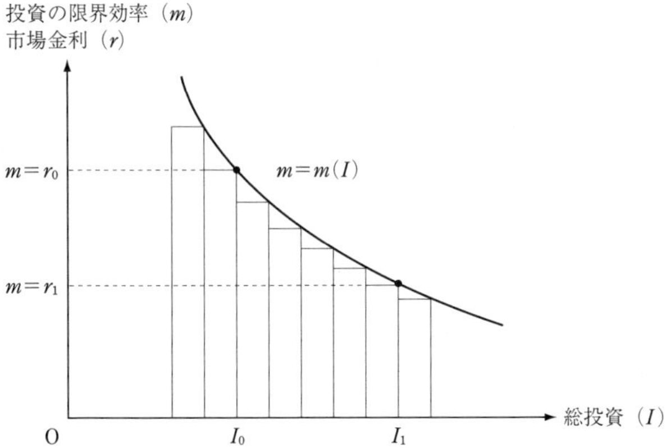

【知っておきましょう】　投資の限界効率表のシフト

投資は金利以外の変数の影響を受け，これらの変数の変化により，投資の限界効率表自体が上下にシフトします。現実の投資の変動は金利の変動によるよりも，投資の限界効率表のシフトによるところがはるかに大きいと考えられています。

36 投資理論：ケインズ vs. 新古典派

ケインズ『一般理論』は「投資の限界効率と金利との比較」によって第 t 期の純投資フロー（I_t）を決定していますが，新古典派経済学は「資本の限界生産力と資本のレンタル・コストとの比較」によって第 t 期末の望ましい資本ストック（K_t^*）を決定しています。

新古典派経済学によれば，資本ストックは過去から現在にかけて行われてきた純投資フローが蓄積されたものであり，資本のレンタル・コスト以外に何らの費用（調整費用）がかからないとすれば，資本ストックは瞬時的に望ましい水準に調整され，第 t 期の純投資フロー（I_t）は，

$$I_t = K_t^* - K_{t-1}$$

として決定されます。ここで，K_{t-1}＝第 $t-1$ 期末（第 t 期首）の資本ストック，K_t^*＝第 t 期末の望ましい資本ストックです。

望ましい資本ストック（K^*）は資本の限界生産力と資本のレンタル・コスト（金利を含む）との比較によって決定され，望ましい資本ストック（K^*）は金利の減少関数です。つまり，望ましい資本ストック（K^*）は金利が上昇すれば小さくなり，金利が下落すれば大きくなります。望ましい資本ストック（K^*）が金利の減少関数であるので，純投資フロー（I）は金利の減少関数です。

【知っておきましょう】 ジョルゲンソンの投資理論

いま第 t 期首（現存）の資本ストックが望ましい水準ではないとしましょう。望ましい資本ストック水準を達成しようとしたとき，資本ストックを調整するのに時間と費用がかかるとすれば，資本ストックを瞬時的に望ましい水準に調整できないかもしれません。この事情をジョルゲンソン（D. W. Jorgenson）は，「$I_t=\lambda(K_t^*-K_{t-1})$」と定式化しています。ここで，$\lambda$ は「投資の調整速度」と呼ばれ，$0<\lambda<1$ です。例えば $\lambda=0.5$ であれば，現存水準の望ましい水準からの乖離（$K_t^*-K_{t-1}$）の50%だけが第 t 期の純投資フローで埋め合わされます。

【知っておきましょう】 その他の投資理論

① 加速度原理

投資は GDP（Y）の増大分の増加関数です。

$$I_t=I_t(Y_t-Y_{t-1}) \qquad \text{（加速度原理にもとづく投資関数）}$$

② 利潤原理

投資は利潤（Y は利潤の代理変数）の増加関数です。

$$I_t=I_t(Y_t) \qquad \text{（利潤原理にもとづく投資関数）}$$

③ 「トービンの q」理論

資本の需要価格＝企業の市場価値＝発行済み株式の市場評価額＋債務額，資本の供給価格＝企業の再生産費用とすれば，「資本の需要価格÷資本の供給価格」つまり，「企業価値÷現存企業資本ストックを現在の市場価格で買い替えたときの費用」が「トービンの q」です。トービンの q が 1 よりも大きいとき，投資が行われます。再生産費用（現在の建設費用）で工場を建て，出来上がった工場をより高い市場価値で売却できれば，投資が行われます。逆に，トービンの q が 1 よりも小さいということは，「企業価値＜現存企業資本ストックを現在の市場価格で買い替えたときの費用」を意味し，それはこの企業が現存資本ストックを効率的に利用していないこと，逆に言えば現在の資本ストックが過大であることを意味しています。

【知っておきましょう】 ペンローズ効果

ジョルゲンソンの投資関数では投資の調整速度（λ）は一定と仮定されていますが，正しくは望ましい資本ストック水準（K_t^*）を求める際に同時に考慮されなければならないものです。つまり，望ましい資本ストック水準への調整速度が速ければ速いほど，調整費用が必要であり，調整費用と投資の調整速度の関係は「ペンローズ効果」と呼ばれています。

37　２種類のリスクと投資：借手のリスクと貸手のリスク

『一般理論』は，「投資の限界効率＞金利のとき，投資が行われる」（内部収益率法）というのは必ずしも妥当なものではなく，より現実的には，次の２種類のリスクを考慮した投資決定条件を考える必要があると論じています。

(i)　借手（企業者）のリスク

投資プロジェクトに関するリスクです。投資を内部金融しているときに，企業者が直面するリスクは借手のリスクだけです。

(ii)　貸手のリスク

投資を外部金融するときには，企業者の投資決定は借手のリスクに加えて，貸手のリスクにも影響されます。貸手のリスクには，借手の倫理欠如（moral hazard）と借手の非自発的債務不履行の２つのものがあります。前者のリスクは，借手の自発的債務不履行あるいは合法的方法による債務履行回避を意味しています。後者のリスクは，不測の事態の生起による借手の担保能力不足による債務不履行を意味しています。

①　内部金融による投資プロジェクトの実行

企業者は，投資の限界効率と純粋利子率（安全資産への運用利子率）との単純な比較だけで投資を決定しません。企業者が危険回避者であるとき，ローリスクに対してはローリターンでもよいのですが，ハイリスクに対してはハイリターンを要求するのが自然です。企業者はリスクを伴う投資プロジェクトを実行しようとするのですから，借手のリスク（投資プロジェクトに関するリスク）を考慮して，投資の限界効率と「純粋利子率＋借手のリスク・プレミアム」とを比較しようとします。借手のリスク・プレミアム（ρ_b）とは，企業者が投資プロジェクトに関するリスクを感じるがゆえの，要求リターンの上乗せ部分です。借手のリスクが高まるほど，企業者はハイリターン，つまり投資の限界効率の要求水準［＝純粋利子率＋借手のリスク・プレミアム］を高めます。

②　外部金融による投資プロジェクトの実行

個人（最終的貸手）が余剰資金を運用するとき，個人は銀行に対しては純粋利子率（安全資産への運用利子率）で預金を行いますが，企業者に貸し出すときは，企業者向け貸出金は銀行向け預金よりもリスク（信用リスク，流動性リスク）を伴いますので，「純粋利子率＋貸手のリスク・プレミアム」で貸し出そうとします。貸手のリスク・プレミアム（ρ_l）とは，貸手が貸出に伴うリスクを感じるがゆえの，要求リターンの上乗せ部分です。貸手のリスクが高まれば，個人は企業者に対してより高い貸出利子率を要求します。このことは，銀行の対企業者貸出についても同様です。銀行は，純粋利子率（預金利子率）で資金（預金）調達を行い，「純粋利子率＋貸手のリスク・プレミアム」に等しい貸出収益率で資金（貸出）運用を行い，リスク負担を行うことによって，「運用収益率－調達利子率＝貸出収益率－預金利子率＝貸手のリスク・プレミアムの大きさの利鞘」を稼ぐことができます。企業者が，外部金融（個人からの直接金融，銀行からの間接金融）による投資を計画するとき，企業者は，投資の限界効率と，「借入利子率＋借手のリスク・プレミアム（ρ_b）」つまり，「純粋利子率＋貸手のリスク・プレミアム（ρ_l）＋借手のリスク・プレミアム（ρ_b）」とを比較したうえで投資を決定します。

図 37－1　貸手のリスク・プレミアムと借手のリスク・プレミアム

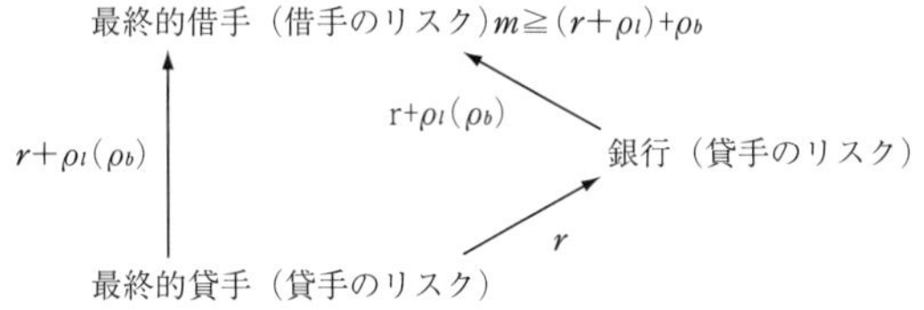

【知っておきましょう】　ケインズの「確信の状態」と「信用の状態」

J. M. ケインズは，最終的借手が投資プロジェクトに関して抱く確信のことを「確信の状態」，貸手が借手に対して抱く確信のことを「信用の状態」とそれぞれ呼んでいます。確信の状態が衰弱すれば借手のリスク・プレミアムは上昇し，信用の状態が衰弱すれば貸手のリスク・プレミアムは上昇します。$\boldsymbol{\rho_b}$, $\boldsymbol{\rho_l}$ はともに借手のリスク（投資プロジェクトに関するリスク）の増加関数ですので，借手のリスクの上昇は二重に考慮されてしまいます。好況期における借手のリスクの低下は，$\boldsymbol{\rho_b}$, $\boldsymbol{\rho_l}$ を著しく低落させ二重に投資を促進し，不況期における借手のリスクの上昇は，$\boldsymbol{\rho_b}$, $\boldsymbol{\rho_l}$ を著しく高騰させ二重に投資を抑制します。このようなメカニズムが実物経済の変動を大きくしています。

38 在庫の役割：生産平準化の理論

ある期間中に生産された製品は，必ずしもそのすべてが期間中に販売されるとは限りません。期間中に販売されなかった製品は，「意図した在庫」あるいは「意図せざる在庫」として積み増されます。

在庫投資＝生産量－販売量

ですが，「生産平準化の理論」は企業はなぜ「意図した在庫」を保有し，どのように増減させるのかを明らかにしています。

右ページの図は生産量が増大すると平均費用が逓増する費用関数を示しています。販売量が H と L の水準で交互に変動するとしましょう。在庫ストックを何ら増減させることなく（在庫投資ゼロ），企業が販売量の変動に合わせて生産量を変動させたときの生産費用は，$\frac{(C_H+C_L)}{2}$ です。一方，在庫ストックを増減させること（プラスの在庫投資，マイナスの在庫投資）によって，平均的な販売水準 $\left[M=\frac{(H+L)}{2}\right]$ で生産量を一定（平準化）にしたときの生産費用は C_M です。$C_M<\frac{(C_H+C_L)}{2}$ ですので，在庫ストックを増減することによって生産量を平準化するほうが生産費用を節減できます。ですから，企業は販売量が生産量を下回るときに在庫を積み増し（プラスの在庫投資），販売量が生産量を上回るときに在庫を取り崩すこと（マイナスの在庫投資）で，顧客需要を満たしながら生産量を一定に保つことができます。

【知っておきましょう】　ケインズ『貨幣論』の「固定資本」「経営資本」「流動資本」

ケインズ『貨幣論』は資本ストックを「固定資本（使用中の資本）」「経営資本（生産中の資本）」「流動資本（貯蔵中の資本）」の**3**つに分類しています。『貨幣論』は正常在庫を経営資本，過剰在庫を流動資本に分類し，『一般理論』では固定資本への投資をもっぱら取り上げていますが，『貨幣論』は「経営資本への投資の変動は，雇用量の変動と密接に相関している」（**p. 103**）と述べています。

図 38－1　生産の平準化

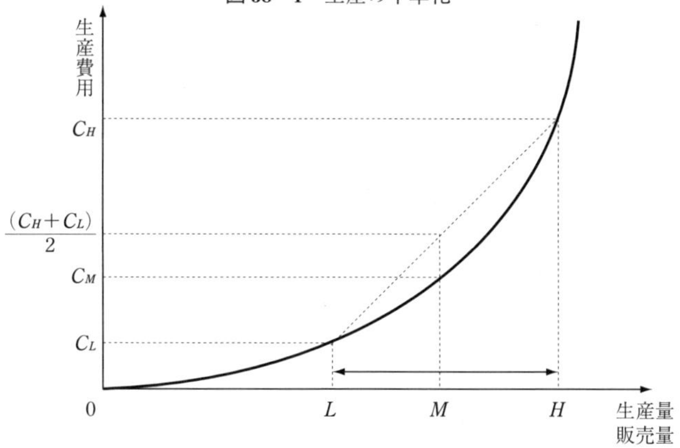

第7章　資金循環勘定と日本経済：貨幣と資金

国民経済計算（☞ p. 18）における資本調達勘定のうちの「金融勘定」「期末貸借対照表」「調整勘定」は資金循環統計の「金融取引表」「金融資産・負債残高表」「調整表」にほぼ対応しています。

各金融商品は，債権者から見れば金融資産，債務者から見れば負債です。例えば，国債は家計からみれば金融資産ですが，中央政府からみれば負債です。金融取引表を，横にみると，資金余剰者から資金不足者へ，いかなる形態で資金（通貨・信用）が流れたかが分かります。また，金融資産・負債残高表を，横にみると，誰と誰がどのような債権債務関係にあるのかが分かります。さらに，金融機関を中心に据えて，部門間の資産負債を関連付けると，一国の金融仲介構造を鳥瞰することができます。

すべての取引は，それが自発的取引であるかぎり，取引当事者にとっては有益なものであるはずです。では，資金余剰者が資金不足者に資金を融通すると，どのような利益があるのでしょうか。また，資金不足者が資金余剰者から資金を融通してもらうと，どのような利益があるのでしょうか。金融取引は次の3つの点で役立っています。

①　金融取引は実物経済全体の支出・生産水準を高めます。

②　金融取引は資源配分の効率性を高めます。

③　金融取引はリスクの分担を行わせます。

図7章－1　資金の流れ（2002年度末，兆円）

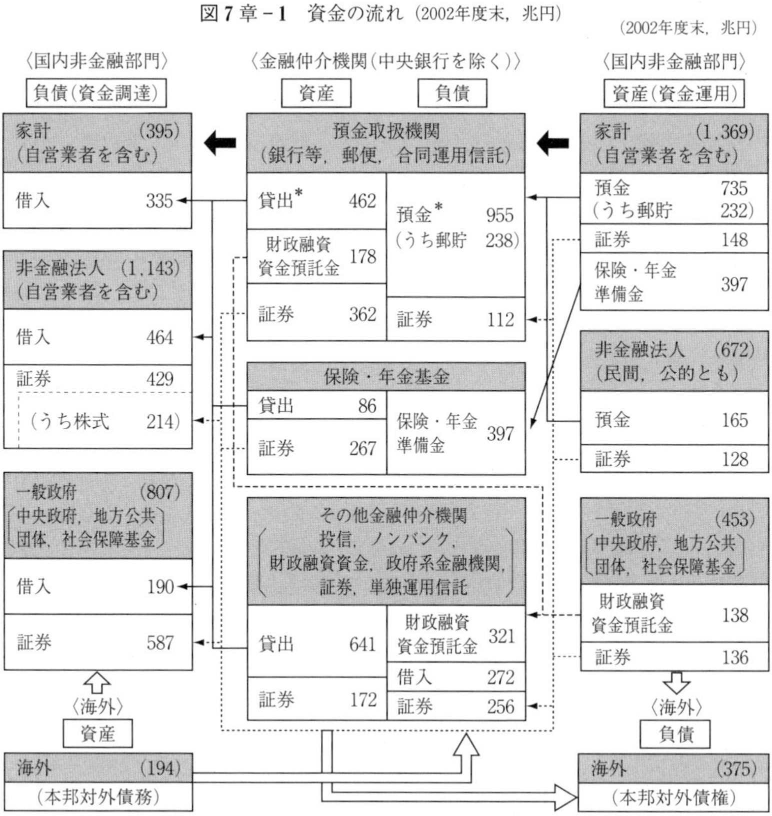

(注)　1. 各部門の内訳計数は主要項目のみ掲載。
2. ＊印を付したものは部門内資産・負債をネットアウトした金額。
3. 貸し出し（借り入れ）には，日銀貸出金，コール，買入手形・売渡手形，民間金融機関貸出，公的金融機関貸出金，非金融部門貸出金，割賦債権，現先・債券貸借取引が含まれる。
4. 証券には，株式・出資金及び株式以外の証券（国債・財融債，金融債，事業債，投資信託受益証券，信託受益権等）が含まれる。

出所：日本銀行のホームページ

私たちが「実物の世界」から「金融の世界」に入るドアには「貯蓄投資差額」と書かれてありますが，金融の世界に入る前，私たちは，まず，実物の世界で貯蓄超過者，投資超過者のいずれであったのかを認識しておく必要があります。もし私たちが貯蓄超過者，投資超過者のいずれでもなく，貯蓄投資均衡者であれば，金融の世界に入る必要は必ずしもありません。

逆に，「金融の世界」から「実物の世界」に入るドアには「資金過不足」と書かれてあり，「金融の世界」に入ると，実物の世界で「貯蓄超過者」であった人は「資金余剰者」，「投資超過者」であった人は「資金不足者」とそれぞれ呼ばれるようになります。貯蓄超過者・資金余剰者だから，実物の世界から金融の世界に入ってきて，新たに金融資産を買ったり，いままでの負債を返済したりするのであり，また，投資超過者・資金不足者だから，保有している金融資産を売ったり，新たに負債を発行したりするのです。

「金融」とは，「資金の融通」の意味であり，金融の世界では，資金余剰者は資金不足者に資金を融通し，逆に，資金不足者は資金余剰者から資金を融通してもらいます。「金融」は，金融商品の売買で実行されるので，金融の世界では，資金余剰者は資金不足者から金融商品を買い，逆に，資金不足者は資金余剰者に金融商品を売ります。

最終的貸手（図の右側）から最終的借手（図の左側）への金融市場（図の上側）を通じた資金の直接の流れは「直接金融」，銀行等の金融仲介機関（図の下側）を経由した資金の間接的な流れは「間接金融」とそれぞれ呼ばれています。金融市場を通じた資金の流れの例としては，企業が株式を発行し，証券業者が仲介者となって，個人が購入するといったケースがあげられます。

「直接金融」では，最終的貸手と最終的借手の間で，通貨と本源的証券（株式，債券など）の交換取引が行われます。つまり，最終的借手は本源的証券を発行し，通貨を獲得します。最終的貸手は本源的証券を購入し，通貨を提供します。証券会社は，最終的貸手と最終的借手の間に立って，本源的証券の売買取引を媒介します。証券会社の役割は，本源的証券の売買を促進することによって，あるいは取引費用の節減を通じて金融取引の円滑化を図ることです。

「間接金融」では，最終的貸手と金融仲介機関（銀行など）の間で，通貨と間接証券（預金など）の交換取引が行われます。つまり，金融仲介機関は間接証券を発行し，通貨を獲得します。最終的貸手は間接証券を購入し，通貨を提供します。最終的借手と金融仲介機関の間で，通貨と本源的証券の交換取引が行われます。つまり，最終的借手は本源的証券を発行し，通貨を獲得します。金融仲介機関は本源的証券を購入し，通貨を提供します。金融仲介機関の役割は，本源的証券を間接証券に資産変換することによって，金融取引の円滑化を図ることです。

図7章－2　直接金融と間接金融

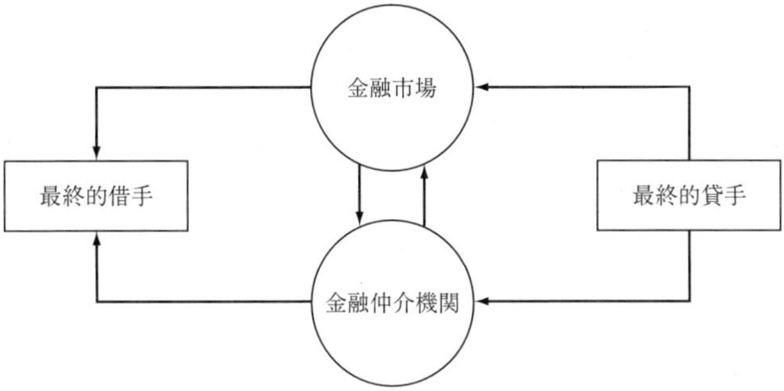

図7章－3　資金の流れ

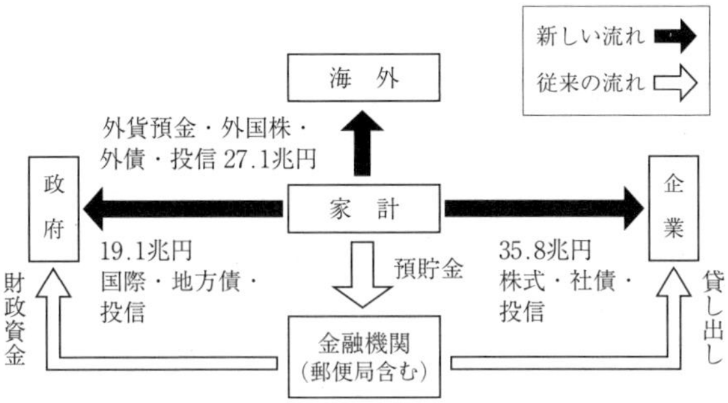

(注)　2005年度末までの10年間の増加額。
出所：『日本経済新聞』2007年1月1日より作成

図7章－4　主要5カ国の1人当たり家計純資産 (2000年)

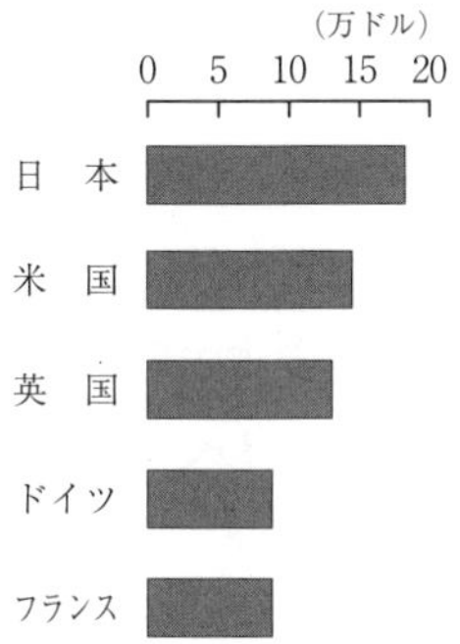

出所：『日本経済新聞』2007年1月1日より作成

39 こんな新聞記事が出ていました：家計の資金余剰，企業超す

「家計の資金余剰，企業超す　昨年，６年ぶり」「企業　設備投資へ資金調達」「家計　投信や国債運用増加」という見出しのもとで，「日銀が23日に発表した2006年の資金循環統計（速報）によると，家計部門の資金余剰額が大幅に増加し，６年ぶりに企業部門を逆転した。債務圧縮が進んだ企業が前向きの投資に向けた資金調達を増やしたのが主因だ。所得がようやく改善してきた家計は借金を増やすことには依然慎重で，投資信託などの運用に資金を回している。」「企業はデフレ下で投資を抑制し過剰になった設備や債務の返済を優先して資金調達を手控えてきた。その結果，資金余剰額は00年から03年まで増加する傾向にあった。03年以降は景気の回復を受けて，設備投資などに向けた前向きの資金調達を活発化。企業の資金余剰額は徐々に減っている。」「もともと企業は借り入れをして設備投資などの資金を確保するため『資金不足』になりやすい。資金余剰の個人から企業へとおカネが流れるのが日本経済の伝統的な姿。家計の資金余剰額を６年ぶりに上回ったことは，日本経済がかつての『順回転』を取り戻していることを，マネーの面からも裏打ちした形だ。」（『日本経済新聞』2007年３月24日）という新聞記事がありました。

学習は疑問から始まります。上記の新聞記事から３つの疑問が出てきます。

①　記事中に「日銀が23日に発表した2006年の資金循環統計（速報）によると」とあるが，資金循環統計とは何でしょうか。

②　家計部門についていえば，資金余剰，所得，借金はどのような関係にあるのでしょうか。企業部門についていえば，資金余剰，設備投資，債務圧縮はどのような関係にあるのでしょうか。

③　資金余剰，資金調達，資金運用はどのような関係にあるのでしょうか。

図 39－1　部門別の資金過不足（名目 GDP 比）

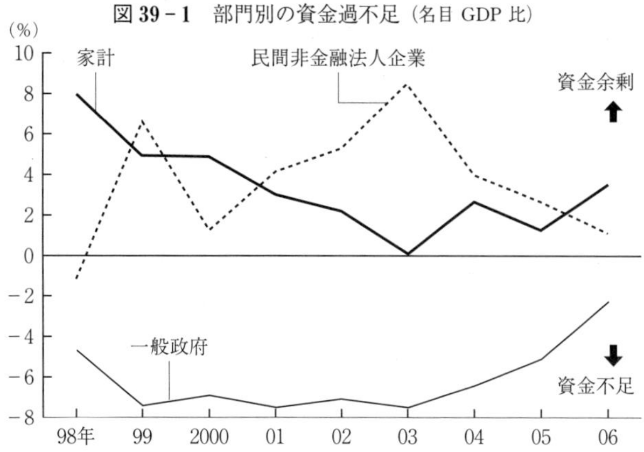

出所：『日本経済新聞』2007年３月24日より作成

40 実物面の貯蓄投資差額，金融面の資金過不足

私たちは「投資」を行っています。実物商品に投資（例えば，住宅投資）することもあれば，金融商品に投資（例えば，株式投資）することもあります。いずれの商品であろうが，商品を買うことは，「資金の使途」（金銭の使い道）と呼ばれています。実物商品に投資することを「総資本形成」あるいは「投資」，金融商品に投資することを「金融資産の純増」とそれぞれ呼べば，

資金の使途＝投資＋金融資産の純増　…………①

です。

では，商品を買う資金はどこから出てきたのでしょうか。資金の出所（「もとで」とする金銭の出所）は「資金の源泉」と呼ばれ，資本移転（例えば，親からの遺産相続）を無視すれば，それは自己資金からか，他人からの資金借入かのいずれかです。自己資金を「貯蓄」，他人からの資金借入を「負債の純増」とそれぞれ呼べば，

資金の源泉＝貯蓄＋負債の純増　…………②

です。

資金の源泉は「金銭の入」，資金の使途は「金銭の出」ですが，私たちに入ってきた金銭はすべて出て行きます。支出せずに手元で現金の形で保有していたとしても，それは通貨という形での「金融資産の純増」とみなされるので，

資金の源泉＝資金の使途　…………③

であり，したがって，

貯蓄＋負債の純増＝投資＋金融資産の純増　…………④
（資金の源泉）　　（資金の使途）

です。これは，

貯蓄－投資＝金融資産の純増－負債の純増　…………⑤
（貯蓄投資差額）　　（資金過不足）

と書き換えることができます。左辺の「貯蓄－投資」は「貯蓄投資差額」，右辺の「金融資産の純増－負債の純増」は「資金過不足」とそれぞれ呼ばれ，同

じ大きさです。つまり，同じドアを，実物の世界からは「貯蓄投資差額」，金融の世界からは「資金過不足」とそれぞれ呼んでいます。

「貯蓄＞投資」は「貯蓄超過」，「金融資産の純増＞負債の純増」は「資金余剰」とそれぞれ呼ばれ，貯蓄超過と資金余剰は同じドアの実物の世界と金融の世界のそれぞれの呼称です。資金が余剰，つまり「もとでとする金銭」が余っているので，金融資産を増やすか，負債を減らすかします。逆に，「貯蓄＜投資」は「投資超過」，「金融資産の純増＜負債の純増」は「資金不足」とそれぞれ呼ばれ，投資超過と資金不足は同じドアの実物の世界と金融の世界のそれぞれの呼称です。資金が不足，つまり「もとでとする金銭」が足りないので，金融資産を減らすか，負債を増やすかします。

図 40－1　資金の源泉と資金の使途

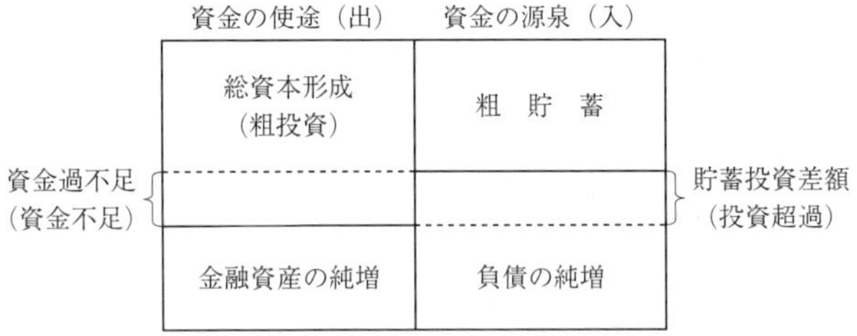

（注）　資本移転を無視しています。

41 資金循環勘定：金融取引表と金融資産・負債残高表

「資金循環勘定」は，経済主体（部門）ごとに，各金融商品（取引項目）の取引フロー額あるいは資産・負債ストック額を記録しています。資金循環勘定は，「金融取引表（資金フロー表）」「金融資産・負債残高表（資金ストック表）」「調整表」の3つの表によって構成され，「資金フロー」はある一定期間の資金量，「資金ストック」はある一定時点における資金量をそれぞれ意味しています。

「金融取引表」は，一定期間の取引額，つまり金融資産・負債の増減（資金フロー）を示しているので，プラス，マイナスいずれの数値も記録しています。「金融資産・負債残高表」は，取引の結果として一定時点において保有される金融資産・負債の残高（資金ストック）を示しています。金融取引表，金融資産・負債残高表，調整表の関係は，「前期末の『金融資産・負債残高表』＋今期間中の『金融取引表』＋今期間中の『調整表』＝今期末の『金融資産・負債残高表』」です。「調整表」は，前期末残高と今期末残高の差額と，今期の取引額との乖離額を記録したものです。調整表に記録された計数は，時価で評価されている金融商品について，ある期間の価格変化に伴う金融資産の保有損益（実現損益も含まれますので，「含み損益」の変化額とは異なります）の推定に利用することができます。

金融取引表の2本柱は，縦列の部門分割と横行の取引項目（金融商品）分類です。縦列の部門は，資産欄と負債欄に分かれていますが，これは各金融商品が，債権者から見れば金融資産，債務者から見れば負債であるからです。例えば，現金（日本銀行券）は家計から見れば金融資産ですが，金融機関（日本銀行）から見れば負債です。流動性預金（普通預金など）は家計から見れば金融資産ですが，金融機関（預金取扱機関）から見れば負債です。

「金融取引表」からは，ある期間の資金取引フローにかかわる，次の3つのことが分かります。

(1)　どの部門が資金余剰，どの部門が資金不足

金融取引表の下から２つ目の行に「資金過不足」があります。各部門の負債欄を見れば，どの部門が資金余剰（＋：貯蓄超過），どの部門が資金不足（－：投資超過）であるのかが分かります。海外部門の資金過不足に（－1）をかけたものは，わが国の「経常収支＋その他資本収支」です。資金過不足を横に合計したものはゼロです。つまり，海外部門の資金不足は国内部門全体の資金余剰に等しくなります。

(2)　資金余剰部門ならいかに資金運用，資金不足部門ならいかに資金調達したか

金融取引表を，縦に見ると，資金余剰部門であれば，いかなる金融資産に資金運用（あるいは，いかなる負債を返済）しているのか，資金不足部門であれば，いかなる負債で資金調達（あるいは，いかなる金融資産を売却）しているのかが分かります。

(3)　資金（もとで）はどの部門からどの部門へ流れたか

金融取引表を，横に見ると，どの部門からどの部門へ，いかなる形態で資金（通貨・信用）が流れたかが分かります。金融取引表の縦と横の２つの組み合わせから，一国民経済の資金の流れを知ることができます。

【知っておきましょう】　金融資産・負債残高表

各部門の当該期末の金融資産・負債残高を金融取引表と同じ形式で示したものです。「資金過不足」の代わりに，（金融資産残高－負債残高）が「差額」として負債欄に計上されています。

表 41－1　金融

		金融機関		非金融法人企業						一般政府			
						民間非金融法人企業		公的非金融法人企業				中央政府	
		1		2		21		22		3		31	
		資産(A)	負債(L)	資産(A)	負債(L)	資産(A)	負債(L)	資産(A)	負債(L)	資産(A)	負債(L)	資産(A)	負債(L)
A	現金・預金	-175,147	-198,030	-26,781		-29,599		2,818		13,076		-7,314	
A_3	現金	-2,456	9,533	4,135		5,027		-892		-1		0	
Ab	日銀預け金	-195,256	-195,256										
Ac	政府預金		-10,383							-10,383		-10,383	
Ad	流動性預金	-28,249	-22,788	-47,775		-47,637		62		11,262		-108	
Ae	定期性預金	50,713	22,634	20,232		16,595		3,637		7,899		-988	
Af	譲渡性預金	-7,120	-16,277	-11,429		-11,440		11		535		-119	
Ag	外貨預金	7,221	14,507	8,056		8,056		0		3,764		4,284	
B	財政融資資金預託金	-272,512	-414,190	-36				-36		-141,642		12,915	
C	貸出	-244,042	-398,041	-11,973	18,258	-12,014	40,947	41	-22,689	-34,224	-49,319	-52,779	901
Ca	日銀貸出金	231,577	231,577										
Cb	コール	96,027	95,828	121		121				-320			
Cc	買入手形・売渡手形	-398,768	-398,768	0		0				0			
Cd	民間金融機関貸出	126,880	-19,705		50,452		65,742		-15,290		18,526		6,993
Cda	住宅貸付	49,277											
Cdb	消費者信用	-10,469											
Cdc	企業・政府等向け	88,072	-19,705		50,452		65,742		-15,290		18,526		6,993
Ce	公的金融機関貸出金	-287,042	-141,939		-28,282		-23,057		-5,225		-66,142		-5,850
Cea	うち住宅貸付	-42,589											
Cf	非金融部門貸出金		14,138	23,518	8,289	23,201	7,649	317	640	4,989	-561	8,071	-242
Cg	割賦債権	-10,294	-970	-600	-9,553		-9,448	-600	-105				
Ch	現先・債券貸借取引	-2,422	-178,202	-35,012	-2,648	-35,336	61	324	-2,709	-38,893	-1,142	-60,850	0
D	株式以外の証券	-207,635	113,155	17,372	28,618	17,858	17,387	-486	11,231	118,829	90,135	44,322	70,588
Da	政府短期証券	-56,967	0	-130		0		-130		84,034	33,467	84,005	33,467
Db	国債・財融債	-181,612	-4,572	7,256		7,347		-91		15,475	35,669	-40,088	35,669
Dc	地方債	-11,943		7,720	637	7,718		2	637	4,635	19,724	6	
Dd	政府関係機関債	-35,229	-31,514	5,740	9,472	5,714	-1,475	26	10,947	5,635	1,452	10	1,452
De	金融債	-11,133	-21,101	-3,068		-2,870		-198		5,144		367	
Df	事業債	8,228	2,728	-2,020	6,477	-2,005	6,477	-15		7,805		22	
Dg	居住者発行外債	-2,875	-335	0	2,573		2,926	0	-353	338	-177		
Dh	CP	951	-7,645	-6,116	2,489	-6,036	2,489	-80		9			
Di	投資信託受益証券	40,934	155,967	15,373	6,970	15,373	6,970	0		162		0	
Dj	信託受益権	-10,763	-27,320	-4,747		-4,747		0		-87		0	
Dk	債権流動化関連商品	52,774	47,106	-2,572		-2,572		0		-4,321			
Dl	抵当証券	0	-159	-64		-64		0					
E	株式・出資金	-64,537	-30,127	-3,461	14,015	-3,487	9,210	26	4,805	11,786	-83	5,837	-83
Ea	うち株式	-36,106	436	-3,575	8,624	-3,577	8,624	2		3,055			
F	金融派生商品	0	0	0	0	0	0						
Fa	フォワード系												
Fb	オプション系	0	0	0	0	0	0						
G	保険・年金準備金		110,847										
Ga	保険準備金		-15,911										
Gb	年金準備金		126,758										
H	預け金	-8,628	-4,655	5,681	-34,869	5,945	-34,868	-264	-1	-36,500	-3	27	
I	企業間・貿易信用	13,464		101,205	103,838	101,321	103,932	-116	-94	-1,862	0	-1,862	0
J	未収・未払金	67,787	3,687	-4,409	11,249	-4,864	11,002	455	247	-2,621	25,534	567	23,544
K	対外直接投資	14,572		31,320		31,320							
L	対外証券投資	145,428		-23,679		-23,679		0		38,665		33,272	
M	その他対外債権債務	13,588	-1,961	36,101	-18,553	36,101	-18,553			-2,352	546	-2,352	546
Ma	うち金・SDR等	0								-761		-761	
N	その他	22,011	76,528	-8,777	-58,993	-8,739	-58,566	-38	-427	-7,716	-3,156	-14,348	-3,156
Y	資金過不足		47,136		49,000		39,672		9,328		-108,215		-74,055
Z	合計	-695,651	-685,651	112,563	112,563	110,163	110,163	2,400	2,400	-44,561	-44,561	18,285	18,285

W（参考）外貨準備　39,451

出所：日本銀行のホームページ

取引表

2006年度（速報）
（単位：億円〈¥：100 million〉）

地方公共団体		社会保障基金		家　計		対家計民間非営利団体		海　外		国内非金融部門		
32		33		4		5		6		7		
資産(A)	負債(L)	資産(A)	負債(L)	資産(A)	負債(L)	資産(A)	負債(L)	資産(A)	負債(L)	資産(A)	負債(L)	
13,177		7,213		-4,495		-17		975	5,641	-18,217		A
		-1		7,856		-1		0		11,989		Aa
												Ab
										-10,383		Ac
11,650		-280		57,589		-11,306		-4,309		9,770		Ad
8,953		-66		-64,771		9,976		5,593	7,008	-26,664		Ae
-6,906		7,560		-260		0		1,997		-11,154		Af
-520				-4,909		1,314		-2,306	-1,367	8,225		Ag
		-154,557								-141,678		B
226	-16,588	18,329	-33,632	-27	-22,059	-2,152	-1,291	-42,035	117,999	-48,376	-54,411	C
									0			Ca
		-320								-199		Cb
		0								0		Cc
	11,533				28,856		1,767		46,984		99,601	Cd
					49,277						49,277	Cda
					-10,469						-10,469	Cdb
	11,533				-9,952		1,767		46,984		60,793	Cdc
	-27,001		-33,291		-49,102		-1,011		-566		-144,537	Ce
					-42,589						-42,589	Cea
0	22	-3,082	-341	-27	-1,813	-1,502	-1,966	4,950	13,841	26,978	3,949	Cf
					0				-371	-600	-9,553	Cg
226	-1,142	21,731	0			-650	-81	-46,985	58,111	-74,555	-3,871	Ch
812	19,547	73,695		133,841		29,411		140,090		299,453	118,753	D
		29				0		6,530		83,904	33,467	Da
1,185		54,378		51,604		14,506		123,868		88,841	35,669	Db
740	19,724	3,889		402		19,547				32,304	20,361	Dc
311		5,314		-164		-982		4,410		10,229	10,924	Dd
-1,424		6,201		-11,640		-243		-161		-9,807		De
		7,783		-2,530		-1,898		-380		1,357	6,477	Df
	-177	338						4,598		338	2,396	Dg
		9								-6,107	2,489	Dh
0		162		107,987		-1,519				122,003	6,970	Di
0		-87		-11,723						-16,557		Dj
		-4,321						1,225		-6,893		Dk
				-95						-159		Dl
4,185		1,764	0	-38,407		18		78,406		-30,064	13,932	E
156		2,899		-32,738		18		78,406		-33,240	8,624	Ea
				0	0			0	0	0	0	F
												Fa
				0	0			0	0	0	0	Fb
				110,847						110,847		G
				-15,911						-15,911		Ga
				126,758						126,758		Gb
		-36,527	-3	-80						-30,899	-34,872	H
					10,256			1,845	558	99,343	114,094	I
-360	1,809	-2,828	181	-13,796	9,497	-491	232	12,064	8,335	-21,317	46,512	J
									45,892	31,320		K
		5,393		-7,193					153,221	7,793		L
								-19,968	47,337	33,749	-18,007	M
									-761	-761		Ma
-427		7,059		-3,252	-9,209	-1,700	-4,604	0	0	-21,445	-75,962	N
	12,845		-47,005		188,953		30,732		-207,606		160,470	Y
17,613	17,613	-80,459	-80,459	177,438	177,438	25,069	25,069	171,377	171,377	270,509	270,509	Z

表 41－2　金融資産・

		金融機関		非金融法人企業						一般政府			
						民間非金融法人企業		公的非金融法人企業				中央政府	
		1		2		21		22		3		31	
		資産(A)	負債(L)	資産(A)	負債(L)	資産(A)	負債(L)	資産(A)	負債(L)	資産(A)	負債(L)	資産(A)	負債(L)
A	現金・預金	1,708,490	12,165,476	2,053,152		1,967,222		85,930		467,014		217,229	
A_3	現金	101,318	803,816	275,694		272,962		2,732		11		11	
Ab	日銀預け金	116,759	116,759										
Ac	政府預金		55,311							55,311		55,311	
Ad	流動性預金	148,248	3,828,204	1,164,958		1,154,181		10,777		136,117		8,355	
Ae	定期性預金	1,130,709	6,750,568	467,869		397,149		70,720		71,466		4,168	
Af	譲渡性預金	91,758	279,366	133,942		132,250		1,692		49,562		1,114	
Ag	外貨預金	119,698	331,452	10,689		10,680		9		154,547		148,270	
B	財政融資資金預託金	556,521	1,321,547	2				2		765,024		169,241	
C	貸出	13,353,022	4,763,669	441,587	3,948,028	392,261	3,416,028	49,326	532,000	320,122	1,921,228	127,907	729,560
Ca	日銀貸出金	231,877	231,877										
Cb	コール	433,514	462,411	27,658		27,658				1,239			
Cc	買入手形・売渡手形	0	0	0		0				0			
Cd	民間金融機関貸出	7,386,384	1,124,933		2,723,768		2,596,277		127,491		427,082		261,357
Cda	住宅貸付	1,448,581											
Cdb	消費者信用	382,445											
Cdc	企業・政府等向け	5,555,358	1,124,933		2,723,768		2,596,277		127,491		427,082		261,357
Ce	公的金融機関貸出金	3,947,224	1,045,697		668,872		307,751		361,121		1,470,250		450,676
Cea	うち住宅貸付	423,209											
Cf	非金融部門貸出金		629,313	324,740	393,751	321,061	352,737	3,679	41,014	248,663	23,551	102,208	17,527
Cg	割賦債権	149,939	16,245	44,925	160,901		159,142	44,925	1,759				
Ch	現先・債券貸借取引	1,204,084	1,253,193	44,264	736	43,542	121	722	615	70,220	345	25,699	0
D	株式以外の証券	8,341,900	3,882,169	411,473	868,146	394,999	741,439	16,474	126,707	1,237,860	7,174,950	288,783	6,591,411
Da	政府短期証券	697,165	0	420		0		420		266,038	1,009,741	266,005	1,009,741
Db	国債・財融債	5,137,509	1,407,191	32,661		21,730		10,931		696,302	5,328,588	16,730	5,328,588
Dc	地方債	457,155		18,368	30,042	17,669		699	30,042	56,140	583,087	685	
Dd	政府関係機関債	577,952	392,756	45,972	118,869	44,517	23,108	1,455	95,761	94,470	253,082	1,836	253,082
De	金融債	152,110	233,487	24,425		21,996		2,429		28,302		2,399	
Df	事業債	555,112	174,876	16,953	488,043	16,777	488,043	176		89,948		695	
Dg	居住者発行外債	69,302	43,955	0	135,147		134,243	0	904	2,574	452		
Dh	CP	86,433	61,946	38,677	63,258	38,657	63,258	20		94			
Di	投資信託受益証券	290,408	1,047,719	98,094	32,787	98,094	32,787	0		1,311		80	
Dj	信託受益権	46,477	119,958	19,582		19,238		344		2,171		353	
Dk	債権流動化関連商品	272,277	398,948	115,788		115,788		0		510			
Dl	抵当証券	0	1,333	533		533		0					
E	株式・出資金	2,345,045	1,827,346	3,146,886	7,928,959	3,141,069	7,619,671	5,817	309,288	961,292	168,171	354,717	168,171
Ea	うち株式	1,585,489	905,234	1,259,722	4,915,909	1,259,532	4,915,909	190		267,024			
F	金融派生商品	182,344	204,484	14,267	20,749	14,267	20,749						
Fa	フォワード系	133,903	153,110	9,502	15,915	9,502	15,915						
Fb	オプション系	48,441	51,374	4,765	4,834	4,765	4,834						
G	保険・年金準備金		4,018,540										
Ga	保険準備金		2,289,842										
Gb	年金準備金		1,728,698										
H	預け金	78,511	106,446	277,267	343,538	274,945	340,890	2,322	2,648	13,208	2,088	6,135	
I	企業間・貿易信用	80,528		2,579,648	2,065,075	2,578,354	2,063,529	1,294	1,546	9,072	0	9,072	0
J	未収・未払金	258,106	477,657	95,093	146,744	70,069	111,662	25,024	35,082	159,710	149,541	109,126	117,299
K	対外直接投資	76,486		327,578		327,578							
L	対外証券投資	1,907,926		526,270		526,270		0		1,165,894		845,423	
M	その他対外債権債務	210,794	143,087	145,628	37,698	145,628	37,698			46,030	4,460	46,030	4,460
Ma	うち金・SDR 等	18,346								6,005		6,005	
N	その他	537,010	277,183	128,541	302,984	128,281	377,423	260	15,561	79,515	147,685	26,649	147,685
Y	金融資産・負債差額		449,079		-5,604,529		-4,768,146		-836,383		-4,343,382		-5,558,274
Z	合計	29,636,683	29,636,683	10,147,392	10,147,392	9,960,943	9,960,943	186,449	186,449	5,224,741	5,224,741	2,200,312	2,200,312

W （参考） 外貨準備　1,073,025

出所：日本銀行のホームページ

負債残高表

2007年３月末（速報）
（単位：億円〈¥：100 million〉）

地方公共団体 32		社会保障基金 33		家計 4		対家計民間非営利団体 5		海外 6		国内非金融部門 7		
資産(A)	負債(L)	資産(A)	負債(L)	資産(A)	負債(L)	資産(A)	負債(L)	資産(A)	負債(L)	資産(A)	負債(L)	
182,496		67,289		7,698,512		225,340		70,741	57,773	10,444,018		A
		0		426,629		164		0		702,498		Aa
												Ab
										55,311		Ac
113,163		14,599		2,255,977		115,360		7,544		3,672,412		Ad
24,464		42,834		4,974,303		104,461		26,027	24,267	5,618,099		Ae
38,592		9,856		575		1,466		2,063		185,545		Af
6,277				41,028		3,889		35,107	33,506	210,153		Ag
		595,783								765,026		B
99,272	1,101,673	92,943	89,995	287	3,268,959	41,986	169,786	837,230	922,564	803,982	9,308,001	C
									0			Ca
		1,239								28,897		Cb
		0								0		Cc
	165,725				2,634,274		78,113		398,214		5,863,237	Cd
					1,448,581						1,448,581	Cda
					382,445						362,445	Cdb
	165,725				803,248		78,113		398,214		4,032,211	Cdc
	929,623		89,951		557,840		37,815		166,750		2,734,777	Ce
					423,209						423,209	Cea
98,868	5,980	47,587	44	287	65,335	41,135	53,858	729,593	178,610	614,825	536,495	Cf
					11,510				6,208	44,925	172,411	Cg
404	345	44,117	0			851	0	107,637	172,782	115,335	1,081	Ch
15,720	583,539	933,357		1,117,193		217,891		598,948		2,984,417	8,043,096	D
		33				0		46,118		266,458	1,009,741	Da
6,128		673,444		333,795		114,194		421,319		1,176,952	5,328,588	Db
5,566	583,087	49,889		12,291		69,175				155,974	613,129	Dc
3,344		89,290		6,118		27,270		12,925		173,830	371,951	Dd
496		25,407		27,531		697		422		80,955		De
		89,253		645		147		114		107,693	488,043	Df
	452	2,574						107,678		2,574	135,599	Dg
		94								38,771	63,258	Dh
186		1,045		684,285		6,408				790,098	32,787	Di
0		1,818		51,728						73,481		Dj
		510						10,373		116,298		Dk
				800						1,333		Dl
295,784		310,791	0	1,874,530		1,070		1,595,653		5,983,778	8,097,130	E
9,418		247,606		1,112,185		1,070		1,595,653		2,640,001	4,915,909	Ea
				1,600	1,229			124,716	96,465	15,867	21,978	F
								78,495	52,875	9,502	15,915	Fa
				1,600	1,229			46,221	43,590	6,365	6,063	Fb
				4,018,540						4,018,540		G
				2,289,842						2,289,842		Ga
				1,728,698						1,728,698		Gb
		7,073	2,088	83,086						373,561	345,626	H
					568,232			23,904	59,845	2,588,720	2,633,307	I
124	5,038	50,460	27,204	334,831	66,009	152	631	59,209	66,519	589,786	362,925	J
									404,064	327,578		K
		320,471		90,410					3,690,500	1,782,574		L
								185,245	378,101	191,658	42,158	M
										6,005		Ma
15,184		37,682		142,639	55,232	12,995	27,616	0	0	363,690	623,517	N
	-1,081,670		2,296,562		11,401,967		301,401		-2,180,185		1,755,457	Y
608,580	608,580	2,415,849	2,415,849	15,361,628	15,361,628	499,434	499,434	3,495,646	3,495,646	31,233,195	31,233,195	Z

第3部　日本経済の金融面

第8章　利子率と収益率：インカムゲインとキャピタルゲイン

『日本経済新聞』の毎火曜日版には「金利一覧」が掲載されています。

①　基準貸付金利（旧公定歩合）

「基準貸付金利」とは，日本銀行（中央銀行）の対民間金融機関貸出金について適用される基準金利のことです。

②　誘導政策金利

「日本（ON）」とは，無担保オーバーナイト物コールレートのことです。

【知っておきましょう】　オーバーナイト物と翌日物

マーケット参加者の慣用語として，コール市場における期間1営業日の取引は，無担コールでは「オーバーナイト物」，有担コールでは「翌日物」とそれぞれ呼ばれています。「日本経済新聞」の「金利一覧」はオーバーナイト物（ON）を翌日物と誤って呼んでいます。

③　プライムレート

プライムレートとは，「最優遇貸出金利」のことです。

(i)　短期プライムレート（1年未満の短期貸出基準金利）

1959年2月に全国銀行協会の申し合わせにより，公定歩合に完全に連動する4種類の貸出標準金利が導入され，「短プラ」と呼ばれるようになりました。89年1月，各金融機関が調達金利を加重平均して資金調達コストを求め，それに経費率を上乗せして，個別に決定する市場金利連動型の短プラが導入されました。それは従来の短プラと区別するために「新短期プライムレート（新短プラ）」と呼ばれています。右ページの短プラは新短プラのことです。

(ii)　長期プライムレート（1年以上の長期貸出基準金利）

「長プラ」は，みずほコーポレート銀行（日本興業銀行）の5年物利付金融債表面金利に一定の利鞘（0.9%）を上乗せして決定されています。91年4月，3年未満は0.3%，3年以上は0.5%を短プラに上乗せする，短プラ連動型の「新長プラ」が導入されました。

④　金融債（みずほコーポレート銀）の応募者利回り

「みずほコーポレート銀行（旧第一勧業銀行，富士銀行，日本興業銀行）債券」の応募者利回りです。みずほコーポレート銀行債券は日本興業銀行の利付金融債（募集債，5年満期）が前身で，毎月発行されています。

⑤　国債の応募者利回り

単に国債と言えば，「長期利付国債（10年）」のことであり，その正式名称は「利付国庫債券（10年）第△△△回」です。国債の流通利回りは長期金利の指標として利用されています。

⑥　大口定期預金金利

大口定期預金に対して支払われる金利であり，実際の金利は相対（あいたい）交渉で決定されています。つまり，金融機関は，取引関係を緊密にすることにウマ味のある相手に対しては，店頭表示金利より高い金利を提示することがあり，このことから，短期金利の指標としての役割は，CD 金利に譲っています。

表 8 章－1　金利一覧

（11日現在，年率，%）	
▽基準貸付金利（公定歩合）	
日　本	0.75
▽誘導政策金利	
日　本（ON）	0.50
米　国（FF 金利）	5.25
ユーロ圏	3.75
（市場介入金利）	
▽プライムレート	
短　期	1.875
長　期	2.450
変動長期	
（3年以内）	2.175
（3年超）	2.375
▽国債	
中期国債　2年	0.973
5年	―
10年	1.809
▽大口定期預金（3カ月）	
5億円以上	0.25

出所：『日本経済新聞』2007年6月12日より作成

図 8 章－1　日本銀行の利上げ後の金利

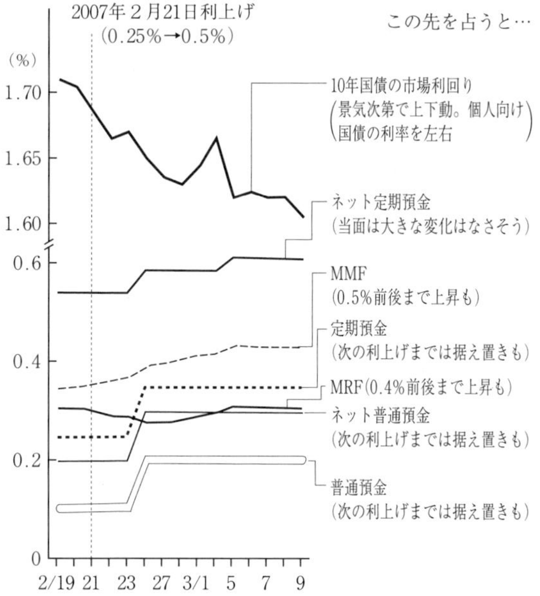

出所：『日本経済新聞』2007年3月11日より作成

42 こんな新聞記事が出ていました：日銀，利上げ見送り

「日銀，利上げ見送り」「決定会合，6対3の多数で」「消費・物価見極め」「翌日物0.25％維持」という見出しのもとで，「日銀は18日に開いた金融政策決定会合で，政策金利の引き上げを見送り，金融政策の現状維持を決めた。正副総裁を含め議決権を持つ9人の政策委員の多数決で6対3の賛成多数による決定。金融政策で動かす対象としている無担保コール翌日物（正しくはオーバーナイト物―引用者注）金利の誘導目標は年0.25％前後に据え置く。景気が緩やかな拡大を続けるとの認識では一致したものの，弱めの指標が出ている個人消費や消費者物価などの動向を『さらに見極める必要がある』と判断したとみられる。」（『日本経済新聞』2007年1月18日）という新聞記事がありました。

学習は疑問から始まります。上記の新聞記事から3つの疑問が出てきます。

① 記事中には「金融政策で動かす対象としている無担保コール翌日物金利の誘導目標は年0.25％前後に据え置く。」とあるが，無担保コールオーバーナイト物金利が引き上げられれば，他の金利は同じように上昇するのでしょうか。

② 日本銀行は短期金利を変化させることはできるが，実体経済において重要なものは長期金利です。日銀はどのようにして長期金利を変化させることができるのでしょうか。

③ 記事中には，景気が緩やかな拡大を続けているものの，個人消費や消費者物価などの動向で，政策金利の引き上げを見送ったとあるが，日銀は何を見て政策金利の引き上げを判断するのでしょうか。

図 42－1　政策金利

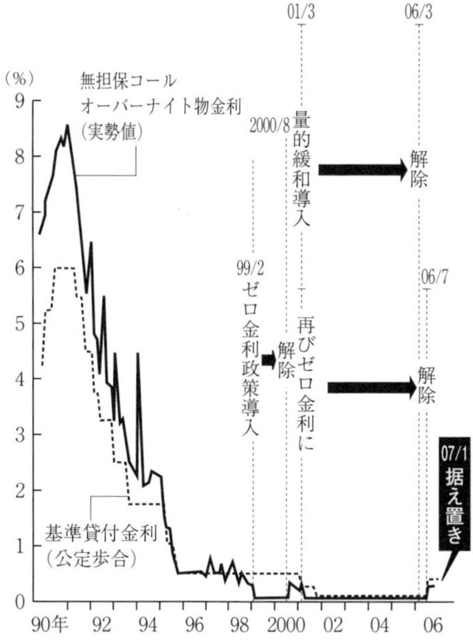

出所：『日本経済新聞』2007年１月18日より作成

表 42－1　金利引き上げの影響

（黒矢印）引き上げ発表　（白矢印）引き上げの可能性
（灰色矢印）引き上げ濃厚

		現在の金利	見通し
預金など	普通預金	年0.1％	引き上げ発表
	定期預金（3カ月物）	0.15％	引き上げ濃厚
	個人向け国債（期間5年，固定利付）	1.20％	引き上げの可能性
借り入れ	住宅ローン（変動型）	2.625％	引き上げ濃厚
	住宅ローン（35年固定型）	3.19％	引き上げの可能性
	自動車ローン（変動型，1年以上10年以内）	6.625％	引き上げ濃厚
	カードローン（借入限度50万円）	11％	引き上げの可能性
企業向け	長期プライムレート	2.3％	引き上げの可能性
	短期プライムレート	1.625％	引き上げ濃厚
証券	信用取引の際の借入（返済期限半年以内）	0.86％	引き上げの可能性
生命保険	一時払い養老（10年満期）	1.20％	引き上げの可能性
損害保険	一時払い積立て傷害（6年満期）	1.26％	引き上げの可能性

出所：『日本経済新聞』2007年２月22日より作成

43 金利は何に依存しているのか：短期日本経済マクロ計量モデル

① CDレート（短期金利）

「短期日本経済マクロ計量モデル」では，短期金利の代表的指標として，「CDレート（3カ月物）」を用いています。CDレート（3カ月物）（計測期間：1985.1～1997.4）は，次の要因に依存しています。

(i) 稼働率指数（景気）

現在及び過去（1～4期前）の「製造工業の稼働率指数」が1単位上昇したとき，CDレートは0.16％上昇します。稼働率指数は景気の代理変数であり，政策当局は，景気の動向を踏まえて金利水準を誘導するものと考えられています。現在の係数が最大です。

(ii) 物価

現在及び過去（1～4期前）の物価（民間最終消費支出デフレーター）が1％上昇したとき，CDレートは0.71％上昇します。政策当局は，物価の動向を踏まえて金利水準を誘導するものと考えられています。現在の係数が最大です。

つまり，政策当局は景気と物価のバランスを考えながら，短期金利水準を誘導しています。ですから，景気が良くなり，物価が上昇しそうであれば，短期金利は上昇します。

② 利付国債利回り（長期金利）

「短期日本経済マクロ計量モデル」では，長期金利の代表的指標として，「利付国債利回り（10年物）」を用いています。長期金利は，短期金利との期間別構造関係をベースに，フィッシャー効果および財政赤字のクラウディング・アウト効果等の要因を加えて定式化されています。利付国債利回り（10年物）（計測期間：1985.1～1997.1）は，次の要因に依存しています。

(i) 短期金利との期間別構造関係

現在及び過去（1～4期前）の3カ月物CDレートが1％上昇したとき，利付国債利回りは0.42％上昇します。これは短期金利との期間別構造関係を示すものです。現在の係数が最大です。

(ii)　物価上昇率

現在及び過去（1～3期前）の民間最終消費支出デフレーターが1％上昇したとき，利付国債利回りは0.28％上昇します。これは「フィッシャー効果」と呼ばれているものです。現在の係数が最大です。

(iii)　累積財政赤字

「一般政府累積財政赤字対名目 GDP 比」が1％上昇したとき，利付国債利回りは0.44％上昇します。これは財政赤字の「クラウディング・アウト効果」を示すものです。クラウディング・アウトとは「押しのけ」，つまり政府資金が民間資金を押しのけることを意味しています。政府が民間の借入希望者を押しのけて借りようとすると，金利は上昇します。

つまり，長期金利は現在の短期金利が上がれば上昇し，また将来の短期金利が上昇しそうであれば上がり（短期金利との期間別構造関係），インフレになりそうであれば上昇し（フィッシャー効果），財政赤字で，国債がさらに増発されそうであれば上昇します（財政赤字のクラウディング・アウト効果）。

図 43－1　CD レート（短期金利）

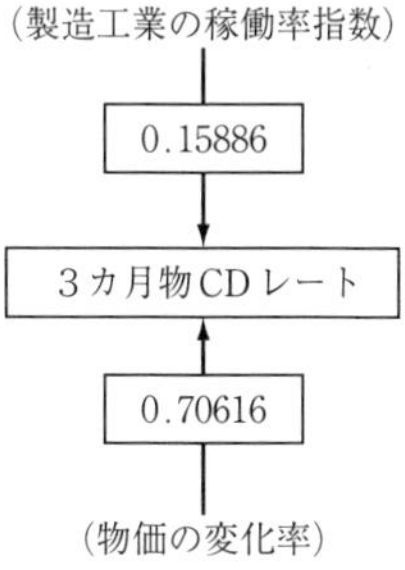

図 43－2　利付国債利回り（長期金利）

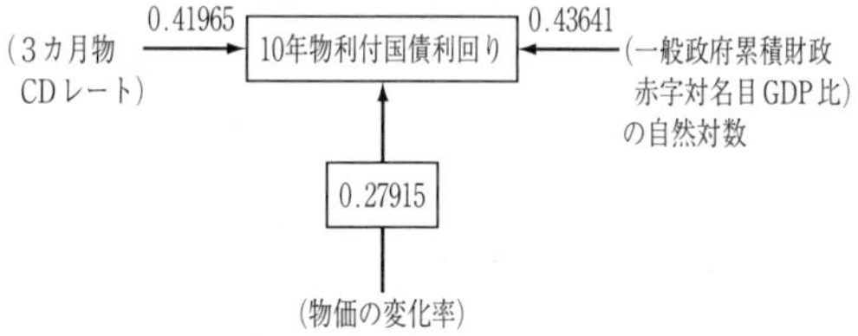

【知っておきましょう】　**CD**

CD は，**Negotiable Certificate of Deposit** の略のことで，「譲渡可能預金証書」あるいは「譲渡可能な自由金利の大口定期預金」と訳されています。**CD** 新発レートは，オープン市場金利の中核です。**CD** の金利は，金融機関と預金者の相対（あいたい）交渉で決定されます。

44 利子率と収益率：金利と利回り

(1) 利子率（金利）と収益率（利回り）

「利子率（利率）」は rate of interest,「金利」は（money）rate of interest のそれぞれの訳語です。「お金・米などの形態での利子÷現時点で提供されるお金・米など」として計算されるものが「利子率」です。米の形態ならば「米利子率」, お金の形態ならば「金利子率」つまり「金利」です。ですから, 金利とはお金（money）の形態での利子率（rate of interest）のことです。

【知っておきましょう】 利回りの2つの意味

日本経済新聞の金融記事の大半は金融機関同士の卸売段階の情報ですが, 日曜日版の「ためるなら」「かりるなら」は個人のための小売段階の情報です。「ためるなら」では「利回り」に※がついていますが, それは「複利」の意味のものもあれば,「利子率＋キャピタルゲイン率（キャピタルロス率）」の意味のものもあります。

【知っておきましょう】 3つの利回り：直利, 単利, 複利

「債券利回り＝$\frac{\text{債券収益}}{\text{購入価格}}$」であり, 債券収益は, 満期日まで保有した場合を考えると,「利息収入（クーポン）」「満期日の償還差益・差損（＝償還額−購入価格）」「クーポンの再投資収益」の3つの要素からなっています。3つの要素をどのように考慮するかにより, 次の3つの利回り概念が考えられています。

① 直接利回り（直利：ちょくり）

「利息収入（クーポン）」のみを考えています。

② 単利最終利回り

年間の「利息収入（クーポン）」と年当たりの「満期日の償還差益（または差損）」を考えています。「単利」とは, 元本に対してだけ貸借期間に正比例して利息を計算することであり, 日本の国債は単利最終利回りで計算されています。

③ 複利最終利回り

「利息収入（クーポン）」「償還価格−購入価格」「クーポンの再投資収益」の3つの要素すべてを考えています。「複利」とは, 貸借期間の途中で利息を計算し, これを元本に繰り入れ, それを対象に元本に対してと同じ利率で利息を計算することであり, 米国の国債は複利最終利回りで計算されています。

表44－1　日本経済新聞の日曜日版の「ためるなら」

（2007年7月17日，年，%，※は利回り，▮は予想配当率，税引き前）

〔予定金利。金融情勢で変更あり〕

流動性預金…………					
貯蓄預金	10—100万円				0.23
	100—300万円				0.23
	300—1000万円				0.23
普通預金					0.200
固定金利…………					
〈スーパー定期〉					
1カ月	0.25	1　年			0.35
3カ月	0.25	2　年			0.40
6カ月	0.27	3　年		※	0.452
〈スーパー定期300〉					
1カ月	0.25	1　年			0.35
3カ月	0.25	2　年			0.45
6カ月	0.27	3　年		※	0.503
〈大口定期〉					
1カ月	0.25	1　年			0.40
3カ月	0.25	2　年			0.50
6カ月	0.30	3　年			0.55
財形住宅預金		2　年			0.40
変動金利…………					
金銭信託		1　年		▮	0.25
		2　年		▮	0.25
		5　年		▮	0.27

【郵便局の商品】

流動性貯金…………				
貯蓄預金	10万円型			0.22
	30万円型			0.22
通常貯金				0.21
定期性貯金…………				
定額貯金		6カ月		0.23
		1　年	※	0.24
		3　年	※	0.402
ニュー定期		6カ月		0.27
		1　年		0.35

【その他の金融商品】

固定金利…………			
中期国債	2　年	※◇	1.000
	5　年	※	1.421
長期国債	10　年	※◆	1.852
割引金融債	1　年	※	0.431
抵当証券	1　年		0.80
利付金融債	5　年		0.660
ワイド	5　年	※	0.670
変動金利…………			
個人向け国債	10　年		—
満期を定めない商品…………			
MRF　野村		※	0.348
〈MMF〉			
野　村		※	0.471
大　和		※	0.470
新　光		※	0.520
みずほ		※	0.312
T&Dアセット		※	0.422
国　際		※	0.445
ソシエテジェネラル		※	0.479
農中全共連		※	0.323

〈長期公社債投信〉　野村

目標分配額＝1万口当たり55円

〈外貨建て定期預金〉

		米ドル	ユーロ	豪ドル
1カ月	みずほ	3.60	2.42	4.24
	三菱東京UFJ	3.63	2.36	4.16
	三井住友	3.61	2.40	4.39
3カ月	みずほ	3.64	2.52	4.39
	三菱東京UFJ	3.68	2.46	4.35
	三井住友	3.65	2.51	4.51
6カ月	みずほ	3.67	2.67	4.47
	三菱東京UFJ	3.71	2.62	4.51
	三井住友	3.68	2.65	4.64
12カ月	みずほ	3.72	2.89	4.72
	三菱東京UFJ	3.76	2.83	4.81
	三井住友	3.70	2.78	4.78

〈外貨建てMMF〉

	米ドル	ユーロ	豪ドル
野　村	※ 4.684	※ 3.419	※ 5.625
大　和	※ 4.625	※ 3.332	※ 5.602
日　興	※ 4.635	※ 3.290	※ 5.657
ゴールドマン・サックス	※ 4.603	※ 3.430	—
モルガン・スタンレー	※ 4.705	※ 3.216	—
三菱UFJメリル	※ 4.362	※ 3.266	—
新　光	※ 4.713	※ 3.415	—

〈米国債〉　野　村　※ 4.65

利率3.375%，2009年10月15日償還

（年2回複利，買付単価は1000ドル以上1000ドル単位）

出所：『日本経済新聞』2007年7月15日より作成

「収益率」と「利回り」は同義で用いられ，

収益率＝利子率＋キャピタルゲイン率（キャピタルロス率）

です。

⑵　３つの利回り：債券の応募者利回り，最終利回りおよび所有期間利回り

「利子率＋キャピタルゲイン率（キャピタルロス率）」の意味での利回りには，次の３種類のものがあります。

①　応募者利回り：始めから満期まで

投資家が新規発行のときに買い入れ，途中で売却せずに満期まで保有したときの利回りです。

②　最終利回り：途中から満期まで

投資家が満期を迎えるまでの途中で買い入れ，満期まで保有したときの利回りです。

$$\text{最終利回り}=\frac{\left\{\text{クーポン}+\dfrac{(\text{額面金額}-\text{購入価格})}{\text{残存期間}}\right\}}{\text{購入価格}}$$

で計算されます。ここで，クーポン（利息収入）＝表面利率×額面金額です。

③　所有期間利回り：始め・途中から途中まで

投資家が新規発行あるいは満期を迎えるまでの途中で買い入れ，満期を迎えるまでに売却したときの利回りです。

$$\text{所有期間回り}=\frac{\left\{\text{クーポン}+\dfrac{(\text{売却価格}-\text{購入価格})}{\text{所有期間}}\right\}}{\text{購入価格}}$$

で計算されます。

表44－2　金融政策決定会合（2007年７月12日）

2007年７月12日
日　本　銀　行

当面の金融政策運営について

日本銀行は，本日，政策委員会・金融政策決定会合において，次回金融政策決定会合までの金融市場調整方針を，以下のとおりとすることを決定した（賛成８反対１（注）。）

無担保コールレート（オーバーナイト物）を，0.5％前後で推移するよう促す。

以　上

（注）　賛成：福井委員，武藤委員，岩田委員，須田委員，西村委員，野田委員，中村委員，亀崎委員
反対：水野委員

出所：日本銀行のホームページ

45 債券価格と利回りの関係

(1) 利付債券の価格

債券価格は将来受け取るキャッシュフロー（*CF*：元利金の受け取り）系列の現在割引価値（☞ p. 86）の合計です。額面100万円，残存期間３年，クーポンレート10％の利付国債を取り上げます。クーポン額は100×0.1＝10万円ですので，$CF_1=10$，$CF_2=10$，$CF_3=10+100=110$ であり，割引率（複利最終利回り）を５％とすると，利付債券の価格は，

$$\frac{10}{(1+0.05)}+\frac{10}{(1+0.05)^2}+\frac{(10+100)}{(1+0.05)^3}$$
$$\fallingdotseq 9.524+9.070+8.638+86.38 \fallingdotseq 113.61\text{万円}$$

です。

(2) 債券価格と利回りの関係

額面100円，残存期間４年，クーポン・レート８％の利付国債を取り上げ，複利最終利回りが５％から10％まで１％ずつ変化した場合，それぞれの債券価格は右ページのようになります。例えば，利回りが５％から６％へ上昇すれば，債券価格は 110.638 から 106.930 へ下落します。

【知っておきましょう】 利付債券の単利最終利回りと複利最終利回り

P＝債券の購入価額（現在の債券価格），C＝一定のクーポン額（年１回利払い），F＝償還価額，n＝残存期間とします。

① 単利最終利回り

$$r=\frac{\left[C+\left\{\frac{(F-P)}{n}\right\}\right]}{P}$$

② 複利最終利回り

$$P=\frac{C}{(1+r)}+\frac{C}{(1+r)^2}+\cdots+\frac{(C+F)}{(1+r)^n}$$

を満たす r が「複利最終利回り」です。

表 45－1　債券価格と利回りの関係

利回り（%）	債　券　価　格
5	$\frac{8}{1+0.05}+\frac{8}{(1+0.05)^2}+\frac{8}{(1+0.05)^3}+\frac{8+100}{(1+0.05)^4}\fallingdotseq 110.638$
6	$\frac{8}{1+0.06}+\frac{8}{(1+0.06)^2}+\frac{8}{(1+0.06)^3}+\frac{8+100}{(1+0.06)^4}\fallingdotseq 106.930$
7	$\frac{8}{1+0.07}+\frac{8}{(1+0.07)^2}+\frac{8}{(1+0.07)^3}+\frac{8+100}{(1+0.07)^4}\fallingdotseq 103.387$
8	$\frac{8}{1+0.08}+\frac{8}{(1+0.08)^2}+\frac{8}{(1+0.08)^3}+\frac{8+100}{(1+0.08)^4}\fallingdotseq 100$
9	$\frac{8}{1+0.09}+\frac{8}{(1+0.09)^2}+\frac{8}{(1+0.09)^3}+\frac{8+100}{(1+0.09)^4}\fallingdotseq 96.760$
10	$\frac{8}{1+0.10}+\frac{8}{(1+0.10)^2}+\frac{8}{(1+0.10^3}+\frac{8+100}{(1+0.10)^4}\fallingdotseq 93.660$

↓

利回りが上昇すれば債券価格は下落し，
利回りが下落すれば債券価格は上昇します。

図 45－1　債券価格と利回りの関係

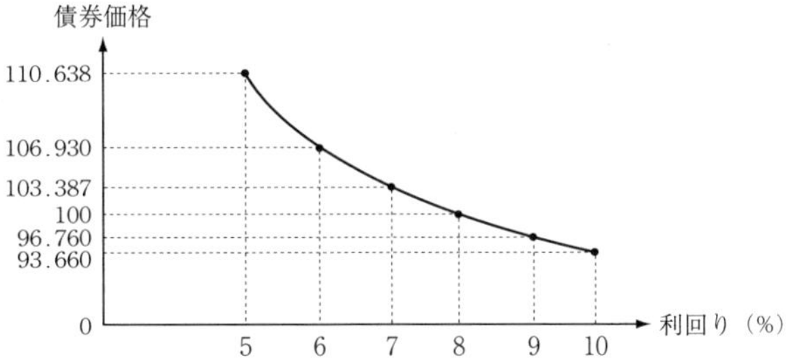

↓

利回りが上昇すればするほど，債券価格の下落する割合は小さくなります。
利回りが下落すればするほど，債券価格の上昇する割合は大きくなります。

つまり，満期までの残存期間，クーポン・レートを一定とすれば，利回りが上昇すれば，債券価格は下落します。逆に，利回りが下落すれば，債券価格は上昇します。そして，利回りが上昇すればするほど，債券価格の下落する割合は小さくなります。逆に，利回りが下落すればするほど，債券価格の上昇する割合は大きくなります。

【知っておきましょう】　永久債券価格と利回りの関係

永久に償還されずに定期的にクーポン（C）の受け取りが続く債券は「永久債券」と呼ばれ，永久債券の複利最終利回りは，

$$P=\frac{C}{(1+r)}+\frac{C}{(1+r)^2}+\cdots=\frac{C}{r}$$

を満たす r です。つまり，$r=\frac{C}{P}$ であり，C は一定ですので，永久債券価格と利回りは反比例関係にあります。

【知っておきましょう】　価格変動性

利回りの変化によって生じる債券価格の変化率は「価格変動性」と呼ばれ，満期までの残存期間，クーポン・レートなどが異なれば異なります。残存期間が長いほど，利回りが低下した場合の債券価格の上昇する割合は，大きくなります。逆に，残存期間が短いほど，利回りが低下した場合の債券価格の上昇する割合は，小さくなります。また，クーポン・レートが高いほど，利回りが低下した場合の債券価格の上昇する割合は，小さくなります。逆に，クーポン・レートが低いほど，利回りが低下した場合の債券価格の上昇する割合は，大きくなります。

図 45 - 2　価格変動性（債券価格と利回りの関係）

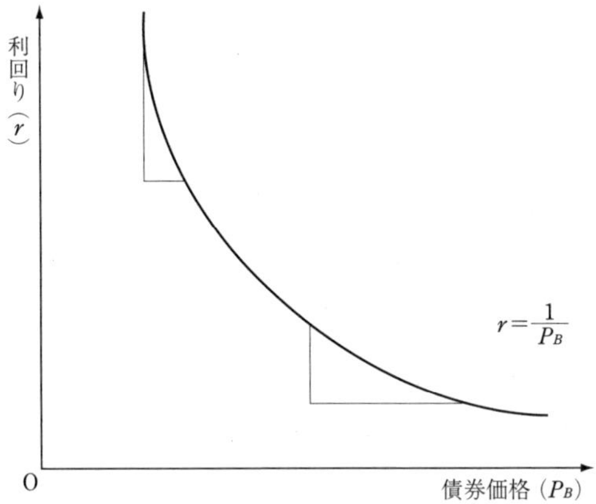

46 金利の期間別構造：短期金利と長期金利

金利と満期までの残存期間に関する理論は「金利の期間構造理論」と呼ばれ，「純粋期待仮説」「流動性プレミアム仮説」「市場分断仮説」の3つがあります。「純粋期待仮説」では，投資家はリターンのみに関心をもつもの（リスク中立）と仮定されています。つまり，投資家の計画期間が2年間であるとすれば，満期の短い国債と満期の長い国債との間の選択は，2年間の元利合計（リターン）のみに依存するものと仮定されています。1投資単位を，1年満期の国債で2年間運用したときの元利合計は，

$$(1+r_s)\times(1+r_s^*)=1+r_s+r_s^*+r_s r_s^*\fallingdotseq 1+r_s+r_s^*$$

です。ここで，$r_s=$ 1年目の金利，$r_s^*=$ 2年目の予想金利です。一方，1投資単位を，2年満期の国債で2年間運用したときの元利合計は，

$$(1+r_L)\times(1+r_L)=(1+r_L)^2=1+2r_L+r_L^2\fallingdotseq 1+2r_L$$

です。ここで，$r_L=$ 2年間の年率の金利です。

投資家は，両元利合計を比べて，満期の短い国債と満期の長い国債との間の選択を行います。満期の短い国債で運用する方が有利であれば，投資家は長期債で調達し，短期債で運用します。それは短期金利を下げ，長期金利を上げます。逆に，満期の長い国債で運用する方が有利であれば，投資家は短期債で調達し，長期債で運用します。それは短期金利を上げ，長期金利を下げます。結果として生じる金利裁定均衡では，満期の短い国債と満期の長い国債との間の選択は無差別，つまりどちらで運用しても元利合計は同じになり，

$$(1+r_s)\times(1+r_s^*)=(1+r_L)\times(1+r_L)$$

つまり，

$$1+r_s+r_s^*=1+2r_L$$

が成立します。かくて，長短金利の関係として，

$$r_L=\frac{(r_s+r_s^*)}{2}$$

が成立します。つまり，長期金利は，現在の短期金利と将来の予想短期金利の

平均値（厳密には，単純平均ではなく，幾何平均）です。2年間だけを考え，2年ものを長期金利，1年ものを短期金利と呼べば，

$$長期金利＝\frac{（現在の短期金利＋将来の短期金利）}{2}$$

です。かくて，「イールド・カーブ」の形状（長期金利と現在の短期金利の関係）は将来の短期金利に依存しています。長期金利と短期金利との間に乖離を生じさせるのは，将来の短期金利の推移です。

図46－1　イールド・カーブの形状

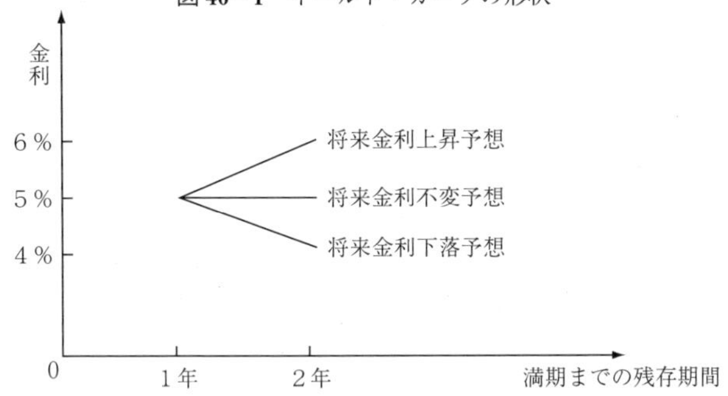

図46－2　イールド・カーブの変化

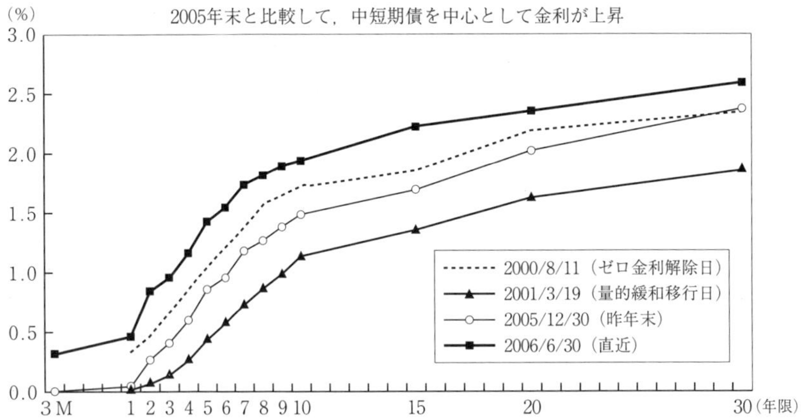

出所：内閣府『平成18年版経済財政白書』より作成

第9章　貨幣の需要と供給

J. R. ヒックス『貨幣理論』は，「『貨幣とは何か』と問われた学生は今日においてもなおありきたりの答を述べる他に選択の余地を持たない。貨幣はその機能によって定義される。すなわち貨幣として使われるものは何であれ貨幣である。換言すれば，『貨幣とは貨幣が行なうことである』」（訳書 p. 1）と述べています。貨幣の機能には以下の3つのものがあり，ヒックスは，3つの機能をすべて保有している貨幣を「完全に発展した貨幣」，3つの機能のうち1つ（あるいは2つ）を保有しているがそのすべては保有していない貨幣を「部分貨幣」とそれぞれ呼んでいます。

①　一般的価値尺度（numéraire：ニュメレール）

財の交換取引には，交換比率（相対価格体系）の情報が必要です。n 種類の財からなる物々交換経済の世界では，$\left(\frac{1}{2}\right)n(n-1)$ 個の交換比率の情報が必要になります。これは n が大きくなると天文学的な数になります。「一般的価値尺度」としての貨幣は，財の価値を単一の指標で表し，簡潔に相互に比較可能にします。貨幣を導入すると，$(n-1)$ 個の交換比率だけで整合的な交換が行われるようになります。

②　一般的決済手段

「一般的決済手段」（一般的交換手段と一般的支払手段）としての貨幣の導入は，「欲望の二重の一致」の困難を克服します。貨幣は，取引の媒体となることによって，交換の成立に大きな役割を果たします。一般的「交換」手段（monnaie）は現在の同一時点，同一場所での交換取引のために，一般的「支払」手段は将来時点での債権・債務の清算のために使用されます。

③　一般的価値貯蔵手段

「一般的価値貯蔵手段」は，時間にわたって価値を貯蔵するために使用されます。貨幣が価値貯蔵手段となるのは，貨幣が決済手段として，いつでも，どこでも受容されるからです。「一般的価値保蔵手段」とも呼ばれていますが，「保蔵」は hoarding（遊休貨幣の保有）の訳語であり，store of value は価値の「貯蔵」と訳されるべきでしょう。

図9章－1　マネタリーベースとマネーサプライ

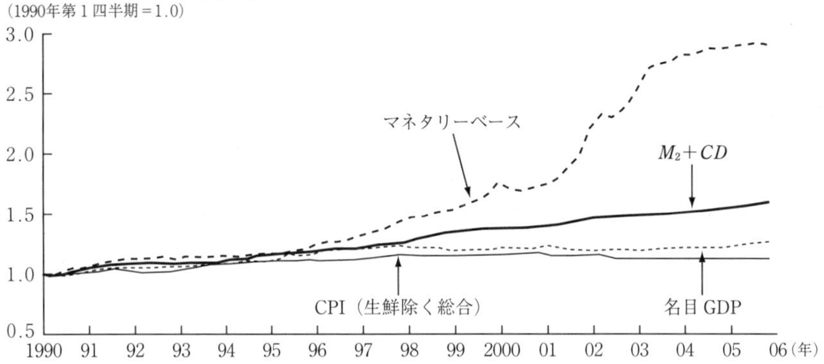

出所：内閣府『平成18年版経済財政白書』より作成

図9章－2　硬貨の流通枚数

(カッコ内は前年同月比)

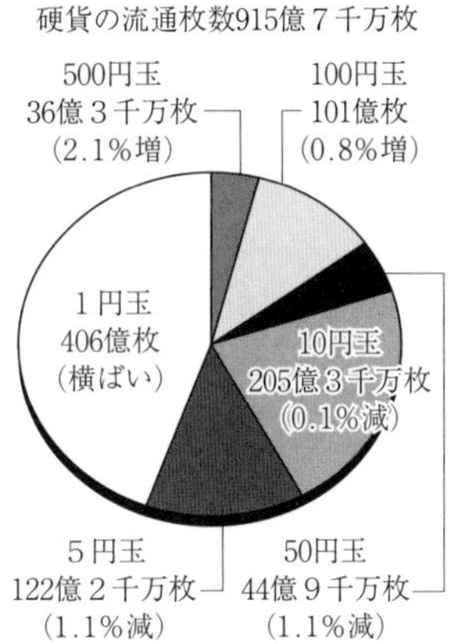

出所：『日本経済新聞』2005年9月5日より作成

図9章－3　硬貨の流通枚数の増減率(前年同月比)

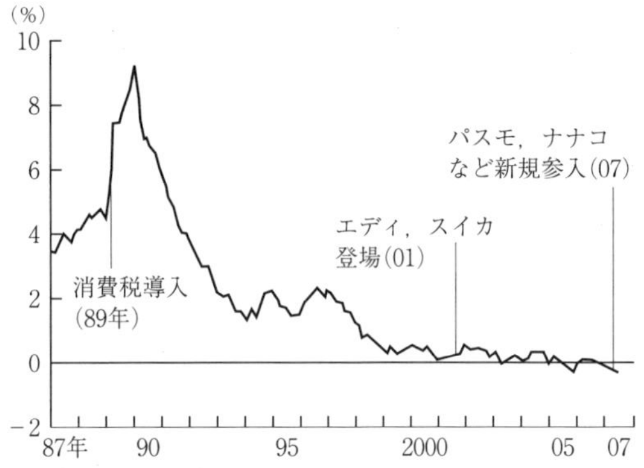

出所：『日本経済新聞』2007年7月18日より作成

47 こんな新聞記事が出ていました：通貨供給量

「通貨供給量1.8％増　6月　個人預金の増加反映」という見出しのもとで，「日銀が9日発表した6月の通貨供給量（マネーサプライ）は，代表的な指標である M_2+CD（現金，要求払い預金，譲渡性預金など）が前年同月比1.8％増の725兆2,000億円となった。伸び率は前月から0.3ポイント上昇し，2006年2月以来の高い水準となった。個人の預金量が増加している最近の傾向を反映しているとみられる。」「内訳をみると，定期預金などを含む『準通貨』が4.1％増で，引き続き高い伸び率となった。金融市場での利上げ観測などで，定期預金金利が上がっており，資金が集まっているようだ。一方，普通預金を含む『預金通貨』は0.6％減だったが，減少額はやや縮小してきた。このほか，6月は譲渡性預金が5.5％増となったことが目立った。国債や投資信託などを含む『広義流動性』は3.6％増だった。このうち，投資信託は32.1％増となり，比較可能な1997年以降で最高の伸び率となった。」（『日本経済新聞』2007年7月9日）という新聞記事がありました。

学習は疑問から始まります。上記の新聞記事から3つの疑問が出てきます。

① 記事中に「通貨供給量（マネーサプライ）」とあるが，誰が通貨を供給しているのでしょうか。供給された通貨はすべて通貨供給量（マネーサプライ）とみなされるのでしょうか。通貨需要量はどのように測られているのでしょうか。

② 記事中に「代表的な指標である M_2+CD（現金，要求払い預金，譲渡性預金など）」とあるが，通貨供給量（マネーサプライ）にはどのような種類があるのでしょうか。なぜ M_2+CD が代表的な指標なのでしょうか。

③「広義流動性」は通貨供給量（マネーサプライ）なのでしょうか。「広義流動性」と M_2+CD はどのような関係にあるのでしょうか。

表47－1　マネーサプライ（2007年6月）

（特に断りのない限り平残前年比伸び率，単位：%）

年・期・月	M_2+CD	同季調済前期(月)比年率	同季調済3カ月前比年率	M_1	現金通貨	預金通貨	準通貨	CD	広義流動性	同季調済前期(月)比年率	同季調済3カ月前比年率
2005年	1.8	—	—	4.7	2.6	5.2	−1.5	3.1	2.9	—	—
2006	1.1	—	—	3.1	1.9	3.4	−1.2	r −1.3	2.4	—	—
2006/ 1- 3月	1.7	0.6	—	5.3	2.9	5.8	−2.7	r 2.6	1.6	1.6	—
4- 6	1.4	0.5	—	4.5	1.9	5.1	−2.2	r −1.1	r 2.6	4.3	—
7- 9	0.5	−0.4	—	2.3	1.5	2.5	−1.0	r −9.0	2.4	2.1	—
10-12	0.7	2.0	—	0.3	1.2	0.1	1.0	r 2.8	3.0	3.8	—
2007/ 1- 3	1.0	2.0	—	−0.1	1.3	−0.4	2.4	r 2.5	3.5	4.0	—
4- 6	1.5	2.3	—	−0.5	1.5	−0.9	4.0	1.7	3.4	3.6	—
2006/ 5月	1.3	−2.2	0.1	4.4	2.0	4.9	−2.3	r −1.2	2.9	6.5	4.8
6	1.2	r 0.7	0.3	4.0	1.9	4.5	−1.8	r −5.1	2.7	0.9	4.8
7	0.5	−3.3	−1.6	3.2	r 1.4	3.6	−1.8	r−11.2	2.3	−0.4	2.3
8	0.4	2.0	−0.2	2.4	1.7	2.5	−1.0	r−11.0	2.5	4.6	1.7
9	0.6	3.4	0.6	1.5	1.5	1.5	−0.1	r −4.7	2.5	r 2.6	2.3
10	0.6	1.3	2.2	0.7	1.4	0.6	0.4	r 1.7	2.7	r 3.6	3.6
11	0.7	2.1	r 2.2	0.4	1.3	0.2	0.9	r 2.9	3.1	5.4	3.9
12	r 0.7	0.9	1.4	−0.1	r 1.0	−0.4	1.6	r 3.7	3.1	2.4	3.8
2006/ 1	r 0.9	3.3	2.1	−0.1	1.1	−0.4	2.2	r 2.6	r 3.3	4.7	4.2
2	r 1.0	1.9	2.0	0.0	1.4	−0.3	2.3	r 1.9	r 3.5	4.3	3.8
3	1.1	r 0.6	r 1.9	−0.3	1.4	−0.6	2.7	r 2.9	3.7	r 2.8	4.0
4	1.1	2.4	1.6	−0.8	1.5	−1.3	3.7	r −0.3	r 3.4	r 3.3	r 3.5
5	r 1.5	r 2.5	r 1.8	−0.5	1.3	−0.9	r 4.2	r −0.1	3.1	r 3.0	r 3.0
6	1.8	5.0	3.3	−0.2	1.8	−0.6	4.1	5.5	3.6	6.9	4.4

（注）ｒはリヴァイズ。

出所：日本銀行のホームページ

48 貨幣需要は何に依存しているのか：短期日本経済マクロ計量モデル

貨幣市場においては，日本銀行のコントロール下にあるマネーサプライと，取引動機，予備的動機，投機的動機を有する個人・企業等の貨幣需要が，概念的には均衡しています。「短期日本経済マクロ計量モデル」では，名目 GDP および民間純資産と貨幣需要の間に中長期的な関係があると考え，短期的な撹乱要因として，名目 GDP および民間純資産の変化と短期利子率を考慮しています。貨幣需要（M_2+CD）は，主に次の要因に依存しています（計測期間：1985.1～1997.1）。

①　名目 GDP

前期の「名目 GDP ÷マネーサプライ残高」が上昇したとき，貨幣需要は増大します。名目 GDP は取引量の代理変数です。

②　家計保有の純資産

前期の「家計保有の純資産÷マネーサプライ残高」が上昇したとき，貨幣需要は増大します。家計保有の純資産は取引量の代理変数です。

③　名目 GDP の変化

現在及び過去（１～３期前）の名目 GDP が上昇したとき，貨幣需要は増大します。名目 GDP の変化は短期的な撹乱要因です。現在の係数が最大です。

④　家計保有の純資産の変化

現在及び過去（１～３期前）の家計保有の純資産が上昇したとき，貨幣需要は増大します。家計保有の純資産の変化は，短期的な撹乱要因です。現在の係数が最大です。

⑤　短期金利（３カ月物 CD レート）

現在及び過去（１～４期前）の３カ月物 CD レートが上昇したとき，貨幣需要は減少します。３カ月物 CD レートは短期金利の代表指標で，貨幣保有の機会費用です。短期金利（３カ月物 CD レート）は短期的な撹乱要因です。現在の係数の絶対値が最大です。

図 48－1　貨幣需要（M_2+CD）

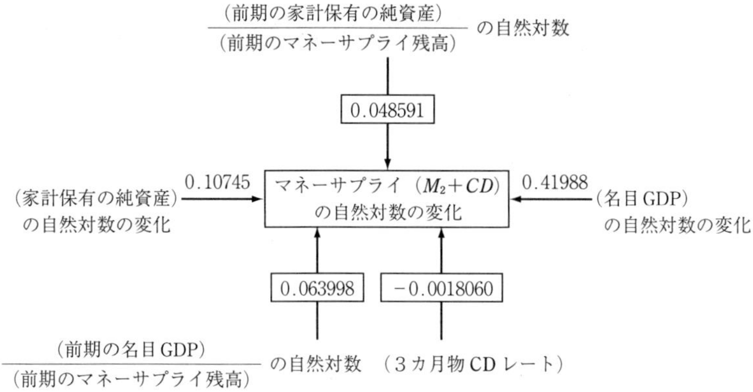
(前期の家計保有の純資産)
(前期のマネーサプライ残高)
の自然対数
0.048591
(家計保有の純資産)
の自然対数の変化
0.10745
マネーサプライ（M2+CD）
の自然対数の変化
0.41988
(名目 GDP)
の自然対数の変化
0.063998
−0.0018060
(前期の名目 GDP)
(前期のマネーサプライ残高)
の自然対数
（3カ月物 CD レート）

49 貨幣の３つの保有動機：取引動機，予備的動機および投機的動機

貨幣はその機能（一般的価値尺度，一般的交換・支払手段，価値貯蔵手段）のゆえに需要されます。『一般理論』は貨幣保有動機として，取引動機，予備的動機および投機的動機の３つを挙げ，とくに投機的動機を重視しています。

①　取引動機

取引動機と予備的動機はともに，財貨・サービス等の購入に備えて貨幣を保有する動機です。しかし，取引動機は，財貨・サービス等の規則的な購入のために貨幣を保有する動機です。収入と支出のタイミングが完全に一致しているならば，取引動機にもとづく貨幣残高の保有はゼロであってもよいが，収入・支出間に時間的ズレがあれば，取引動機にもとづく貨幣残高が保有されます。

②　予備的動機

財貨・サービス等の予見されない不規則な購入のために保有する動機です。

③　投機的動機

投機的動機は，「投機的」という名称のイメージとは逆に，危険資産（コンソル債券，つまり１枚につき毎年１円の確定利子を得ることができる確定利付永久債券）ではなく，安全資産としての貨幣を保有する動機です。

ここで，例証のために，各経済主体は，コンソル債券の将来価格もしくは将来利子率の予想以外はすべて同質であると仮定します。現行利子率は３％であるが，将来利子率が１％に下落すると予想する人が全体の$\frac{1}{3}$，３％のままで不変であると予想する人が全体の$\frac{1}{3}$，将来利子率が５％に上昇すると予想する人が全体の$\frac{1}{3}$いると仮定します。そして，

現行利子率	将　来　利　子　率
３％	５％（利子率の上昇予想・債券価格の下落予想）
３％	３％（利子率の不変予想・債券価格の不変予想）
３％	１％（利子率の下落予想・債券価格の上昇予想）

のとき，将来予想利子率を不変として，現行利子率が２％に下落すると，

現行利子率	将　来　利　子　率
２％	５％（利子率の上昇予想・債券価格の下落予想）
２％	３％（利子率の上昇予想・債券価格の下落予想）
２％	１％（利子率の下落予想・債券価格の上昇予想）

になります。現行利子率の低下（３％→２％）によって，将来利子率の上昇予想・債券価格の下落予想をする人が，経済全体で$\frac{1}{3}$から$\frac{2}{3}$に増えています。つまり，貨幣を選好する人が$\frac{1}{3}$から$\frac{2}{3}$に増えています。

かくて，現行利子率の低下は，経済全体の投機的貨幣需要を高めます。投機的動機にもとづく貨幣需要は利子率の減少関数であり，利子率が低ければ低いほど，貨幣需要の利子率に対する感応度は高くなります。というのは，将来の利子率上昇の幅が同じであれば，現行利子率が低ければ低いほど，より大きな債券価格下落（キャピタル・ロス）を生むので，貨幣の投機的需要（弱気）はより大きくなるからです。投機的貨幣需要の利子率弾力性が無限大となる状態（貨幣需要曲線の水平化）は「流動性のワナ」と呼ばれています。

図 49－1　投機的貨幣需要関数

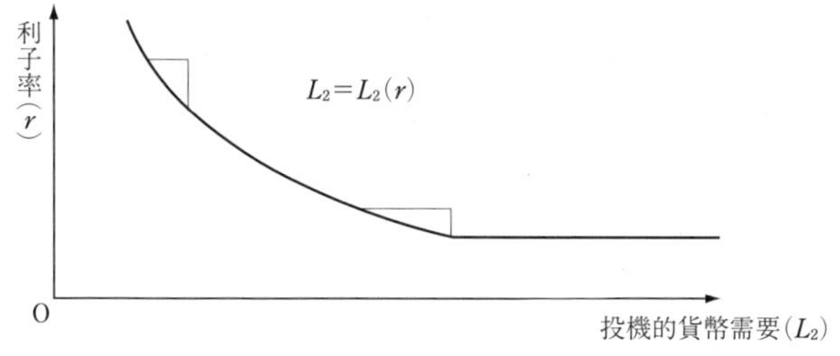

【知っておきましょう】『貨幣論』の「産業的流通」と「金融的流通」

J. M. ケインズ『貨幣論』は，財貨・サービスとの取引と，資産（実物資産，金融資産）との取引を区別し，財貨・サービスとの交換取引のための貨幣需要を「産業的流通」，資産との交換取引のための貨幣需要を「金融的流通」とそれぞれ呼んでいます。古典派経済学の貨幣数量説は，産業的流通のみを取り上げています。

50 貨幣需要関数：古典派 vs. ケインズ

「*IS*-*LM* モデル」（☞ p. 182）では，*IS* 方程式，*LM* 方程式の 2 本の方程式から GDP，金利の均衡水準を求めることができます。しかし，古典派経済学の核となる議論は，*IS* 方程式で利子率，*LM* 方程式で名目 GDP（一般物価水準）がそれぞれ決定されるというものです。前者は「利子率決定の貯蓄・投資説」，後者は「貨幣数量説」とそれぞれ呼ばれています。逆に，ケインズ経済学の核となる議論は，*IS* 方程式で GDP，*LM* 方程式で利子率がそれぞれ決定されるというものです。前者は「45度線モデル」（☞ p. 168），後者は「流動性選好説」とそれぞれ呼ばれています。

(1)　古典派経済学の貨幣需要関数：貨幣数量説

貨幣数量説は「数量方程式」として定式化され，その定式化には次の 2 種類があります。

【知っておきましょう】　ケインズ『一般理論』における利子率決定

『一般理論』は貨幣需要を流動性選好（***L***：保蔵性向）と呼び，「公開市場操作は貨幣量を変化させるばかりでなく，中央銀行または政府の将来の政策に関する期待の変化を引き起こすこともある」（**p. 195**）と述べ，利子率は，次の **2** つの経路で貨幣供給量（金融当局）の影響を受けます。

①　貨幣供給量→投機的動機に基づく貨幣需要を満たすために利用可能な貨幣量 $[M-L_1(Y)]$→利子率（r）

②　貨幣供給量→期待 $[L_2(r)]$→利子率（r）

②について，『一般理論』は「世論に対して試験的な性質のものであろうか，容易に変更される可能性をもつとかという感じを与える貨幣政策は，長期利子率を大幅に引き下げる目的に失敗するであろう。（中略）他方，同じ政策でも，もしそれが合理的であり，実行可能であり，公共の利益にかない，強い確信に根ざし，つぶれそうにない当局によって推進されるという理由で世論に訴えるなら，おそらく容易に成功するであろう。」（**p. 201**）と述べています。これは期間をあらかじめ指定した政策コミットメントであり，今日では「時間軸政策」と呼ばれています。

①　フィッシャー数量方程式（交換方程式）

M＝貨幣供給量，V＝貨幣の取引流通速度，V'＝貨幣の所得流通速度，P＝一般物価水準，T＝一定期間に行われるすべての取引（最終財，中間財，既存資産などの取引）の量，y_f＝一定期間の完全雇用実質 GDP とすれば，

$$MV=PT \qquad \text{（貨幣のフロー量＝名目取引額）}$$

$$MV'=Py_f \qquad \text{（貨幣のフロー量＝名目所得額）}$$

は，それぞれ「取引型フィッシャー数量方程式」「所得型フィッシャー数量方程式」と呼ばれています。「フィッシャー数量方程式」における貨幣需要は，

$$M^D=\left(\frac{1}{V}\right)PT$$

$$M^D=\left(\frac{1}{V'}\right)Py_f$$

です。

②　ケンブリッジ数量方程式

M＝貨幣供給量，k＝マーシャルの k，P＝一般物価水準，y_f＝完全雇用実質 GDP とすれば，

$$M=kPy_f \qquad \text{（貨幣ストックの名目供給量＝貨幣ストックの名目需要量）}$$

は，「ケンブリッジ数量方程式（現金残高型数量方程式）」と呼ばれています。「ケンブリッジ数量方程式」における貨幣需要は，

$$M^D=kPy_f$$

です。

$k=\dfrac{1}{V}$ として，代数的には，フィッシャー方程式はケンブリッジ方程式に変換できますが，両方程式の思考過程はまったく異なっています。つまり，フィッシャー数量方程式は，与えられた期間を通じて使用される貨幣のフローの視点からの数量方程式であり，ケンブリッジ数量方程式は，与えられた時点に存在している貨幣のストックの視点からの数量方程式です。

(2)　ケインズ経済学の貨幣需要関数：流動性選好説

ケインズ経済学の貨幣市場は次のように定式化されます。

$M^S = M^D$　（貨幣市場の需給均衡式）

$M^S = M_0^S$　（一定の貨幣供給）

$M^D = L_1(Y) + L_2(r)$　（貨幣需要関数）

$L_1 = L_1(Y) = kY$　（取引動機・予備的動機にもとづく貨幣需要）

$L_2 = L_2(r) = M_0^D - ur$　（投機的動機にもとづく貨幣需要）

ケインズ経済学の貨幣需要関数は，

$$M^D = L_1(Y) + L_2(r)$$

であり，「流動性選好説」は，

$$M_0^S - L_1(Y) = L_2(r)$$

による利子率の決定理論です。

図 50－1　貨幣の所得流通速度

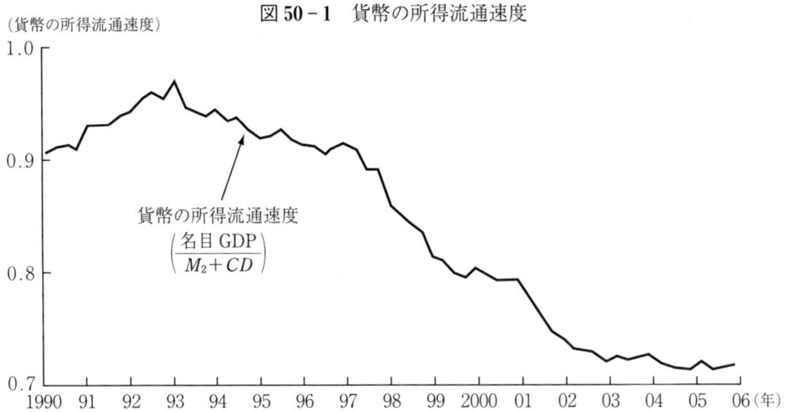

出所：内閣府『平成18年版経済財政白書』より作成

図 50－2　ケインズ経済学の流動性選好説

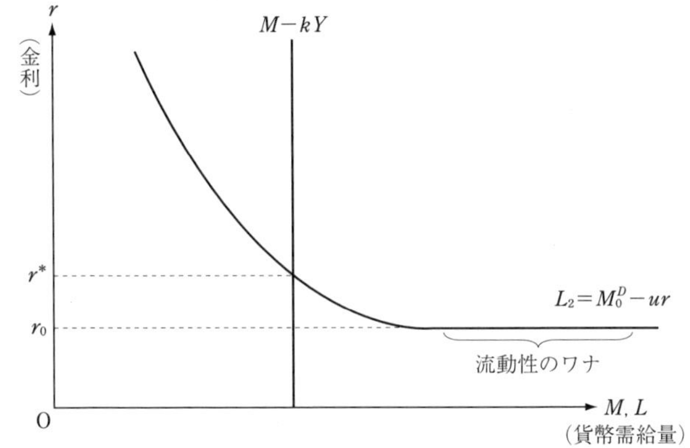

51 マネタリーベースとマネーサプライ：貨幣乗数

「マネタリーベース」が日本銀行が供給するお金であるのに対し，「マネーサプライ」は金融部門全体（日本銀行，民間金融機関，ゆうちょ銀行）が供給するお金です。マネーサプライは国民経済で流通している貨幣（money in circulation or currency：流通貨幣，つまり通貨）の総量です。

(1) マネタリーベース

マネタリーベース＝日銀預け金＋民間銀行の手元現金準備＋現金通貨
＝民間銀行の支払準備＋現金通貨
＝日銀預け金＋銀行券＋貨幣(鋳貨)
＝日銀当座預金＋日銀券＋貨幣流通高

と定義されています。マネタリーベースは「ハイパワードマネー」あるいは「ベースマネー」とも呼ばれています。

(2) マネーサプライ（通貨残高）

「マネーサプライ」は通貨保有主体（一般法人，個人，地方公共団体等）が保有する通貨量の残高です。銀行・信用金庫等のほか，信託（投信を含む），保険会社，政府関係金融機関などは通貨保有主体から除かれる一方，証券会社，証券金融会社，短資会社などは一般法人として通貨保有主体に含められています。

マネーサプライには，対象とするマネーの範囲（例えば直ちに決済に充当できる現金や流動性預金のみを対象とするのか，定期預金等を含むのか）や金融機関など通貨発行主体の相違（例えば，信用組合・農漁協の預貯金を含むのか否か）等により複数の「マネーサプライ」指標が存在しており，指標ごとに対象マネーや対象機関が異なっています。Mの下添字の数字で，複数のマネーサプライ指標を定義し，この数字が大きくなればなるほど，マネーの対象範囲は広がり，より使い勝手の悪い（流動性が低い）マネーを含むようになります。つまり，

M_1＝現金通貨＋預金通貨(流動性預金)

$$M_2+CD=M_1+\text{準通貨(定期性預金)}+\text{譲渡性預金}(CD)$$

です。わが国のマネーサプライの中心指標は，M_2+CD（エムツープラス CD）です。

表 51－1　マネーサプライの定義

各指標の定義と対象金融商品			通貨発行主体
広義流動性／M_3+CD／M_2+CD／M_1	現金通貨	銀行券発行高＋貨幣流通高	日銀*
広義流動性／M_3+CD／M_2+CD／M_1	預金通貨	要求払預金（当座，普通，貯蓄，通知，別段，納税準備）一対象金融機関保有小切手・手形	国内銀行，在日外銀，信金，しんきん中金，農中，商中
広義流動性／M_3+CD／M_2+CD	準通貨	定期預金，据置貯金，定期積金，非居住者円預金，外貨預金	同上
広義流動性／M_3+CD／M_2+CD	C D	CD（譲渡性預金）	同上
広義流動性／M_3+CD	郵便貯金	通常，積立，住宅積立，教育積立，定額，定期，郵便振替	日本郵政公社
広義流動性／M_3+CD	その他金融機関預貯金	要求払預貯金（当座，普通，貯蓄，通知，別段，納税準備）一対象金融機関保有小切手・手形，定期預貯金，定期積金，非居住者円預金，外貨預金，CD（譲渡性預金）	信用組合，全信組連，労働金庫，労金連，農協，信農連，漁協，信漁連
広義流動性／M_3+CD	金銭信託	金銭信託（投資信託，年金信託等を除く）	国内銀行の信託勘定
広義流動性	金銭信託以外の金銭の信託	金銭信託以外の金銭の信託	同上
広義流動性	投資信託	公社債投信，株式投信	同上
広義流動性	金融債	金融債	金融債発行金融機関（長信銀，農中等）
広義流動性	金融機関発行 CP	金融機関発行 CP（短期社債を含む）	金融機関（国内銀行，農中，商中，保険会社等）
広義流動性	債券現先・現金担保付債券貸借	債券現先（買現先） 現金担保付債券貸借（現金担保放出）	資金調達主体
広義流動性	国債・FB	国債（TB，財融債を含む），FB	中央政府
広義流動性	外債	非居住者発行債（円建て，外貨建て）	外債発行機関
参考計画	年金信託	年金信託	国内銀行の信託勘定
参考計画	外貨（ドルベース）	非居住者発行債（円建て，外貨建て）をドル換算	外債発行機関

（注）いずれも非金融法人，個人，地方公共団体等の保有分。
　＊貨幣は，厳密には中央政府が発行しているが，マネーサプライ統計上は日銀の発行として分類。

(3)　マネタリーベースとマネーサプライの関係：貨幣乗数

マネーサプライとして M_1 を取り上げ，マネタリーベースとマネーサプライの関係を説明しましょう。M＝マネーサプライ＝現金通貨 (C_p) ＋預金通貨 (D)，H＝マネタリーベース＝現金通貨 (C_p) ＋支払準備 (C_b)，$\alpha=\left(\frac{C_p}{D}\right)$＝通貨保有者の現金・預金比率，$\beta=\left(\frac{C_b}{D}\right)$＝民間銀行の支払準備・預金比率とすると，

$$M=C_p+D \qquad \text{（マネーサプライの定義）}$$

$$H=C_p+C_b \qquad \text{（マネタリーベースの定義）}$$

ですので，

$$\frac{M}{H}=\frac{(C_p+D)}{(C_p+C_b)}$$

です。右辺の分母分子を D で割ると，

$$\frac{M}{H}=\frac{\left\{\left(\frac{C_p}{D}\right)+\left(\frac{D}{D}\right)\right\}}{\left\{\left(\frac{C_p}{D}\right)+\left\{\left(\frac{C_b}{D}\right)\right\}\right.}=\frac{(\alpha+1)}{(\alpha+\beta)}=m=\text{貨幣乗数} \qquad \text{（あるいは信用乗数）}$$

あるいは

$$M=\left\{\frac{(\alpha+1)}{(\alpha+\beta)}\right\}\cdot H=m\cdot H$$

を得ることができます。かくて，マネーサプライは，日本銀行の金融政策 (H)，通貨保有者の現金通貨・預金通貨比率 $\left(\alpha : \frac{C_p}{D}\right)$，民間銀行の行動 $\left(\beta : \frac{C_b}{D}\right)$ の3つの要因によって決定されます。α, β が変化するにしても，変化が予測可能であれば，日本銀行はマネタリーベース (H) をコントロールすることにより，マネーサプライ (M) をコントロールできます。

図 51－1　マネタリーベースとマネーサプライ

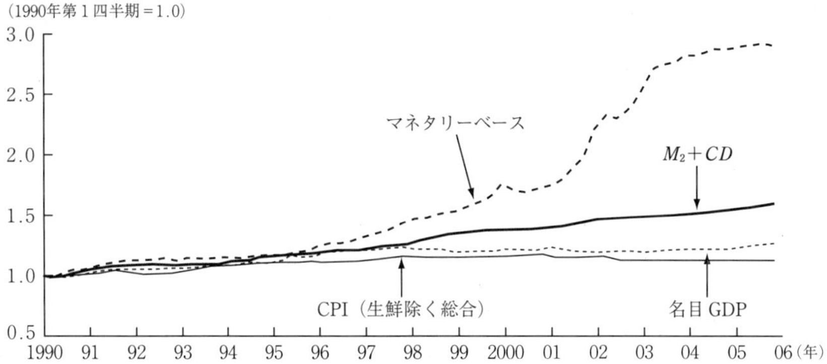

出所：内閣府『平成18年版経済財政白書』より作成

52 貨幣供給のコントロール：日本銀行の３つの機能

日本銀行（Bank of Japan：BOJ）と財務省（Ministry of Finance：MOF）はともに「金融当局」と呼ばれていますが，財務省は，金融・資本市場の外から「金融規制」を行い，日本銀行は，金融・資本市場の中で「金融調節」を行いながら，金融政策を遂行しているという違いがあります。

日本銀行には，「発券銀行」「金融機関の銀行」「政府と民間をつなぐ銀行」の３つの機能があります。

① 発券銀行

日本銀行は「日本銀行券」を発行しています。お札には日本銀行券と印刷されています。日本銀行は，銀行券の発行高に対して同額の保証を保有する必要があります。保証物件としては，商業手形などの手形，貸付金，国債その他の債券，外国為替，地金銀などが認められています。

② 金融機関の銀行

日本銀行は金融機関とだけ取引を行っています。個人が日本銀行に行っても預金の受け入れも，貸出も行ってくれません。

③ 政府と民間をつなぐ銀行

日本銀行は，政府の銀行として国庫金の出納事務を取り扱い，国庫金の収支は，すべて日本銀行にある政府当座預金の受払として整理されています。つまり，日本銀行は政府の金庫番です。また，日本銀行は，政府短期証券の引受けという形で，政府に対する短期の信用供与を行っています。

表52－1　日本銀行の貸借対照表（平成19年３月31日現在）

（単位：円）

科目	金額	科目	金額
（資産の部）		（負債の部）	
金地金	441,253,409,037	発行銀行券	75,894,119,944,509
現金	199,839,993,801	預金	11,709,500,403,808
買現先勘定	4,506,248,595,830	当座預金	11,675,856,326,205
国債	76,445,744,145,213	その他預金	33,644,077,603
金銭の信託（信託財産株式）	1,783,331,178,571	政府預金	5,531,052,493,338
貸出金	23,187,700,000,000	当座預金	149,999,243,955
電子貸付	23,187,700,000,000	国内指定預金	5,124,329,394,006
外国為替	5,419,430,592,631	その他政府預金	256,723,855,377
外貨預け金	10,888,147,634	売現先勘定	12,879,647,538,602
外貨債券	5,219,134,854,578	その他負債	177,748,208,973
外貨投資信託	40,845,892,975	未払送金為替	8,341,922,433
外貨金銭の信託	148,561,697,444	未経過割引料利息その他	114,324,651
代理店勘定	41,017,172,912	未払法人税等	77,120,000,000
その他資産	493,719,064,254	その他の負債	92,171,961,889
取立未済切手手形	5,181,512,030	退職給付引当金	186,507,021,868
預貯金保険機構出資金	225,000,000	債券取引損失引当金	2,243,348,993,013
国際金融機関出資	15,278,374,364	外国為替等取引損失引当金	794,500,000,000
預金保険機構住専勘定拠出金	100,000,000,000	負債の部合計	109,416,424,604,111
新金融安定化基金拠出金	20,000,000,000	（資本の部）	
政府勘定保管金	51,549,934,762	資本金	100,000,000
未収利息	167,787,768,942	法定準備金	2,543,886,169,515
その他の資産	133,696,474,156	特別準備金	13,196,452
有形固定資産	222,416,944,787	当期剰余金	780,523,544,523
建物	120,039,819,128	資本の部合計	3,324,522,910,490
土地	82,904,901,196		
建設仮勘定	2,461,909,919		
その他の有形固定資産	17,010,314,544		
無形固定資産	246,417,565		
権利金	246,417,565		
資産の部合計	112,740,947,514,601	負債および資本の部合計	112,740,947,514,601

53 貨幣供給のコントロール：３つの金融政策手段

日本銀行は，単なる銀行ではなく「中央銀行」と呼ばれ，日本銀行の日常業務は，単なる営業活動ではなく「金融調節」・「金融政策」と呼ばれています。「改正日本銀行法」（1997年６月公布）の第１条には，「日本銀行は，我が国の中央銀行として，銀行券を発行するとともに，通貨及び金融の調節を行うことを目的とする」（第１項），「日本銀行は，前項に規定するもののほか，銀行その他の金融機関の間で行われる資金決済の円滑の確保を図り，もって信用秩序の維持に資することを目的とする」（第２項）と書かれ，同法第２条には，「日本銀行は，通貨及び金融の調節を行うに当たっては，物価の安定を図ることを通じて国民経済の健全な発展に資することをもって，その理念とする」と書かれてあります。ですから，「改正日本銀行法」上は，日本銀行の最終目標は，「物価の安定」と「信用秩序の維持」の２つということになります。

日本銀行は，「通貨及び金融の調節」にかかわる，次の３つの金融政策手段をもっています。

(1) 貸出政策

①　基準割引率および基準貸付利率：従来の「公定歩合」

日本銀行が金融機関に直接貸し出すときの基準金利は「基準割引率および基準貸付利率」と呼ばれ，これらはかつて「公定歩合」（俗称）と呼ばれていました。規制金利時代には，預金金利等の各種の金利が公定歩合に直接的に連動していたので，「公定歩合」は金融政策の基本的なスタンスを示す代表的な政策金利でした。しかし，1994年に金利自由化が完了すると，預金金利等の各種

【知っておきましょう】　利子率の平準化理論：貨幣供給量の内生化

中央銀行は歴史的には経済の資金需要の変動に応じて内生的に貨幣を供給することによって，利子率の変動を安定化させてきたと言われています。貨幣供給量を内生化することによって，利子率の変動を安定化させることは「利子率の平準化理論」と呼ばれています。

表53－1　金融政策決定会合（2007年７月12日）

2007年７月12日
日　本　銀　行

当面の金融政策運営について

日本銀行は，本日，政策委員会・金融政策決定会合において，次回金融政策決定会合までの金融市場調整方針を，以下のとおりとすることを決定した（賛成８反対１(注)。）

無担保コールレート（オーバーナイト物）を，0.5％前後で推移するよう促す。

以　上

(注)　賛成：福井委員，武藤委員，岩田委員，須田委員，西村委員，野田委員，中村委員，亀崎委員
反対：水野委員

出所：日本銀行のホームページ

の金利と公定歩合との直接的な連動性はなくなり，各種の金利は金融市場における裁定行動によって決定されるようになりました。「公定歩合」は2001年2月に導入（3月開始）された「補完貸付制度（ロンバート型貸出制度）」の適用金利として，日本銀行の金融市場調節における操作目標である無担保コールレート（オーバーナイト物）の上限を画する役割を担っています。日本銀行の現在の政策金利は「無担保コールレート（オーバーナイト物）」であり，「公定歩合」には政策金利の意味合いはありません。2006年9月以降，日本銀行は，かつて政策金利としての意味合いの強かった「公定歩合」という用語にかえて，「基準割引率および基準貸付利率」を用いています。「基準割引率および基準貸付利率」は無担保コールレート（オーバーナイト物）の上限を画することによって短期金融市場金利を安定化させています。

② 補完貸付制度（ロンバート型貸出制度）

「補完貸付制度（いわゆるロンバート型貸出制度）」はオペレーションによる金融調節の枠組みを補完するものとして位置付けられています。2001年3月16日に開始された「補完貸付制度」においては，予め明確に定められた条件を満たす限り，金融機関が希望するときに，担保の範囲内で希望する金額を日本銀行から「基準割引率および基準貸付利率（従来の『公定歩合』）」で借り入れることができます。これまでの日本銀行貸出（いわゆる調節貸出）は，日本銀行が公定歩合を支払う用意がある借入需要に対して受動的に全額貸し応ずるのではなく，その内容により実行のタイミング，貸出金額を決定していましたが，補完貸付制度では，金融機関は担保さえあれば，「基準割引率および基準貸付利率」で借り入れる権利をもつことになり，日銀は完全に受動的です。

(2) 債券・手形の売買操作（オペレーション：売りオペ・買いオペ）

日本銀行は，金融機関（銀行，証券会社，短資会社など）との間で短期国債・利付国債・CP・手形などの売買（オペレーション）を必要に応じて行っています。オペレーションには，日本銀行が金融市場に資金を供給するためのオペレーション（買いオペ）と，金融市場から資金を吸収するためのオペレーション（売りオペ）の2つがあります。「売りオペ」は金融引き締め，「買いオペ」

は金融緩和をそれぞれ意味しています。日本銀行の金融調節のスタンスを見極めるためには，オペが実施されたとき，資金供給・資金吸収の量，期間の長短，金利水準の高低を分析することが重要です。日銀が，資金不足を大きく上回る金額の資金を，長めの期間を設定して，市場実勢より低い金利水準で供給すれば，金融緩和の姿勢の表れと読むことができます。

(3)　準備率操作

「準備預金制度」は，金融機関（都市銀行，地方銀行，第二地方銀行，信託銀行，外国銀行在日支店，長期信用銀行，預金残高1,600億円超の信用金庫，農林中央金庫など）に対して預金等の一定割合（預金準備率：2007年8月現在0.05～1.3%）以上の金額を無利子で日本銀行に預け入れることを義務づける制度です。預け入れなければならない最低金額は「法定準備預金額」あるいは「所要準備額」，預金準備率の変更は「準備率操作」とそれぞれ呼ばれています。日本銀行は，預金準備率を変更することにより，金融機関の預金準備を増減させ，金融機関の信用創造（貸出・派生的預金の創出）をコントロールしています。預金準備率の引き上げは金融引き締め，預金準備率の引き下げは金融緩和をそれぞれ意味しています。

【知っておきましょう】　日本銀行当座預金と準備預金

金融機関が，日本銀行と当座預金取引を行っている場合は，日本銀行当座預金の残高がそのまま準備預金とみなされます。しかし，金融機関が，日本銀行と当座預金取引を行っていない場合は，日本銀行に「準備預り金」の口座を開設しなければなりません。「法定準備預金額」あるいは「所要準備額」を超えて日本銀行に預けている準備預金は「超過準備」と呼ばれています。

第3部　日本経済の金融面

第10章　株価の決定理論

各金融商品はそれぞれ違った特性をもち，多かれ少なかれ異なった目的のために発行され，異なった目的のために保有されています。さまざまな金融商品があり，それらの中から何を選べばよいのか，どんな組み合わせを作ればよいのかといった「資産選択」に関する悩みを抱える人は少なくないと思います。金融商品を買うときには，まず金融商品の性質を正しく知らなければなりません。金融商品を判断するための基準には，「安全性」「流動性」「収益性」の3つがありますが，「3つの基準のすべてが優れている金融商品はない」ということに留意しなければなりません。あちら立てれば，こちら立たずで，例えば収益性の高い金融商品は安全性が低いのが普通です。

【知っておきましょう】　流動性

狭義の「流動性」は「資産の価値が完全に実現されるまでに要する時間の大小」によって判断されますが，広義の「流動性」は，狭義の流動性，可逆性（可復性：資産の価値と資産の取得のために支払った対価との関係を示す性質），予測可能性（将来時点における資産の価値をどの程度の確実性をもって予知できるかという性質）の3つの性質を含んでいます。

(1)　安全性：安全資産 vs. 危険資産

金融商品が「安全」であるというのは，①確実に，何％かの投資収益率が得られることです。②「確実に，何％かの投資収益率が得られること」を約束している金融機関あるいは企業が経営破綻しないことです。③金融機関が経営破綻して，払い戻しができなくなったときに，金融商品の価値を保護してくれる仕組みがあることです。

(2)　流動性

金融商品の「流動性」とは，どの程度の手数料で，いつでも，どこでも，現金化できるかということであり，流動性が高いとは，①満期がないこと，あるいは据置期間（払戻しのできない期間）がないことです。②満期のある金融商品については，中途解約（期間内の解約）ができることです。あるいは，中途解約できなくても，それを担保に低利子率で借入を行えることです。③中途解約ができる場合には，解約手数料が安いことです。④簡単な手続きで，すぐさま，どこの店舗，CD・ATM でも現金化できることです。⑤証券市場ですぐに買い手が見つかることです。

(3) 収益性

金融商品の「収益性」が高いというのは，投資収益率が高いことです。つまり，インカム・ゲイン（利子・配当）やキャピタル・ゲイン（値上がり益）が高いことです。

【知っておきましょう】 金融商品の 4 つのリスク

投資をする場合，必ず考慮に入れるのがリターンとリスクです。「リターン」とは投資収益のことで，「インカム・ゲイン」（利子・配当）と「キャピタル・ゲイン」（値上がり益）の 2 つからなっています。「リスク」は一般的に「危険」と訳されていますが，金融商品投資の世界では，値下がりであろうと値上がりであろうと，経済的不確実性が大きいことを「リスクが高い」と呼んでいます。リスクが低ければリターンも低く（リスクが嫌なら大儲けはできません），リターンが高ければリスクも高い（大儲けしたいならばリスク，つまり大損を覚悟しなければいけません）関係にあります。金融商品を選択する際は，リスクの性質はどのようなものであるのか，資金の性格に合わせてどれくらいのリスクを受け入れられるかを検討することが必要です。金融商品のリスクには，「価格変動リスク（マーケット・リスク）」「為替変動リスク」「信用リスク」「流動性リスク」の 4 種類があります。

54 こんな新聞記事が出ていました：日経平均株価

「『育財』の時代　個人が主役」という見出しのもとで，「日本で上場株を保有している個人株主は2005年度末で延べ3,800万人と，過去最高になった。株式相場は過去20年で歴史的な急騰と急落を演じたが，株主数はほぼ右肩上がりで増えている。預貯金を中心とした蓄財の時代から，財産を自ら運用して育てる『育財』の時代へ——。富の分配や成長資金の供給など，個人マネーが担う公共機能も高まっている。」（『日本経済新聞』2006年10月22日）という新聞記事がありました。株価が上がったり，下がったりする理由を理解することが学習ポイントです。

図 54－1　日経平均株価の動き

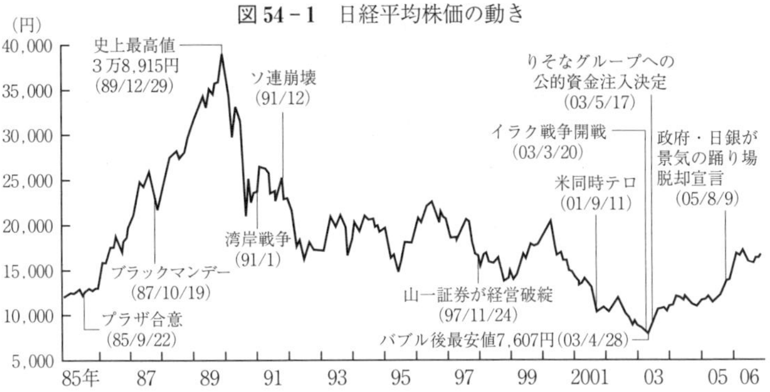

出所：『日本経済新聞』2006年10月22日より作成

図 54－2　個人株式数

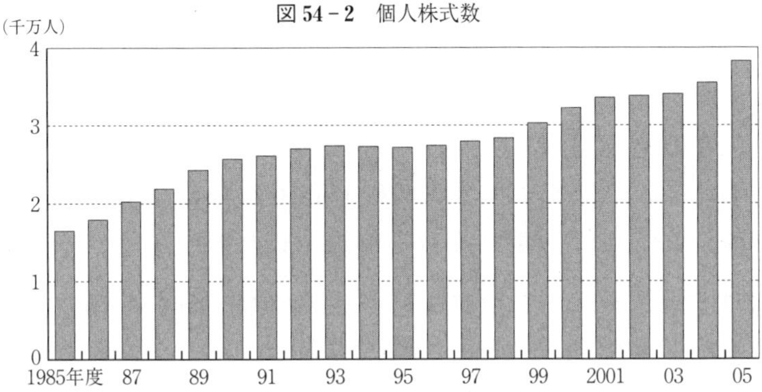

（注）　延べ人数。
出所：『日本経済新聞』2006年10月22日より作成

図 54－3　日米独の個人金融資産構成

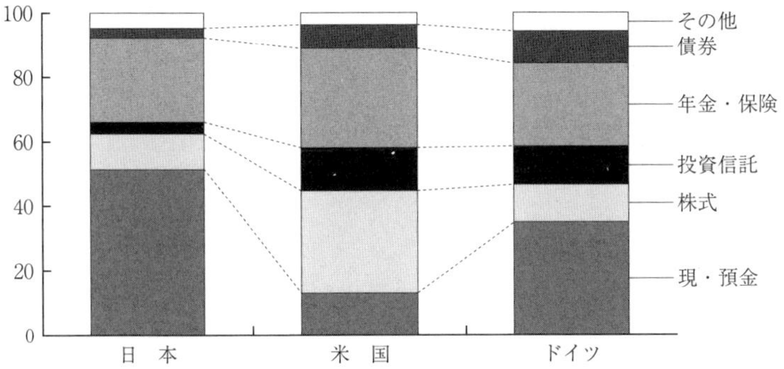

（注）　日本・米国は2006年 6 月末。ドイツは05年末。
出所：『日本経済新聞』2006年10月22日より作成

55 株価は何に依存しているのか：短期日本経済マクロ計量モデル

「短期日本経済マクロ計量モデル」では，株価の代表的指標として，「東証株価指数」を用いています。東証株価指数（計測期間：1985.1〜1997.1）は，次の要因に依存しています。

①　税引き後法人所得（収益率）

現在及び過去（1〜6期前）の「(法人企業所得)×{1−(法人実効税率)}」，つまり税引き後法人所得が1％増大したとき，東証株価指数は1.01％上昇します。税引き後法人所得は収益率の代理変数です。6期前の係数が最大です。

②　10年物利付国債利回り（長期利子率）

現在及び過去（1期前）の10年物利付国債利回りが1％上昇したとき，東証株価指数は0.03％下落します。10年物利付国債利回りは，割引率としての長期利子率を示すものです。現在の係数の絶対値が最大です。

【知っておきましょう】　弱気筋（ベア）と強気筋（ブル）

アメリカの西部で熊と牛を闘わせる賭け事がありました。ベア（熊）は上から攻撃し，ブル（雄牛）は下から攻撃します。攻撃の姿⤵が債券価格の下落，⤴は債券価格の上昇とそれぞれ見えましたので，債券価格の下落を予想し，貨幣を選好する人は「弱気筋（bear)」，債券価格の上昇を予想し，債券を選好する人は「強気筋(bull)」とそれぞれ呼ばれるようになりました。米国の証券会社メリル・リンチのトレードマークはベア（熊）です。

図 55－1　東証株価指数

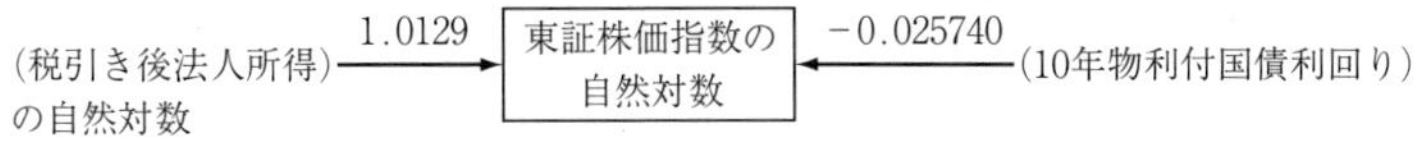

図 55－2　株価を動かす要因

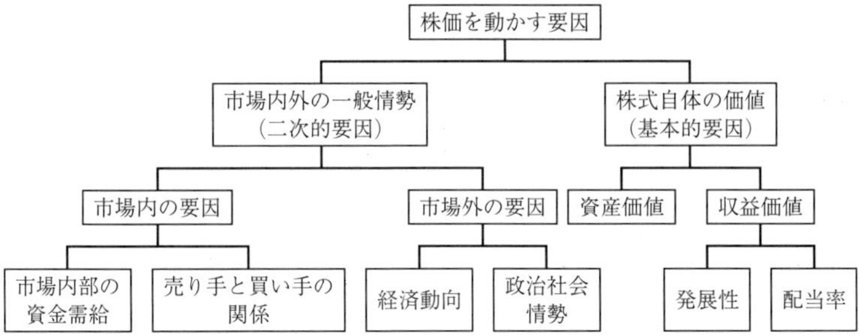

56 配当割引モデル：定額モデル vs. 定率成長モデル

株価は「株式の内在価値（基本的要因）」「市場内外の一般情勢（二次的要因）」「思惑（ケインズの美人投票）」によって決定されます。「配当割引モデル」は，株式の内在価値を，将来の各期間の予想キャッシュ・フロー（予想配当：D）の現在価値の合計であるとするものです。1年目末にD_1，2年目末にD_2，3年目末にD_3，……の予想キャッシュ・フロー（予想配当）が生じるとしましょう。1年目，2年目，3年目，……のキャッシュ・フローに対する割引率（投資家の年当たり要求収益率）をそれぞれ$r_1, r_2, r_3, \cdots$とすると，第1年目期首（現在：第0年目末）の株式の内在価値P_0は，

$$P_0=\frac{D_1}{(1+r_1)}+\frac{D_2}{(1+r_2)^2}+\frac{D_3}{(1+r_3)^3}+\cdots$$

です。予想配当についての仮定によって次の2つのモデルが区別されています。

(1) 定額モデル（ゼロ成長モデル）

将来の各期間の予想キャッシュ・フロー（予想配当）は一定（D）であると仮定されています。現在（第0年目末）の株式の内在価値P_0は，

$$P_0=\frac{D}{(1+r)}+\frac{D}{(1+r)^2}+\frac{D}{(1+r)^3}+\cdots$$

$$=\frac{D}{r}$$

です。

(2) 定率成長モデル

将来の各期間の予想キャッシュ・フロー（予想配当）は一定率（g）で成長すると仮定されています。つまり，$D_t=D_1(1+g)^{t-1}$　($t=2, 3, \cdots$) と仮定されています。現在（第0年目末）の株式の内在価値P_0は，

56 配当割引モデル：定額モデル vs. 定率成長モデル

$$P_0 = \frac{D_1}{(1+r)} + \frac{D_2}{(1+r)^2} + \frac{D_3}{(1+r)^3} + \cdots$$

$$= \frac{D_1}{(1+r)} + \frac{\{D_1(1+g)\}}{(1+r)^2} + \frac{\{D_1(1+g)^2\}}{(1+r)^3} + \cdots$$

$$= \frac{D_1}{(r-g)}$$

です。ただし，$0 < g < r$ です。

図 56-1 配当割引モデルによる株価の決定

$P_t =$ 第 t 時点の株価
$D_t =$ 第 t 時点に受け取る配当（キャッシュフロー）
$r =$ 投資家が求める期待収益率

$$P_0 = \frac{D_1}{1+r} + \frac{P_1}{1+r} \qquad P_1 = \frac{D_2}{1+r} + \frac{P_2}{1+r}$$

$$P_0 = \frac{D_1}{1+r} + \frac{P_1}{1+r} = \frac{D_1}{1+r} + \frac{D_2}{(1+r)^2} + \frac{P_2}{(1+r)^2}$$

$$= \frac{D_1}{1+r} + \frac{D_2}{(1+r)^2} + \cdots + \frac{D_n}{(1+r)^n} + \cdots$$

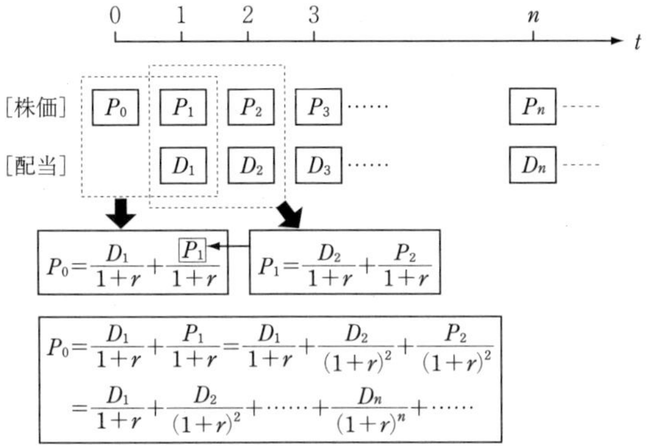

【知っておきましょう】 割引率（r）の意味

$$P_0 = \frac{D_1}{(r-g)}$$

であるので，

$$r = \left(\frac{D_1}{P_0}\right) + g = 配当利回り + 配当成長率$$

$$= 配当利回り + 株価成長率$$

57 ケインズの“美人投票”：思惑

株式投資をする人は，「人を出し抜き，手っ取り早い金儲けに特別の楽しみをもっている人」であると言われています。このような人は，「何が真実であるか」という経済学の問題よりも，「何を人々が真実であると考えているのか」という心理学の問題に関心をもっています。

J. M. ケインズは「何を人々が真実であると考えているのか」を「美人投票」にたとえ，それは誰が一番の美人として選ばれるか当てる投票であり，自分にとっての一番の美人を選ぶのではなく，大多数の他人が誰を一番の美人と考えているか，さらには大多数の他人が他の大多数の他人が誰を一番の美人と考えているかなどを思い巡らせることです。

【知っておきましょう】「投機」と「企業」

ケインズ『一般理論』は，「市場の心理を予測する活動」を「投機」，「資産の全存続期間にわたる予想収益を予測する活動」を「企業」とそれぞれ呼び（**p. 156**），「投機が企業以上に優位を占めるということは必ずしもつねに事実ではない。しかし，投資市場の組織が改善されるにつれて，投機が優位を占める危険は事実増大する。（中略）投機家は，企業の着実な流れに浮かぶ泡沫としてならば，なんの害も与えないであろう。しかし，企業が投機の渦巻のなかの泡沫となると，事態は重大である。一国の資本発展が賭博場の活動の副産物となった場合には，仕事はうまくいきそうにない。」（**p. 157**）と述べています。

【知っておきましょう】「思惑」とリスク・プレミアム（α）

株価は，中古機械の価格（☞ p. 88）と同様に，割引現在価値法で求めることができます。まずは，2期間（現在の第 t 期と将来の第 $t+1$ 期）を考え，d_t^*＝第 t 期末に受け取る予想配当，P_t＝株式の第 t 期首価格，P_{t+1}^*＝株式の第 $t+1$ 期首（第 t 期末）の予想価格，r_t^*＝確定利子付き債券の第 t 期の予想収益率，ρ_t^*＝株式の第 t 期の予想収益率と記号を定義します。確定利子付き債券の予想インカム・ゲイン（利子）は確定していますが，株式の予想インカム・ゲイン（配当）は確定していません。インカム・ゲインに不確実性があると，投資家はリスク・プレミアム，つまりハイリスクにはハイリターンを求めます。このようなとき，確定利子付き債券と株式の裁定均衡下では，

$$\rho_t^* = r_t^* + \alpha_t$$

が成立します。ここで，α＝リスク・プレミアム（$\alpha > 0$）です。

株式の第 t 期の予想収益率（ρ_t^*）は，2期間モデルでは，

$$\rho_t^* = \left(\frac{d_t^*}{P_t}\right) + \left\{\frac{(P_{t+1}^* - P_t)}{P_t}\right\}$$

と定義されます。ここで，$\left(\frac{d_t^*}{P_t}\right)$ はインカム・ゲイン率，$\left\{\frac{(P_{t+1}^* - P_t)}{P_t}\right\}$ はキャピタル・ゲイン率です。上記の式より，株式の第 t 期首価格（P_t）を求めると，

$$P_t = \frac{(d_t^* + P_{t+1}^*)}{(1 + \rho_t^*)}$$

であり，裁定均衡条件（$\rho_t^* = r_t^* + \alpha$）を用いると，

$$P_t = \frac{(d_t^* + P_{t+1}^*)}{(1 + r_t^* + \alpha_t)}$$

です。つまり，株式の第 t 期首の価格（P_t：理論価格）は，予想配当（d_t^*），第 $t+1$ 期首（第 t 期末）の予想価格それぞれの増加関数，割引率［確定利子付き債券の第 t 期の予想収益率（r_t^*）＋プレミアム（α_t）］の減少関数です。

さらに，予想配当（d_t^*）と割引率（$r_t^* + \alpha_t$）が将来にわたって変わらないと仮定すれば，

$$P_t = \frac{d^*}{(r^* + \alpha)}$$

を得ることができます。予想配当（d^*）や債券の予想収益率（r^*）は経済のファンダメンタルズにかかわるものですが，プレミアム（α）は人々の思惑にかかわっているものです。経済のファンダメンタルズに何の変化がなくても，ある日突然，「株式のリスクは高い」と思い始めると，プレミアム（α）は上昇し，株価は下落します。

第11章 45度線モデル：GDP

「国内総生産の推移」（☞ p. 161）より，国内総支出（GDE≡GDP）を構成する各需要項目の構成比率（2006年10-12月期の各需要÷国内総支出），伸び率（2006年10-12月期から2007年1-3月期までの四半期伸び率），「寄与度」を計算すると，次のようになります。

	構成比率	伸び率	寄与度
①　民間消費支出（*C*）	55.3％	0.9％	0.5％
②　民間投資支出（*I*）	19.6％	−1.3％	0.03％
③　政府支出（*G*）	21.4％	−0.1％	0.02％
④　財貨・サービスの純輸出			
財貨・サービスの輸出（*EX*）	14.9％	3.3％	0.5％
財貨・サービスの輸入（*IM*）	11.0％	0.9％	−0.1％

新聞記事には「設備投資が前期に比べて減ったものの個人消費と輸出が堅調に伸び，内外需がそろって成長率を押し上げた。」（☞ p. 30）とありますが，日本経済に与える影響は「寄与度」（＝構成比率×伸び率：☞ p. 38）で判断されます。財貨・サービスの輸出の伸び率は3.3％と高いのですが，構成比率は14.9％と小さく，寄与度は，伸び率が0.9％であるにすぎない民間消費支出の0.5％と同じです。

【知っておきましょう】　記　号

経済学には，たくさんの記号が出てきますが，これらはすべて略号にすぎません。***C*** は Consumption，***I*** は Investment，***G*** は Government Expenditure，***EX*** は Export，***IM*** は Import の頭文字です。記号，数式を見て数学アレルギーを起こさないで下さい。大半の数式は加減乗除（足し算，引き算，掛け算，割り算）にすぎません。民間消費支出を ***C***，民間投資支出を ***I***，政府支出を ***G***，財貨・サービスの輸出を ***EX***，財貨・サービスの輸入を ***IM*** と言えるように暗記しておきましょう。

表11章-1　国内総支出（国内総生産）の推移

（参照年は2000年，単位10億円，四半期の数値は季節調節済みの年率換算（実質），カッコ内は前年比または前期比増減率，▲は減）

	2006年度 名目	2006年度 実質	2006年 1-3月期	2006年 4-6月期	2006年 7-9月期	2006年 10-12月期	2007年 1-3月期	寄与度
○国内総生産（国内総支出）	509,810.1 (1.3)	550,892.5 (1.9)	545,741.4 (0.8)	547,342.5 (0.3)	547,702.1 (0.1)	554,427.9 (1.2)	557,693.4 (0.6)	0.6
○年率換算成長率	—	—	(3.1)	(1.2)	(0.3)	(5.0)	(2.4)	
○個人消費	288,711.9 (0.4)	304,779.3 (0.8)	303,644.7 (▲0.2)	305,472.7 (0.6)	302,334.2 (▲1.0)	305,534.9 (1.1)	308,162.7 (0.9)	0.5
○民間住宅投資	18,907.3 (2.6)	18,553.6 (0.4)	18,763.9 (0.9)	18,403.4 (▲1.9)	18,356.5 (▲0.3)	18,753.8 (2.2)	18,691.9 (▲0.3)	▲0.0
○民間設備投資	80,757.4 (7.7)	88,328.8 (7.2)	84,776.4 (4.7)	86,944.1 (2.6)	87,754.5 (0.9)	89,741.3 (2.3)	88,903.8 (▲0.9)	▲0.1
○民間在庫品増加	970.5 (—)	1,076.1 (—)	1,492.0 (—)	784.6 (—)	1,864.4 (—)	1,188.0 (—)	663.1 (—)	▲0.1
○政府消費	91,070.1 (0.4)	95,591.8 (0.9)	94,500.2 (▲0.0)	95,130.6 (0.7)	95,731.2 (0.6)	95,799.4 (0.1)	95,734.3 (▲0.1)	▲0.0
○公共投資	22,057.8 (▲8.1)	21,956.3 (▲9.2)	23,760.8 (▲2.3)	22,290.8 (▲6.2)	21,240.5 (▲4.7)	22,089.1 (4.0)	22,057.4 (▲0.1)	▲0.0
○公的在庫品増加	214.3 (—)	227.5 (—)	253.3 (—)	233.3 (—)	245.5 (—)	255.0 (—)	193.3 (—)	▲0.0
○純輸出	7,120.8 (—)	21,317.0 (—)	19,042.9 (—)	18,838.9 (—)	20,911.8 (—)	21,677.0 (—)	23,819.0 (—)	0.4
○輸出	83,912.7 (12.0)	82,111.8 (8.3)	79,050.9 (2.2)	79,697.9 (0.8)	81,548.7 (2.3)	82,236.5 (0.8)	84,947.5 (3.3)	0.5
○輸入	76,791.9 (12.3)	60,794.8 (3.4)	60,007.9 (1.8)	60,859.0 (1.4)	60,636.9 (▲0.4)	60,559.5 (▲0.1)	61,128.5 (0.9)	▲0.1

出所：『日本経済新聞』2007年5月18日より作成

【知っておきましょう】　3つのモデル

「45度線モデル」「**IS-LM** モデル」「**AD-AS** モデル」の3つのモデルは、以下のような関係にあります。

```
生産物市場 → [45度線モデル] → IS  ┐
                                   ├─ [IS-LMモデル] → AD ┐
貨幣市場  →                    LM ┘                      ├─ [AD-ASモデル]
                             労働市場 → AS                ┘
```

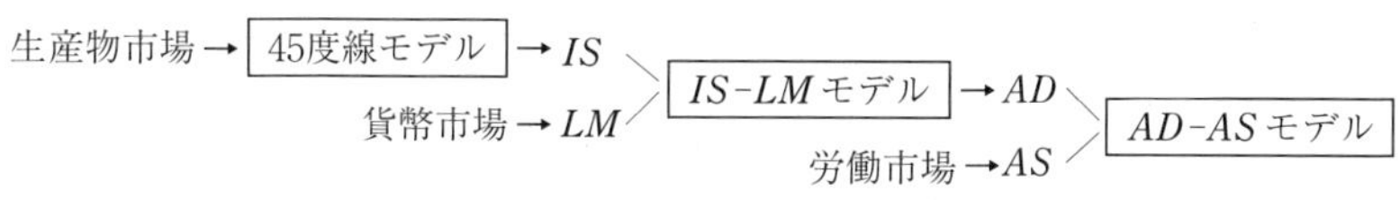

45度線モデル，**IS-LM** モデルでは、物価は不変で、一定の物価のもとで財貨・サービスはいくらでも供給されると仮定されています。つまり、「セイの法則（販路法則）」が「供給がそれ自身の需要を生み出す」世界を取り扱っているのに対し、45度線モデル，**IS-LM** モデルの「有効需要（effective demand）の原理」は逆に「需要がそれ自身の供給を生み出す」世界を取り扱っています。一方、**AD-AS** モデルは、物価水準の決定を内生化した、マクロ経済の供給面・需要面の両方を取り扱っています。

58 こんな新聞記事が出ていました：消費総合指数と設備投資総合指数

「1月指標　消費や投資『堅調』」という見出しのもとで，「内閣府は内需の2本柱である個人消費と設備投資について，『総合指数』という形で毎月の動きをGDPに近い手法で推計している。1月の消費総合指数は実質で前月比1.8%上昇。06年10-12月期の平均も1.2%上回った。1月は暖冬の影響で春物衣料の売れ行きが好調。天候に恵まれて外食をする個人が増えたほか，ゲーム機，ビデオカメラなどの耐久財消費も堅調だった。設備投資総合指数についても1月は実質で前月比1.3%上昇し，06年10-12月期平均も1.4%上回った。今後の設備投資は大型投資の一巡などで増加ペースが鈍る公算がある。」(『日本経済新聞』2007年3月13日）という新聞記事がありました。

学習は疑問から始まります。上記の新聞記事から次の疑問が出てきます。

① 記事中に「内閣府は内需の2本柱である個人消費と設備投資について，『総合指数』という形で毎月の動きをGDPに近い手法で推計している。」とありますが，個人消費と設備投資はどのような形でGDPの決定にかかわっているのでしょうか。

② 内需と外需ではどこが違うのでしょうか。内需の中でも，個人消費と設備投資はどのように異なっているのでしょうか。

【知っておきましょう】　消費総合指数と設備投資総合指数

内閣府が個人消費や設備投資などを月単位で分析するために開発し，2004年4月から公表し始めた指数です。四半期ごとの国内総生産（GDP）統計を待たずに毎月の景気を迅速に把握できる利点があります。

図 58－1　消費総合指数・設備投資総合指数と GDP

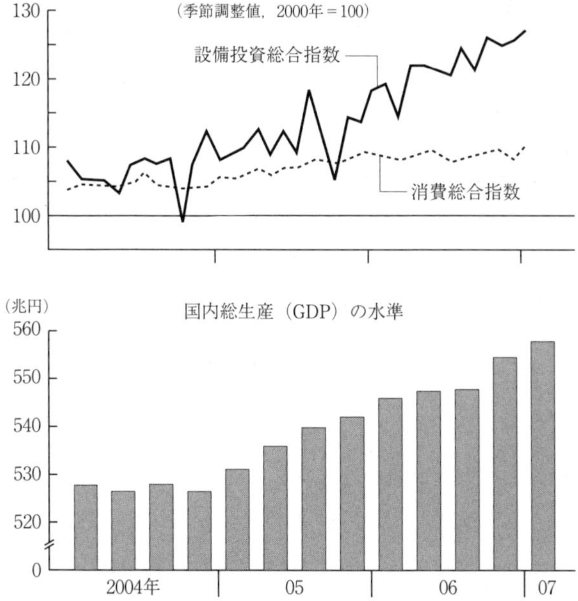

(注)　物価変動の影響を除く実質ベース。
出所：『日本経済新聞』2007年 3 月13日より作成

59 GDP 統計と45度線モデル

「国民所得勘定（GDP 統計）」（☞ p. 28）では，

国内総生産≡国内総支出　　　　（財貨・サービス市場の需給恒等式）

≡民間消費支出＋民間投資支出＋政府支出＋輸出－輸入

（Y）　　（C）　　（$I+I'$）　　（G）　（EX）（IM）

でした（☞ p. 32）。一方，本節の「45度線モデル」では，

$Y=C+I+G+EX-IM$　　　　（財貨・サービス市場の需給均衡式）

です。ここで，

I＝意図された（事前の）投資，

I'＝意図せざる在庫投資（$I'>0$ ならば在庫増，$I'<0$ ならば在庫減），

$I+I'$＝実現された（事後の）投資，

です。事後（ex-post）の恒等式（GDP 統計）では，両辺がつねに等しくなるように，「意図せざる在庫投資」を定義します。つまり，「いかなる GDP 水準であっても」という意味で，財貨・サービス市場の需給は恒等しています。一方，事前（ex-ante）の均衡条件式（45度線モデル）では，数量メカニズムが働いて，両辺が等しくなります。つまり，均衡 GDP 水準でのみ，財貨・サービス市場の需給が均衡しています。

図 59－1　意図された投資と意図せざる在庫投資

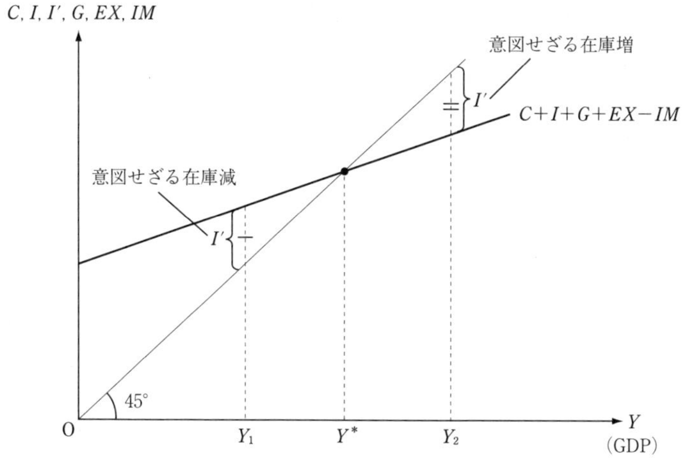

【知っておきましょう】「貯蓄≡投資」「貯蓄＝投資」：ケインズ『一般理論』

ケインズ『一般理論』は「貯蓄と投資は必然的に等しい」を言っているのか，あるいは「貯蓄と投資は必ずしも等しくはない」を言っているのかについての論争があります。『一般理論』は，「貯蓄≡所得－消費」と「消費支出が何であるのか」については問題がないので，論争点は「所得」と「投資」の定義をめぐってのものであると論じ，投資の定義について「投資は資本設備―それが固定資本，経営資本（正常在庫―引用者注）あるいは流動資本（過剰在庫―引用者注）のどれから構成されているとしても―の増加分を意味するのであって，定義の重大な相違（投資と純投資との区別は別として）は，投資の中からこれらの種類の一つあるいはそれ以上のものを除外することから生ずるのである。」(**p. 76**) と述べています。本文中の意図された投資 (***I***)，意図せざる在庫投資 (***I′***) は上記引用文中の「経営資本」「流動資本」にそれぞれあたります。『一般理論』においては，固定資本，経営資本，流動資本のすべてを入れると「貯蓄と投資は必然的に等しい」，固定資本，経営資本だけを入れると「貯蓄と投資は必ずしも等しくはない」ということができます。

60 セイの法則と有効需要の原理

「セイの法則（販路法則）」のセイとは，フランス人 J. B. Say（1767-1832）のことです。セイの法則は，正統派経済理論（J. M. ケインズのいう古典派経済学）の中心命題であり，「供給がそれ自身の需要を生み出す」という考えです。それは，供給サイドを問題にし，生産物の供給の増加は，とりもなおさず需要の増加であり，生産物の需給に不一致は存在しないという命題です。一方，J. M. ケインズの「有効需要の原理」は，需要サイドを問題にし，国産品がどれだけ売れるのかは，お客さんがどれだけ買いに来てくれるのかによって決まる，つまり「需要がそれ自身の供給を生み出す」という考えです。ここで，「有効需要」は「需要」と区別され，ただあれが欲しい，これが欲しいというのは「需要」で，お金をもった上で，あれが欲しい，これが欲しいというのが「有効需要」と概念規定されています。ケインズの考え方は，古典派経済学とは正反対で，ですから，彼の主著『雇用，利子および貨幣の一般理論』（1936年）は「ケインズ革命」の書と呼ばれているのです。

「有効需要の原理」では，景気（GDP）を決定するのは「有効需要」です。ですから，新聞記事で好況・不況が話題になるときは，国内総支出（GDE）を構成する各需要項目（民間消費支出，民間投資支出，政府支出，財貨・サービスの輸出，財貨・サービスの輸入）や，それらを整理した「民間需要」，「公的需要」，「海外需要」が問題にされるのです。ここで，民間需要＝民間消費支出＋民間投資支出，公的需要＝政府支出，海外需要＝財貨・サービスの輸出－財貨・サービスの輸入，です。

図 60－1　実質 GDP 増減率と内外需寄与度（前期比）

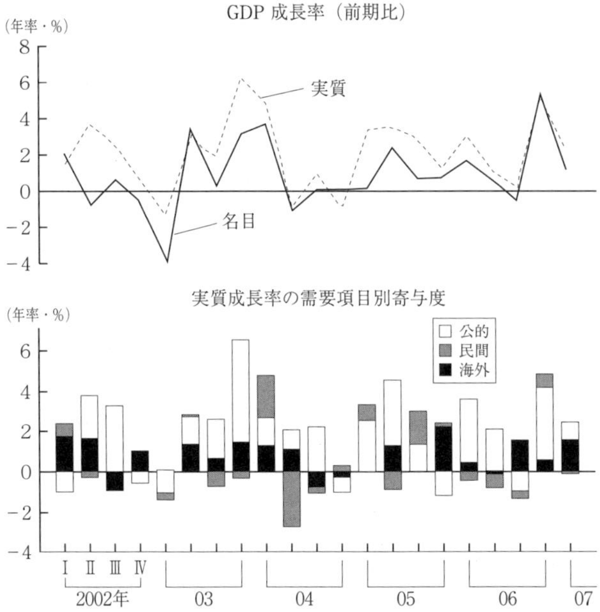

出所：『日本経済新聞』2007年５月17日より作成

【知っておきましょう】 マクロ経済学の歴史

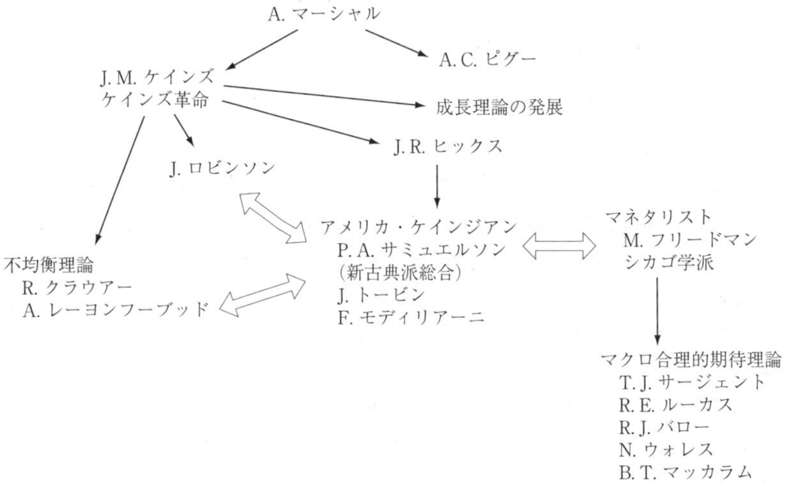

61 45度線モデル：GDPの決定

セイの法則が「供給がそれ自身の需要を生み出す」世界を取り扱っているのに対し，有効需要の原理は「需要がそれ自身の供給を生み出す」世界を取り扱っています。「45度線モデル」は，有効需要の原理を簡潔にモデル化したものであり，そこでは，一般物価水準は不変で，一定の物価のもとで財貨・サービスはいくらでも供給されると仮定されています。名目 GDP と実質 GDP の関係は，

名目 GDP＝実質 GDP×GDP デフレーター

ですが，45度線モデルでは，物価（P）は一定のままであることから，GDP デフレーターを１で一定と考えると，

名目 GDP＝実質 GDP

になり，GDP の名目値と実質値の区別はなくなります。ですから，Yはたんに「GDP」と呼ばれることになります。

「45度線モデル」は，マクロ経済学の標準テキストでは，

$Y=C+I$

$Y=C+I+G$　　（封鎖体系下で，政府部門を導入）

$Y=C+I+G+EX-IM$　　（封鎖体系下から開放体系下への拡張）

と段階を踏んで，説明されていますが，ここでは，説明を簡単化するために，

【知っておきましょう】　不均衡から均衡への数量調整（GDP の変動）

「45度線モデル」すなわち，「有効需要の原理」では，不均衡（☞ p. 169の図 61－1 の Y_1, Y_2）のときには数量調整（GDP の変動）が行われます。つまり，均衡点の右側（☞ 図 61－1 上の Y_2）では，供給＞需要（財貨・サービスの超過供給）であるので，生産は縮小します。均衡点の左側（☞ 図 61－1 上の Y_1）では，供給＜需要（財貨・サービスの超過需要）であるので，生産は拡大します。あるいは，$S\equiv Y-C=I$ は，$Y=C+I$ と同じことであり，均衡点の右側（☞ 図 61－1 下の Y_2）では，貯蓄超過であるので，生産は縮小します。均衡点の左側（☞ 図 61－1 下の Y_1）では，投資超過であるので，生産は拡大します。

図 **61－1**　45度線モデル

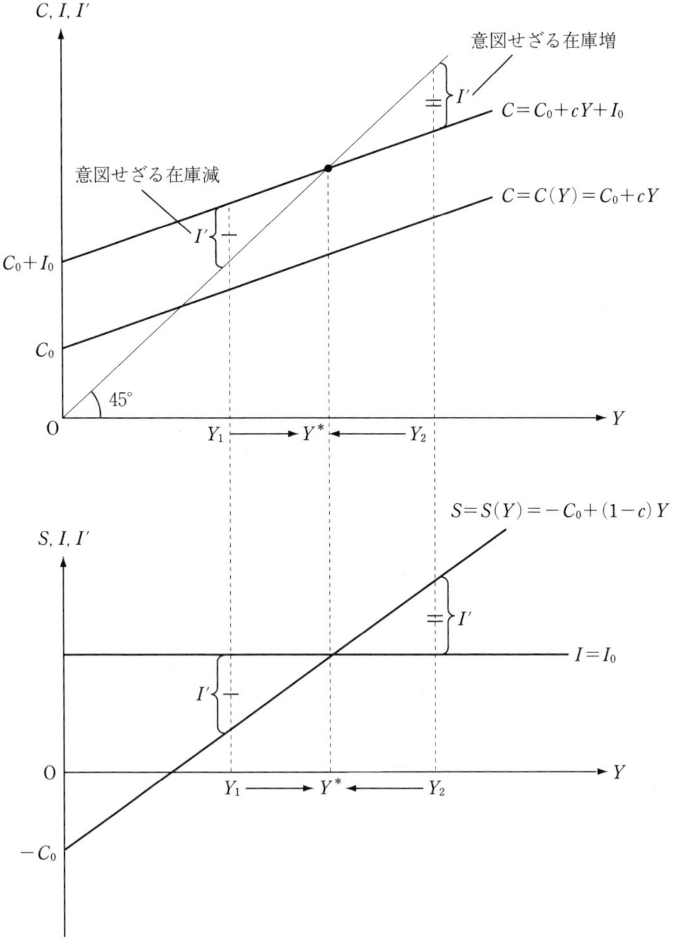

政府部門と外国部門を捨象して，「$Y=C+I$」のみを取り上げます。つまり，ここでの，45度線モデルは，次のように定式化されています。

$Y=C+I$　　（生産物市場の需給均衡式）

$C=C(Y)=C_0+cY \quad 0<c<1$　　（消費関数）

$I=I_0$　　（一定の投資）

あるいは，

$S \equiv Y-C=I$　　（生産物市場の需給均衡式）

$S=S(Y)=-C_0+(1-c)Y$　　（貯蓄関数）

$I=I_0$　　（一定の投資）

45度線モデルを定式化するポイントは，45度線モデルでは，需給均衡式が「$Y=C+I$」の１本しか，未知数が Y の１個しかないことを銘記することです。ですから，Y 以外の変数，例えば，ここでは C，I が出てきたときには，C，I などを Y で説明し尽くすまでモデル化することが必要です。まず「$Y=C+I$」と書いて，Y 以外の C，I が出てきましたから，まず，C を説明します。$C=C_0+cY$（C_0=一定の基礎消費，c=限界消費性向：☞ p. 72）と，C を Y で説明し尽くしていますので，これで C の説明は終了です。次に，I の説明ですが，$I=I_0$（I_0=一定の自発的投資支出：☞ p. 91）と，I は説明し尽くしていますので，これで I の説明は終了です。また，「$S \equiv Y-C$」の「≡」は定義式（恒等式）の記号です（☞ p. 11)。つまり，事前的貯蓄計画（S）は $Y-C$ と定義されていることを意味しています。

横軸に供給（$Y^S \equiv Y$），縦軸に需要（$Y^D \equiv C+I$）をとった図で，「45度線」を描くと，それは，「需要がそれ自身の供給を生み出す」という「有効需要の原理」を表しています。GDP の均衡水準は必ず45度線上（$Y^S=Y^D$）で決まるので，図中では Y^S, Y^D を区別することなく，たんに Y で表すことにします。$C+I$ 線は，財貨・サービスの供給（$Y^S \equiv Y$）の各々の水準に対応する事前的需要計画（購入計画）を表し，$C+I$ 線と45度線との交点において，財貨・サービスの需給が均衡します。

【知っておきましょう】 デフレ・ギャップとインフレ・ギャップ

図 61－2　デフレ・ギャップ

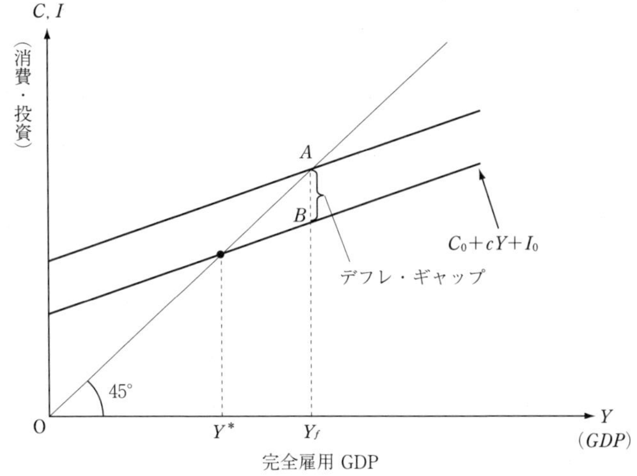

図 61－3　インフレ・ギャップ

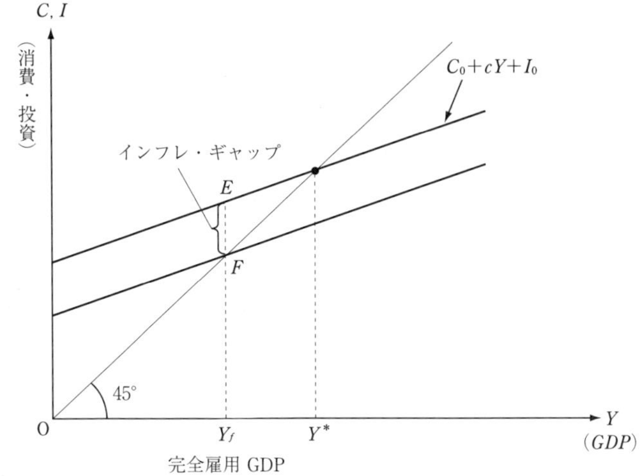

62 45度線モデルと乗数：投資乗数と乗数過程

図中の GDP の均衡水準（Y^*）は，

$$Y=C+I=C_0+cY+I_0 \qquad \text{（生産物市場の需給均衡式）}$$

より，

$$Y^*=\frac{(C_0+I_0)}{(1-c)} \qquad \text{（GDP の均衡水準）}$$

あるいは，

$$S=-C_0+(1-c)Y=I_0 \qquad \text{（生産物市場の需給均衡式）}$$

より，

$$Y^*=\frac{(C_0+I_0)}{(1-c)} \qquad \text{（GDP の均衡水準）}$$

として求められたものです。Y^* は，財貨・サービス市場の需要と供給とを均衡させる GDP の値です。$\frac{1}{(1-c)}$ は「乗数」と呼ばれています。$1-c<1$ であるので，乗数は 1 より大です。Y^* は自発的支出（C_0+I_0）の乗数倍です。いま，何らかの外生的要因で，自発的投資支出の水準が I_0 から $I_0+\Delta I_0$ に増加したとしましょう。これにともなって $C+I$ 線は $C+I_0+\Delta I_0$ 線に上方シフトします。GDP の新均衡水準は，E' 点に対応して $Y^*+\Delta Y^*$ に増加します。

図 **62－1**　投資乗数

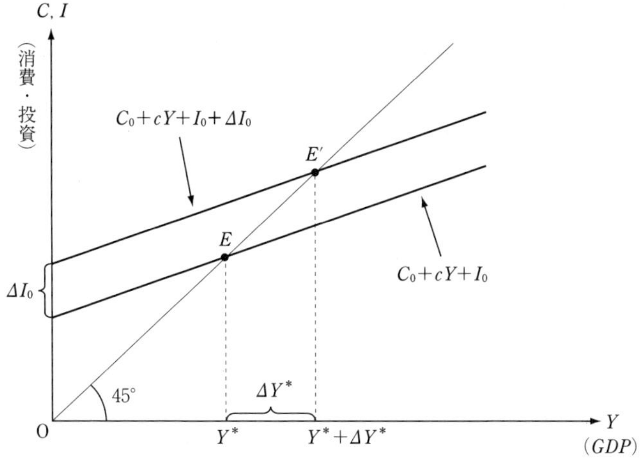

図 **62－2**　乗数過程

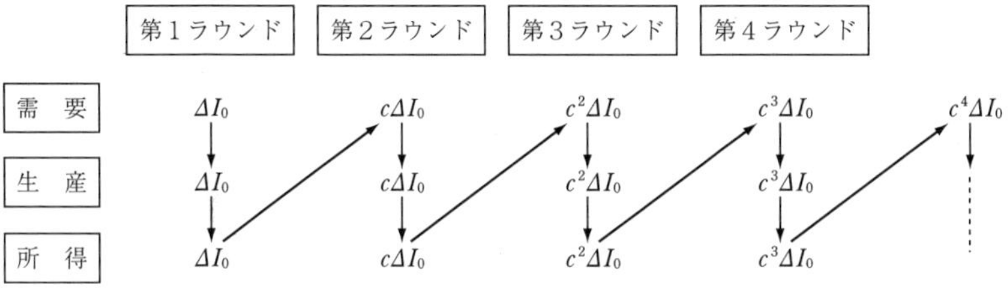

第4部　3つのマクロ経済モデル：GDP，金利および物価

第12章　*IS-LM* モデル：GDP と金利

「45度線モデル」（☞ p. 168）では，生産物市場において，貯蓄と投資とが均等するように，GDP の均衡水準が決定されることを見ました。

45度線モデルは生産物の需給均衡式を取り上げ，例えば，1 次関数形式で，次のように定式化されています。

$Y=C+I$　　（生産物市場の需給均衡式）

$C=C(Y)=C_0+cY \quad 0<c<1$　　（消費関数）

$I=I_0$　　（一定の投資）

あるいは，

$S \equiv Y-C=I$　　（生産物市場の需給均衡式）

$S=S(Y)=-C_0+(1-c)Y$　　（貯蓄関数）

$I=I_0$　　（一定の投資）

景気（GDP ：Y）だけに関心をもてば，45度線モデルで，ある程度は対応可能です。しかし，景気のみならず金利にも関心をもちはじめると，もはや45度線モデルでは対応できず，*IS*-*LM* モデルの登場ということになります。*IS*-*LM* モデルの特徴は，投資を金利の減少関数とし，金利を決定するために貨幣市場を導入している点です。金利が与えられれば，投資が決まり，その投資から，乗数過程をとおして，GDP が決定されることになります。

生産物市場 → [45度線モデル] —（金利の内生化）→ *IS* ＼
　　　　　　　　　　　　　　　　　　　　　　　　　　 ＞ [*IS*-*LM* モデル]
貨幣市場 → *LM* ／

IS-*LM* モデルは「貨幣を供給することは債券を需要することである」，逆に「貨幣を需要することは債券を供給することである」と考え，貨幣の需給均衡はそのまま債券の需給均衡を意味すると仮定しています。そして，表裏の関係にある貨幣の需給均衡式と債券の需給均衡式のうち，貨幣の需給均衡式を取り上げて，それを *LM* 方程式としています。

【知っておきましょう】 ***IS*** セクターと ***LM*** セクター

GDP が ***IS*** セクターのみで決まる（45度線モデル）とすれば，金利は ***LM*** セクターで決まる（流動性選好説）と考えざるを得ません。しかし，それらは正確には，GDP は ***LM*** セクター（金利）を所与として ***IS*** セクターで決まり，金利は ***IS*** セクター（***Y***）を所与として ***LM*** セクターで決まると言わなければなりません。

図12章－1　*IS* セクターと GDP：45度線モデル

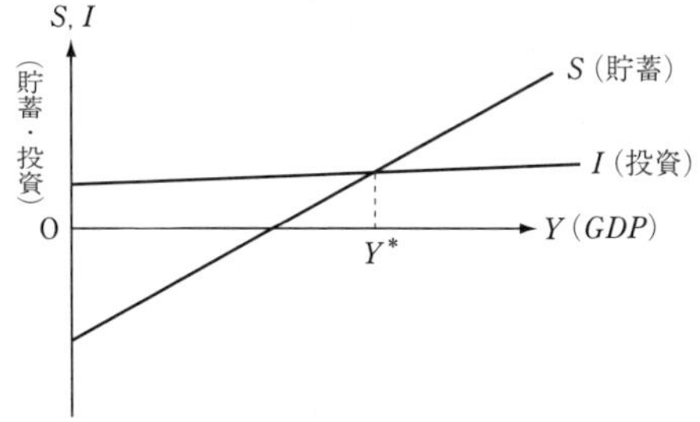

図12章－2　*LM* セクターと金利：流動性選好説

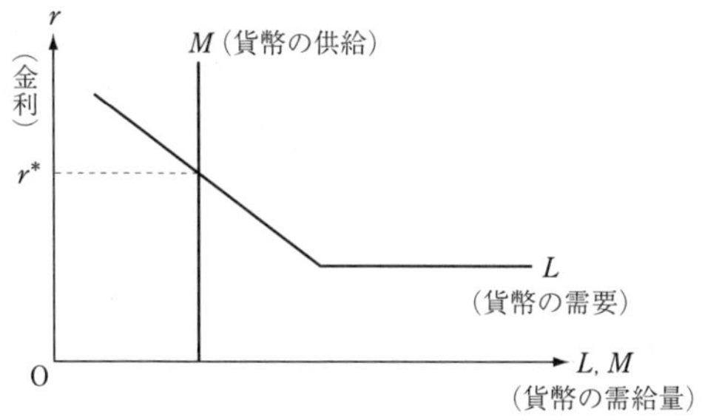

図12章－3　*IS* セクターと *LM* セクター：GDP と金利

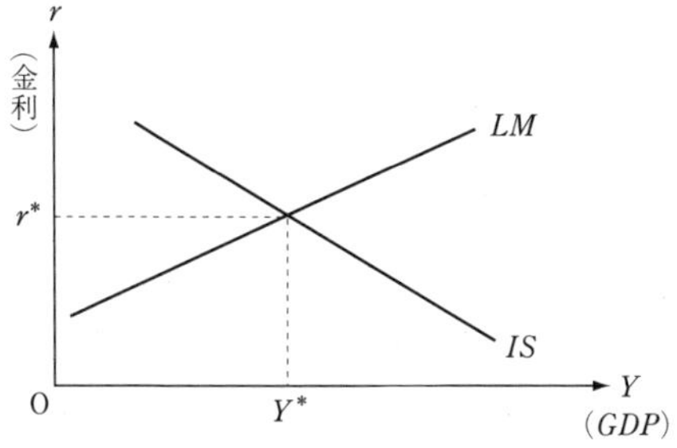

63 こんな新聞記事が出ていました：ゼロ金利解除の家計・企業への影響

「日銀の福井俊彦総裁は…（中略）…2006年を回顧して『バブル崩壊後の大きな後始末の苦労が実ってきた年ではないか』と語った。日銀は3月に量的緩和政策から脱却し，7月にゼロ金利政策を解除した。景気底割れとデフレの悪循環を防ぐため，5年にわたり金利機能を封殺してきた異例の政策に幕を引き，金利復活と金融政策の正常化に踏み出した1年を振り返る。」「日銀が金融政策で動かすのは『無担保コール翌日物』という代表的な短期金利で，すべての市場金利の指標となる。日銀が7月のゼロ金利解除で誘導目標を0.25％に引き上げたことで，家計や企業にもじわりと影響が広がっている。」「翌日物金利が上がると金融機関が市場で調達する資金のコストが高くなり，住宅ローンなど貸出金利に上昇圧力がかかる。預金の利息も同じで金融機関はゼロ金利解除に合わせ，普通預金金利をそれまでの年0.001％から0.1％に一斉に引き上げた。」「影響は企業向け融資にも及んだ。大手銀行などは企業向け融資の基準となる短期プライムレート（最優遇貸出金利）を日銀の利上げ幅と同じ0.25％引き上げ，年1.625％とした。実際の金利は企業との交渉で決まるが，短プラ上げは6年ぶり。長期プライムレートも上昇傾向になった。」「住宅ローンも例外ではない。4月にはゼロ金利解除を先取りして長期金利（新発10年国債利回り）が6年8カ月ぶりに2％台に上昇。長期金利は住宅ローンの基準になるので，それまで2％台後半だった10-15年固定の住宅ローン金利が3％台に上がった。」（『日本経済新聞』2006年12月30日）という新聞記事がありました。

学習は疑問から始まります。上記の新聞記事から2つの疑問が出てきます。

① 記事中に「日銀が7月のゼロ金利解除で誘導目標を0.25％に引き上げたことで，家計や企業にもじわりと影響が広がっている。」とありますが，金融引き締め政策はどのような経路で，家計・企業に影響を及ぼすのでしょうか。

② 記事中に「景気底割れとデフレの悪循環を防ぐため，5年にわたり金利機能を封殺してきた異例の政策に幕を引き，金利復活と金融政策の正常化に踏

み出した」とあり，異例の超金融緩和政策がとられてきましたが，その間財政政策はどのようになっていたのでしょうか。金融政策は有効で，財政政策は無効だったのでしょうか。

図63－1　政策金利

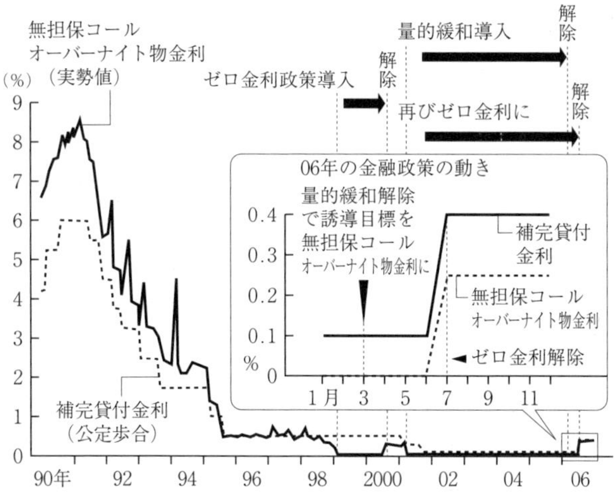

出所：『日本経済新聞』2006年12月30日より作成

図63－2　市中金利の変化

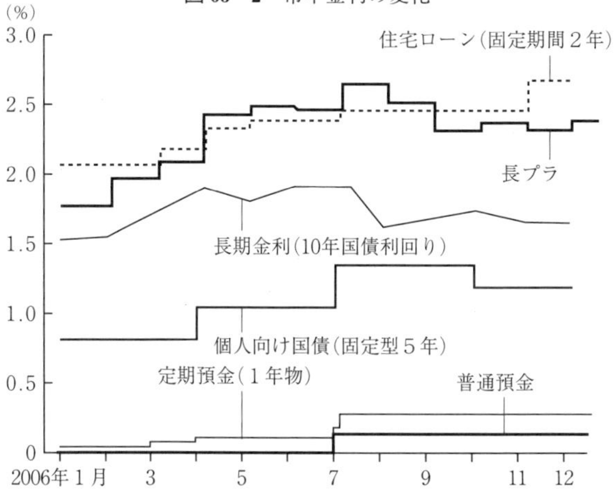

出所：『日本経済新聞』2006年12月30日より作成

64 *IS* 曲線：生産物市場

IS-*LM* モデルの「*IS* セクター」は，例えば，次のように定式化されています。

$Y=C+I+G$　（生産物市場の需給均衡式）

$C=C_0+cY_d$　（消費関数）

$Y_d=Y-T$　（可処分所得の定義）

$T=T_0$　（一括固定税）

$I=I_0-vr$　（投資関数）

$G=G_0$　（一定の政府支出）

上記のものを１本の式にまとめると，

$$Y=\frac{(C_0+I_0+G_0-cT_0)}{(1-c)}-\left\{\frac{v}{(1-c)}\right\}r$$

$$=f(r : C_0, I_0, G_0, T_0, c, v) \qquad (IS\text{ 方程式})$$

あるいは

$$r=\frac{(C_0+I_0+G_0-cT_0)}{v}-\left\{\frac{(1-c)}{v}\right\}Y$$

$$=g(Y : C_0, I_0, G_0, T_0, c, v) \qquad (IS\text{ 方程式})$$

が得られます。金利（r）を所与とすると，生産物市場の需給均衡より，GDP（Y）の均衡水準が決定されることが分かります（☞ 45度線モデル：第11章）。ですから，金利の水準を変化させると（例えば，r_1 から r_2 への変化），各々の金利水準に対応する均衡 GDP 水準が決定されます。*IS* 曲線は，生産物市場の需給均衡を満たす GDP（Y）と金利（r）の組み合わせの軌跡です。

図 64－1　*IS* 曲線

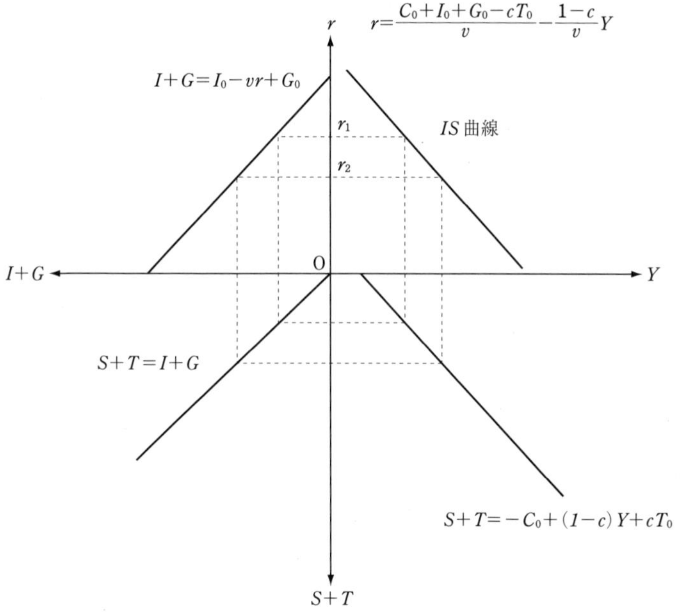
r
$r=\frac{C_0+I_0+G_0-cT_0}{v}-\frac{1-c}{v}Y$
$I+G=I_0-vr+G_0$
r_1
r_2
IS 曲線
$I+G$
O
Y
$S+T=I+G$
$S+T=-C_0+(1-c)Y+cT_0$
$S+T$

65 *LM* 曲線：貨幣市場

IS-*LM* モデルの「*LM* セクター」は，例えば，次のように定式化されています。

$M^S=M^D$　（貨幣市場の需給均衡式）

$M^S=M_0^S$　（一定の貨幣供給）

$M^D=L_1(Y)+L_2(r)$　（貨幣需要関数）

$L_1=L_1(Y)=kY$　（取引動機・予備的動機にもとづく貨幣需要）

$L_2=L_2(r)=M_0^D-ur$　（投機的動機にもとづく貨幣需要）

上記のものを１本の式にまとめると，

$$r=\frac{(M_0^D-M_0^S)}{u}+\left(\frac{k}{u}\right)Y$$

$$=h(Y: M_0^D, M_0^S, u, k) \qquad (LM\ 方程式)$$

が得られます。GDP（Y）を所与とすると，貨幣市場の需給均衡より，金利（r）の均衡水準が決定されることが分かります（☞ 流動性選好説：p. 136）。ですから，GDP の水準を変化させると（例えば，Y_1 から Y_2 への変化），各々の GDP 水準に対応する均衡金利水準が決定されます。*LM* 曲線は，貨幣市場の需給均衡を満たす GDP（Y）と金利（r）の組み合わせの軌跡です。

図 65－1　*LM* 曲線

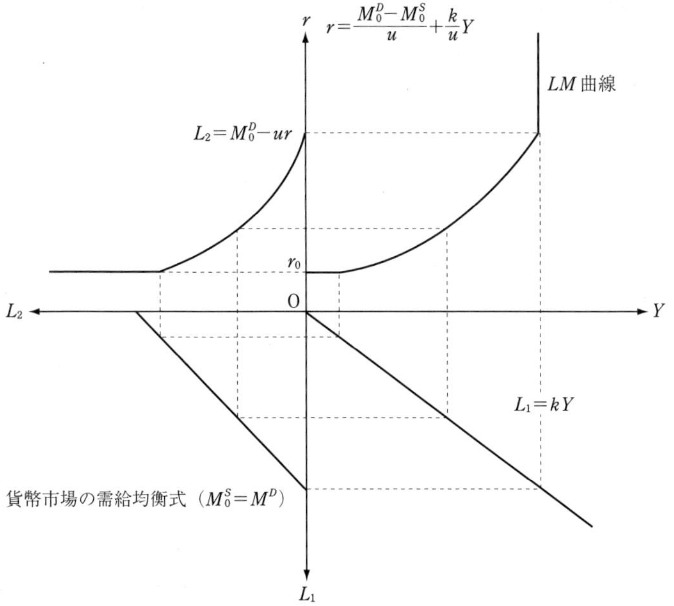
r
$r=\frac{M_0^D-M_0^S}{u}+\frac{k}{u}Y$
LM 曲線
$L_2=M_0^D-ur$
r_0
O
L_2
Y
$L_1=kY$
貨幣市場の需給均衡式（$M_0^S=M^D$）
L_1

66 *IS* 曲線と *LM* 曲線：GDP と金利の均衡水準の決定

IS 方程式，*LM* 方程式の 2 本の方程式から GDP，金利の均衡水準を求めることができます。つまり，

$$Y=\frac{(C_0+I_0+G_0-cT_0)}{(1-c)}-\left\{\frac{v}{(1-c)}\right\}r \qquad (IS\ \text{方程式})$$

$$r=\frac{(M_0^D-M_0^S)}{u}+\left(\frac{k}{u}\right)Y \qquad (LM\ \text{方程式})$$

の連立方程式を解けば，

$$Y^*=\frac{\left\{C_0+I_0+G_0-cT_0+\left(\frac{v}{u}\right)(M_0^S-M_0^D)\right\}}{\left\{1-c+\left(\frac{vk}{u}\right)\right\}} \qquad (\text{GDP の均衡水準})$$

$$r^*=\frac{\{(1-c)(M_0^D-M_0^S)+k(C_0+I_0+G_0-cT_0)\}}{\{(1-c)u+vk\}} \qquad (\text{金利の均衡水準})$$

【知っておきましょう】　投資の金利感応性と *IS* 曲線の傾き

「**r**−（**v**＝投資の金利感応性）→**I**−（乗数）→**Y**」を理解しましょう。金利の低下が，いくら **Y** を増加させるのかは投資の金利感応性（**v**）に依存していることを理解しましょう。

図 66－1　投資の金利感応性と *IS* 曲線の傾き

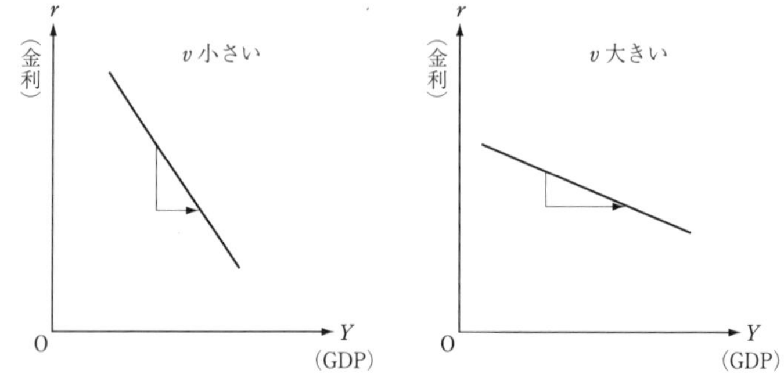

を得ることができます（＊は均衡値であることを示す記号です)。(Y^*, r^*）は生産物市場と貨幣市場の同時均衡点です。

【知っておきましょう】　名目金利と実質金利

「実質金利＝名目金利ーインフレ率」の関係にあります。正しくは，投資は実質金利，貨幣需要は名目金利の関数です。

図 66－2　名目金利と実質金利

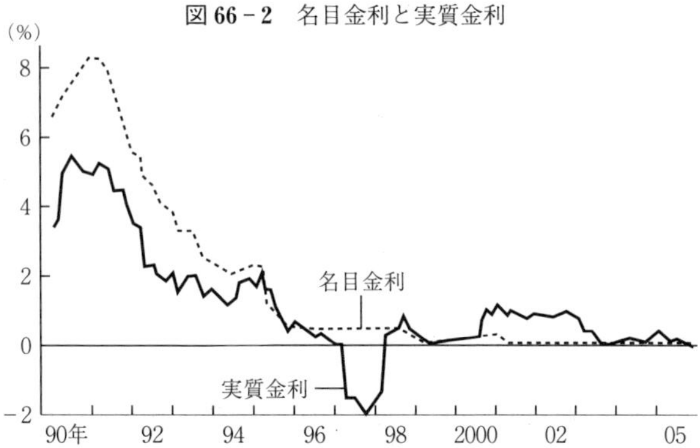

(注)　名目金利は無担保コールオーバーナイト物，実質金利は消費者物価指数（生鮮食品を除く）を使って計算。
出所：『日本経済新聞』2006年２月11日より作成

図 66－3　*IS* 曲線・*LM* 曲線による
GDP・金利の均衡水準の決定

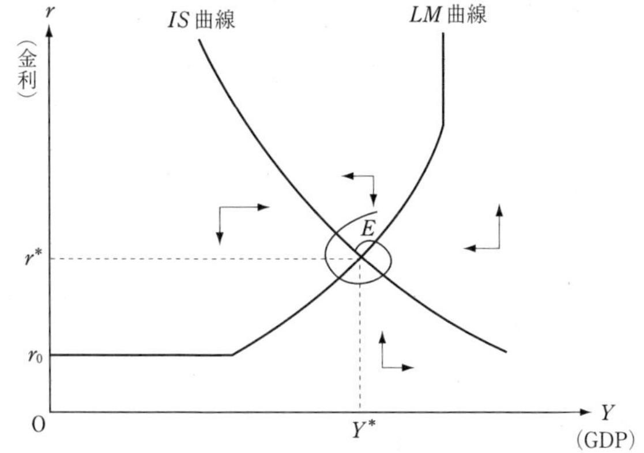

67 金融政策と財政政策の効果：古典派 vs. ケインズ派

前項の *IS*-*LM* モデルより，

$$Y=\frac{(C_0+I_0+G_0-cT_0)}{(1-c)}-\left\{\frac{v}{(1-c)}\right\}r \qquad (IS\text{ 方程式})$$

あるいは

$$r=\frac{(C_0+I_0+G_0-cT_0)}{v}-\left\{\frac{(1-c)}{v}\right\}Y \qquad (IS\text{ 方程式})$$

$$r=\frac{(M_0^D-M_0^S)}{u}+\left(\frac{k}{u}\right)Y \qquad (LM\text{ 方程式})$$

を得ることができます。

拡張的金融政策により貨幣供給量（M_0^S）が増加すると，*LM* 曲線は右にシフトし，低い金利（r）と大きい GDP（Y）が実現します。また，拡張的財政政策により政府支出（G_0）が増大すると，あるいは租税（T_0）が減少すると，*IS* 曲線は右にシフトし，高い金利（r）と大きい GDP（Y）が実現します。

以下では，次の 3 つの特殊ケース（古典派 vs. ケインズ派）の *IS* 曲線・*LM* 曲線を図示し，金融政策・財政政策の有効性を説明します。

(1)　投資の金利感応性がゼロ（$v=0$）であるケース：ケインズ派

投資の金利感応性がゼロであるケースでは *IS* 曲線は垂直であり，*LM* 曲線が右上がりであっても，*LM* 曲線の右方シフトは何らの GDP 水準の増加をもたらさず，金融緩和政策の効果はありません。すなわち，$v=0$のとき，*IS* 曲線は $Y=\frac{(C_0+I_0+G_0-cT_0)}{(1-c)}$ で垂直になります。*IS* 方程式より，

$$Y^*=\frac{(C_0+I_0+G_0-cT_0)}{(1-c)} \qquad (\text{GDP の均衡水準})$$

であり，これはケインズ派の45度線モデル（☞ p. 168）と同じことを意味しています。*IS* 曲線は垂直であり，Y^* を *LM* 方程式に代入すると，

$$r^*=\frac{(M_0^D-M_0^S)}{u}+\left(\frac{k}{u}\right)Y^*$$ （金利の均衡水準）

を得ることができます（ケインズ派の流動性選好説）。GDP は実物領域で，金利は金融領域でそれぞれ決定されています。

$$\frac{\Delta Y^*}{\Delta G_0}=\frac{1}{(1-c)}>0$$ （財政政策は有効）

$$\frac{\Delta Y^*}{\Delta M_0^S}=0$$ （金融政策は無効）

(2)　貨幣需要の金利感応性がゼロ（$u=0$）であるケース：古典派

貨幣需要の金利感応性がゼロ（$u=0$）であるケースでは *LM* 曲線は垂直であり，*IS* 曲線が右下がりであっても，*IS* 曲線の右方シフトは何らの GDP 水準の増加をもたらさず，拡張的財政政策の効果はありません。すなわち，*LM* 方程式の両辺に u をかけると，

$$ur=(M_0^D-M_0^S)+kY$$ （*LM* 方程式）

となり，$u=0$ とおくと，

$$0=(M_0^D 0-M_0^S)+kY$$

であるので，*LM* 曲線は $Y=\frac{(M_0^S-M_0^D)}{k}$ で垂直です。*LM* 方程式より，

$$Y^*=\frac{(M_0^S-M_0^D)}{k}$$ （GDP の均衡水準）

であり（古典派の貨幣数量説），*LM* 曲線は垂直です。Y^* を *IS* 方程式に代入すると，

$$r^*=\frac{(C_0+I_0+G_0-cT_0)}{v}-\frac{(M_0^S-M_0^D)(1-c)}{(kv)}$$ （金利の均衡水準）

を得ることができます（古典派の金利決定の貯蓄・投資説）。GDP は金融領域で，金利は実物領域でそれぞれ決定されています。

$$\frac{\Delta Y^*}{\Delta G_0}=0$$ （財政政策は無効）

$$\frac{\Delta Y^*}{\Delta M_0^S}=\frac{1}{k}$$ （金融政策は有効）

(3)「流動性のワナ」($u=\infty$) のケース：ケインズ派

LM 曲線が水平な部分をもち，その部分と IS 曲線とが交わっていれば，LM 曲線の右方シフトは，何らの GDP 水準の増加をもたらさず，金融緩和政策の効果はありません。このようなとき「経済は流動性のワナに落ち込んでいる」と言われ，LM 方程式は，$r=r_0$（一定）によって置き換えられます。LM 曲線は $r=r_0$ で水平であり，r_0 を IS 方程式に代入すると，

$$Y^*=\frac{(C_0+I_0+G_0-cT_0)}{(1-c)}-\left\{\frac{v}{(1-c)}\right\}r_0 \qquad \text{(GDP の均衡水準)}$$

であり，これはケインズ派の45度線モデル（☞ p. 168）と同じことを意味しています。GDP は実物領域で，金利は金融領域でそれぞれ決定されています。

$$\frac{\Delta Y^*}{\Delta G_0}=\frac{1}{(1-c)} \qquad \text{(財政政策は有効)}$$

$$\frac{\Delta Y^*}{\Delta M_0^S}=0 \qquad \text{(金融政策は無効)}$$

図 67－1　投資の金利感応性ゼロのケース：財政政策

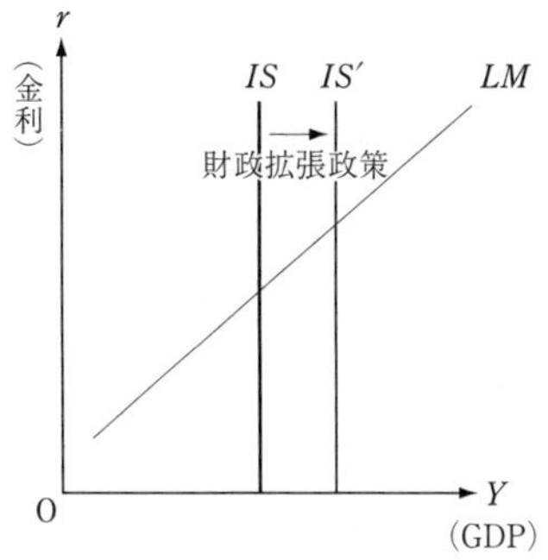

図 67－2　投資の金利感応性ゼロのケース：金融政策

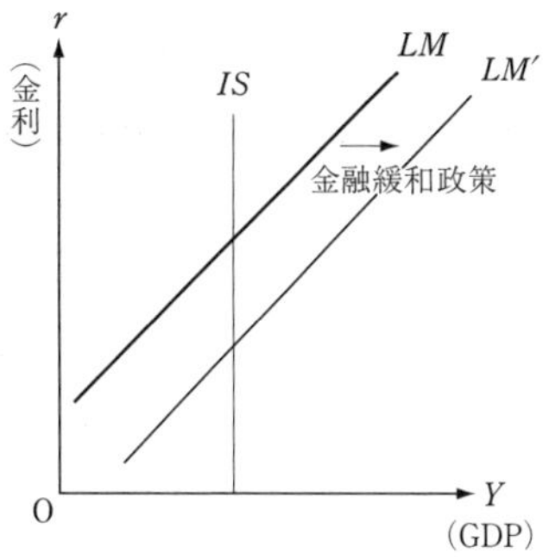

図 67－3　貨幣需要の金利感応性ゼロのケース：財政政策

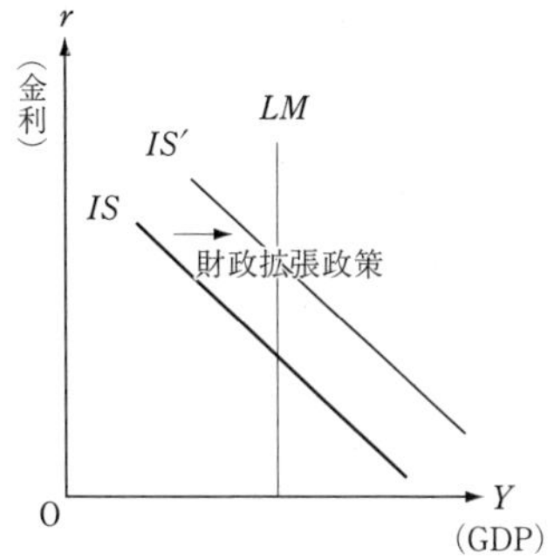

図 67－4　貨幣需要の金利感応性ゼロのケース：金融政策

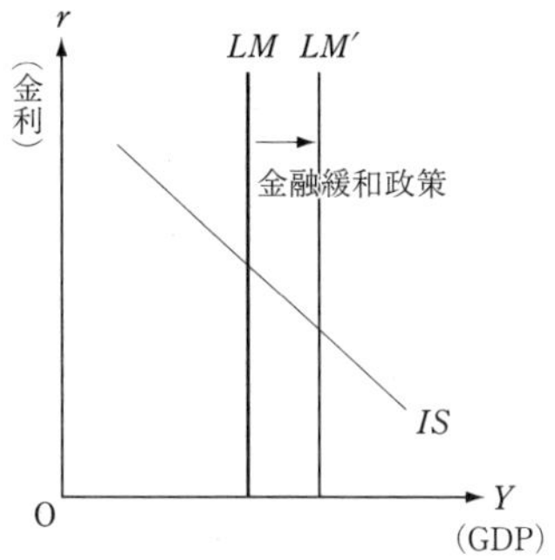

図 67－5　流動性のワナのケース：財政政策

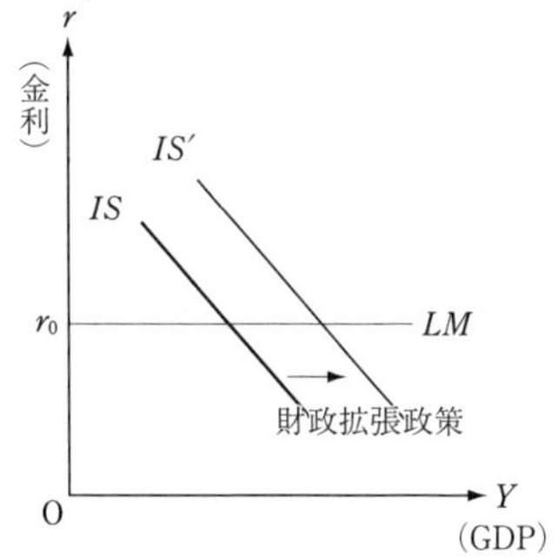

図 67－6　流動性のワナのケース：金融政策

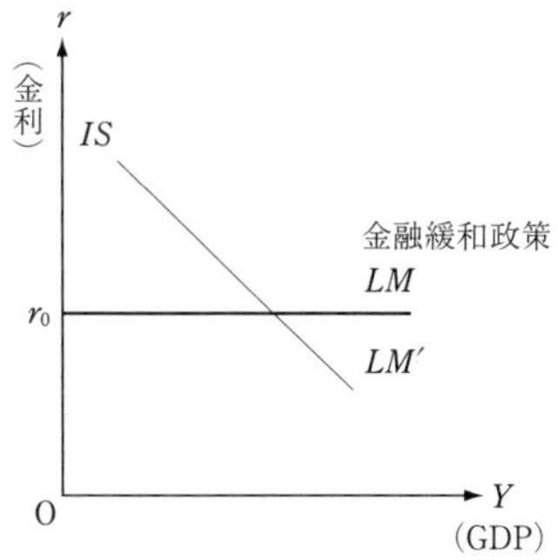

第4部　3つのマクロ経済モデル：GDP，金利および物価

第13章　*AD-AS*モデル：GDP，金利および物価

「ワルラスの法則」により，45度線モデルでは，生産物市場と貨幣市場のうち生産物市場（*IS*）を取り上げ，*IS-LM*モデルでは，生産物市場，貨幣市場および債券市場のうち生産物市場（*IS*）と貨幣市場（*LM*）を取り上げています。45度線モデル，*IS-LM*モデルの需要サイド分析では，一定の物価水準のもとで，財貨・サービスの供給がいくらでもなされると仮定されていますが，物価水準の決定を問題にするときには，財貨・サービスの供給の決定を問題にしなければなりません。

生産要素の投入量と財貨・サービスの産出量は，生産技術により結び付けられていますので，生産要素の需要量を決めれば，財貨・サービスの供給量が決定されます。短期においては，資本投入量は固定されており，企業が動かし得る生産要素は労働投入量だけですので，労働雇用量の決定は，財貨・サービスの供給の決定を意味します。

AD-AS（総需要―総供給）モデルでは，経済の需要サイドばかりでなく，供給サイドも問題とするので，生産物市場，貨幣市場および債券市場に付け加えて，生産要素（労働）市場も取り上げます。*AD*，*AS*両曲線によって，実質 GDP，物価水準がどのように決定されるのかを理解することが学習ポイントです。

表13章－1　2016年度の日本経済の姿：シンクタンクの中期予測

	実質経済成長率	個人消費	設備投資	輸出	鉱工業生産	消費者物価指数（CPI）	完全失業率	為替レート（1ドル、円）	原油価格（1バレル、ドル）	長期金利	短期金利
日本経済研究センター	2.0	1.3	3.6	4.1	1.8	1.3	3.2	100.0	46	3.6	1.75
ニッセイ基礎研究所	1.9	2.3	3.2	2.6	2.2	2.0	3.3	100.0	76	4.2	3.0
第一生命経済研究所	1.9	1.5	3.3	5.0	3.3	0.9	3.4	103.8	40	3.0	1.2
三菱 UFJ リサーチ＆コンサルティング	1.8	1.6	3.7	4.7	1.3	1.0	3.4	108.5	70	2.8	1.75
大和総研	2.0	1.7	1.5	5.0	2.2	1.0	3.7	96.2	50	3.8	1.0

（注）　実質経済成長率，鉱工業生産，CPI は前年度比％。第一生命経済研究所は2012-16年度のメーンシナリオ。大和総研は2015年度の予測。

出所：『日本経済新聞』2006年12月1日より作成

68 こんな新聞記事が出ていました：脱デフレ

「賃金・地価は回復傾向」「脱デフレ動き広がる」「グローバル競争物価に下げ圧力」という見出しのもとで，「緩やかな景気回復を背景に，日本経済の脱デフレへの動きが少しずつ進んでいる。日銀は昨年に量的金融緩和，ゼロ金利という非常時の政策に幕を引き，今年２月に利上げも実施。春闘では幅広い業種で賃上げが実現し，全国平均の地価も16年ぶりのプラスに転じた。ただ，経済のグローバル化などを背景に物価は上がりにくく，デフレ脱却への課題は残る。」（『日本経済新聞』2007年５月４日）という新聞記事がありました。また，「政府，宣言にはなお慎重」という見出しのもとで，「政府はデフレ脱却の宣言に慎重な姿勢を崩していない。判断の参考にする指標は４つ。①消費者物価指数（CPI）②物価の総合的な動きを示す『国内総生産（GDP）デフレーター』③経済の需要と供給の差を示す『需給ギャップ』④企業が一定のモノを作るのに必要な賃金を示す『単位労働コスト』――だ。現状をみると『一つも強いと確信できる指標がない』（内閣府幹部）。安倍晋三首相は昨年末の経済財政諮問会議でデフレ脱却宣言を事実上断念する意向を示した。」（『日本経済新聞』2007年５月４日）という新聞記事がありました。

学習は疑問から始まります。上記の新聞記事から２つの疑問が出てきます。

① 記事中には，デフレ脱却の判断材料として４つの指標が挙げられ，政府はGDP デフレーターを，日銀は消費者物価指数（CPI）をそれぞれ重視していると言われています。ケインズ『貨幣論』は「人間の勤労と人間の消費とは究極的な事柄であって，経済的取引はそのことからのみその意義を引き出すことができる」（p. 137）と述べ，「消費標準」（消費者物価）と「収入標準」（貨幣賃金率）といった２種類の合成商品の価格を「社会全体の第１次的物価水準」と呼んでいます。貨幣の購買力を測る尺度は「合成商品」の価格です。物価にはさまざまな種類があり，どれが重要なのでしょうか。

② 図中に「消費者物価指数（生鮮食品を除く）」と「実質 GDP」の２つがありますが，これらの２つはどのような関係にあるのでしょうか。記事中に

「緩やかな景気回復を背景に，日本経済の脱デフレへの動きが少しずつ進んでいる。」とありますが，実質 GDP が増大すれば，消費者物価指数は必ず上昇するのでしょうか。*AD-AS* モデルは実質 GDP と物価を同時に決定するモデルですが，どのような要因によって実質 GDP，物価は変動するのでしょうか。

図 68-1　景気の山と谷

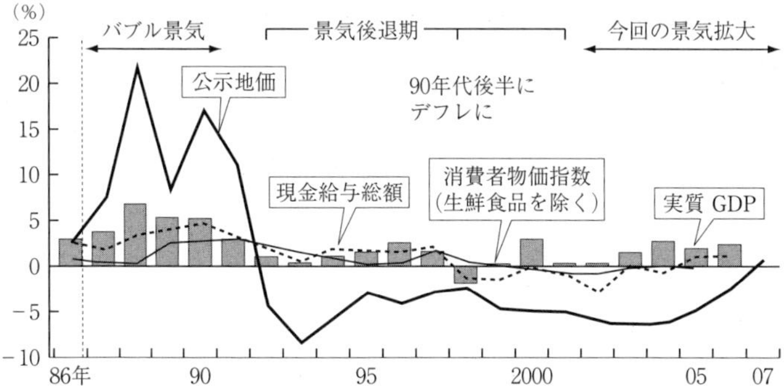

出所：『日本経済新聞』2007年５月４日より作成

図 68-2　脱デフレの目安指標

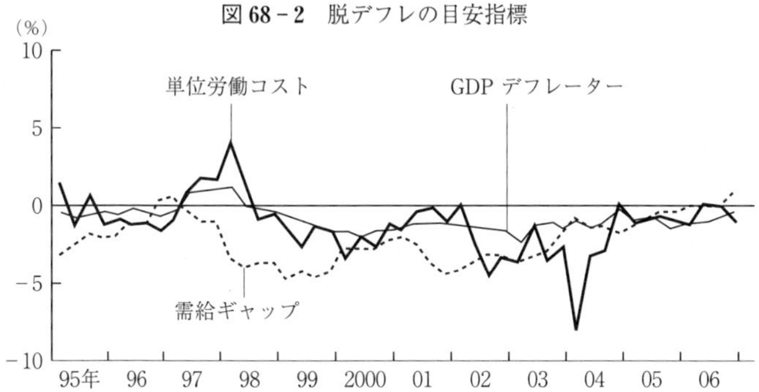

（注）　GDP デフレーターと単位労働コストは前年同期比。
出所：『日本経済新聞』2007年５月４日より作成

69 物価・賃金と失業率は何に依存しているのか：短期日本経済マクロ計量モデル

(1) 物価（GDP デフレーター）

「短期日本経済マクロ計量モデル」によれば，GDP デフレーター（計測期間：1985.1～1997.1）は，次の要因に依存しています。

① 期待物価上昇率

現在及び過去（1～5期前）の前期の GDP デフレーターが上昇したとき，GDP デフレーターは上昇します。これは期待物価上昇率の代理変数です。2期前の係数が最大です。

② 財貨・サービス市場の需給ギャップ

現在及び過去（1期前）の稼働率指数（製造工業）が上昇したとき，GDP デフレーターは上昇します。これは財貨・サービス市場の需給ギャップを反映する要因です。

③ 期待される俸給・賃金上昇率の代理変数

現在及び過去（1期前）の一人当たりの労働時間当たり俸給・賃金が上昇したとき，GDP デフレーターは上昇します。これは期待される俸給・賃金上昇率の代理変数です。

④ 円建ての鉱物性燃料価格

現在及び過去（1～2期前）の円建ての鉱物性燃料価格が上昇したとき，GDP デフレーターは上昇します。現在の係数が最大です。

(2) 雇用者一人当たり賃金・俸給

「短期日本経済マクロ計量モデル」によれば，雇用者一人当たり賃金・俸給（計測期間：1978.1～1997.1）は，次の要因に依存しています。

① 労働分配率

「(前期の名目 GDP)×(前期の労働分配率)÷(前期の雇用者所得)」が増大すれば，賃金・俸給の伸び率は上昇します。これは中長期的要因で，労働分配率

図 69－1　GDP デフレーター（物価）

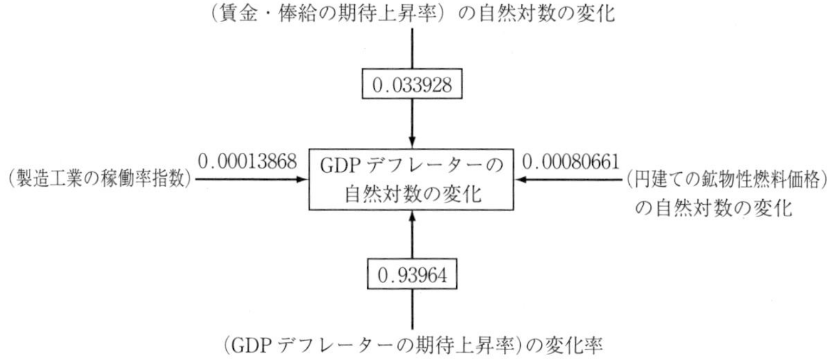

図 69－2　雇用者一人当たり俸給・賃金

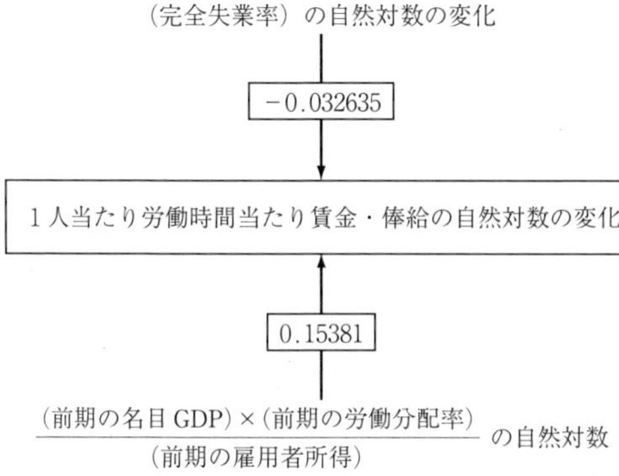

図 69－3　完全失業率

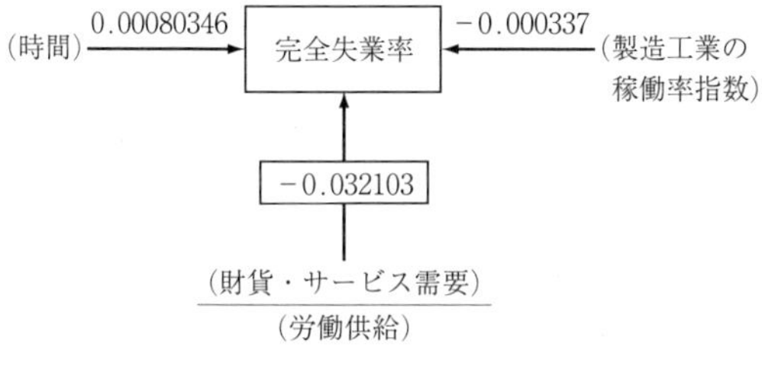

が均衡水準に保たれる形で調整されるように，賃金・俸給が決定されるという考えです。

② 完全失業率

現在及び過去（1～4期前）の完全失業率の伸び率が上昇すれば，賃金・俸給の伸び率は低下します。これは短期的要因で，賃金・俸給は失業率で変動するという考えです。現在の係数の絶対値が最大です。

(3) 完全失業率

「短期日本経済マクロ計量モデル」によれば，完全失業率（計測期間：1985.1～1997.1）は，次の要因に依存しています。

① 時　間

時間が1単位増大したとき，完全失業率は0.0008％上昇します。これはトレンド要因です。

② 財貨・サービス需要÷労働供給

現在及び過去（1～4期前）の「(財貨・サービス需要)÷(労働供給)」が1単位増大したとき，完全失業率は0.032％下落します。「(名目 GDP)÷{1＋(消費税率)×(消費税による GDP デフレータ上昇率)}」は財貨・サービス需要の代理変数です。「(社会保障及び雇主負担含む一人当たり雇用者所得)÷(労働力人口)」は労働供給の代理変数です。1～5期前の係数はすべてマイナスですが，現在の係数はプラスです。

③ 稼働率（短期の景気状況）

現在及び過去（1～3期前）の製造工業の稼働率指数が1単位増大したとき，完全失業率は0.0003％下落します。稼働率は，短期の景気状況の代理変数です。現在の係数の絶対値が最大です。

図 69－4　消費者物価指数の推移

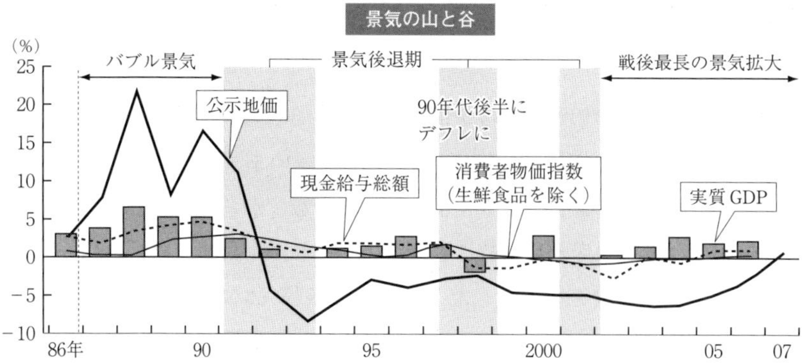

出所：『日本経済新聞』2007年５月４日より作成

図 69－5　GDP デフレーターの推移

出所：『日本経済新聞』2007年５月４日より作成

図 69－6　完全失業率の推移

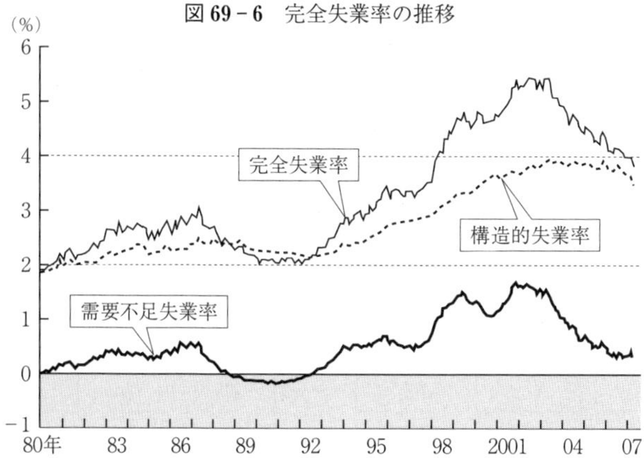

出所：『日本経済新聞』2007年５月３日より作成

70 一般物価水準：インフレーションとデフレーション

財貨・サービスの個別の値段を問題にするときには「価格（price）」，全体の値段を問題にするときには「物価（prices）」と言います。財貨・サービス全体の「全体」の範囲により，さまざまな「物価指数」が考えられます。

物価指数は物価の変動を指数にしたものであり，企業間で取引される財貨・サービス全体の値段を指数化した「企業物価指数（2000年基準に改定されるまでは卸売物価指数と呼ばれていました）」と，消費者が日常購入する財貨・サービス全体の値段を指数化した「消費者物価指数」の２つがあります。日本銀行によって作成される企業物価指数には，国内の企業間で取引される財貨全体の値段を対象とした「国内企業物価指数（CGPI）」，海外に輸出される財貨全体の

【知っておきましょう】　パーシェ指数とラスパイレス指数

一般物価水準の変化を知るためには，同じモノ（財のバスケット）を購入して，それらの購入金額を比較する必要があります。

①　パーシェ指数（GDP デフレーター）

比較時の財のバスケット（x_1^t, x_2^t）を考えています。第 t 年の財のバスケットを第 0 , t 時点の価格でそれぞれ評価し，比較しています。

$$\left\{\frac{(p_1^t x_1^t + p_2^t x_2^t)}{(p_1^0 x_1^t + p_2^0 x_2^t)}\right\} \times 100$$

②　ラスパイレス指数（企業物価指数・消費者物価指数）

基準時の財のバスケット（x_1^0, x_2^0）を考えています。第 0 年の財のバスケットを第 0 , t 時点の価格でそれぞれ評価し，比較しています。

$$\left\{\frac{(p_1^t x_1^0 + p_2^t x_2^0)}{(p_1^0 x_1^0 + p_2^0 x_2^0)}\right\} \times 100$$

表 70－1　基準時・比較時の数量・価格

基 準 年 次

	数　量	価　格
X_1	X_1^0	P_1^0
X_2	X_2^0	P_2^0

→

比 較 年 次（第 t 年）

	数　量	価　格
X_1	X_1^t	P_1^t
X_2	X_2^t	P_2^t

値段を対象とした「輸出物価指数（EPI）」，海外から輸入される財貨全体の値段を対象とした「輸入物価指数（IPI）」の3種類があります。

総務省によって作成される「消費者物価指数（CPI）」は，小売物価統計調査の小売価格の平均から個別の指数を作成し，家計調査をもとに個別の指数を統合して作成された指数です。

「物価」が上昇したとき，それが実体験できる経済活動の範囲の物価ならば，インフレやデフレを体感できるのですが，そうでなければ，物価の上昇や下落は，統計上の数字にとどまり，実感に乏しいものになります。「最近，物価が上がってきたが」というときの物価は，「生鮮食品（魚介，野菜，果物の生鮮三品）の価格を除いた消費者物価指数（コア指数）」を指しています。

図 70－1　国内企業物価と消費者物価

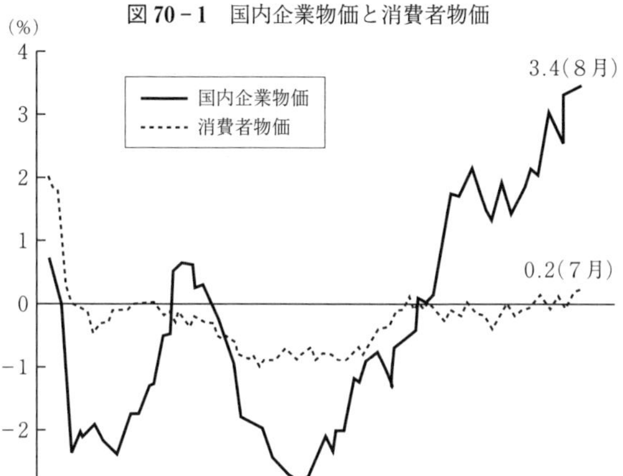

出所：「日本経済新聞」2006年9月27日より作成

【知っておきましょう】　インフレーションとデフレーション

「インフレーション」は，一般物価水準の継続的な上昇あるいは貨幣価値の継続的な下落と定義されます。1つ1つの価格ではなく，価格全体，つまり一般物価水準の上昇がインフレーションです。また，一般物価水準の1回限りの上昇ではなく，継続的な上昇がインフレーションです。もちろん，デフレーションは逆で，それは一般物価水準の継続的な下落あるいは貨幣価値の継続的な上昇と定義されます。

71 労働市場と失業：自発的失業，摩擦的失業，非自発的失業

J. M. ケインズ『一般理論』は，古典派経済学の雇用理論は次の２つの公準に基礎をおいているとしています。

①　第一公準：「賃金は労働の［価値］限界生産物に等しい。」(p. 5)

これは「貨幣賃金＝労働の価値限界生産物」あるいは「実質賃金＝労働の物的限界生産物」といった完全競争市場下の労働需要サイドの利潤最大化条件を意味しています。企業の労働需要は実質賃金率の減少関数です。

②　第二公準：「一定の労働量が雇用されている場合，賃金の効用はその雇用量の限界不効用に等しい。」(p. 5)

これは「実質賃金×賃金財の限界効用＝労働の限界不効用」といった完全競争市場下の労働供給サイドの効用最大化条件を意味しています。家計の労働供給は実質賃金率の増加関数です。

古典派経済学では，労働需給を均衡させる実質賃金率が成立し，完全雇用均衡が実現します。ケインズは古典派雇用理論の第一公準には同意していますが，以下の２つの理由から第二公準を放棄しています。

①　賃金契約に当たっての労働者の実際の態度：実質賃金 vs. 貨幣賃金

古典派は労働者は実質賃金を要求すると主張していますが，ケインズは貨幣賃金を要求すると論じています。W＝貨幣賃金，P＝賃金財の価格（物価）とすれば，実質賃金 $\left(\frac{W}{P}\right)$ の低下に対する労働者の態度は次のとおりです。

古典派：

W 下落・P 一定のとき，労働供給を減少する。

W 一定・P 上昇のとき，労働供給を減少する。

ケインズ：

W 下落・P 一定のとき，労働供給を減少する。

W 一定・P 上昇のとき，労働供給は不変である。

したがって，ケインズは，実質賃金は「労働供給を減少する，減少しない」といった労働の限界不効用の正確な指標であるとはいえず，第二公準は妥当しな

図 71－1　構造的失業率（自然失業率）と
需要不足失業率（非自発的失業率）

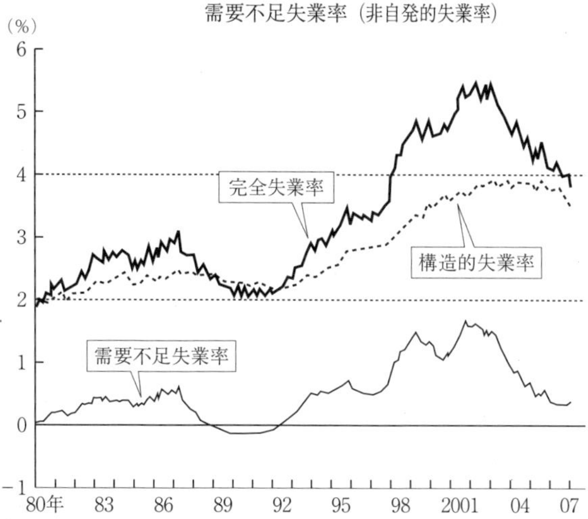

出所：『日本経済新聞』2007年５月30日より作成

【知っておきましょう】　ベバリッジ曲線と有効求人倍率

縦軸に求人数（V），横軸に求職者数（または失業者数：U）をとって描かれる右下がりの曲線は「ベバリッジ曲線」と呼ばれ，$\frac{V}{U}$ は有効求人倍率です。

図 71－2　有効求人倍率と１人当たり賃金

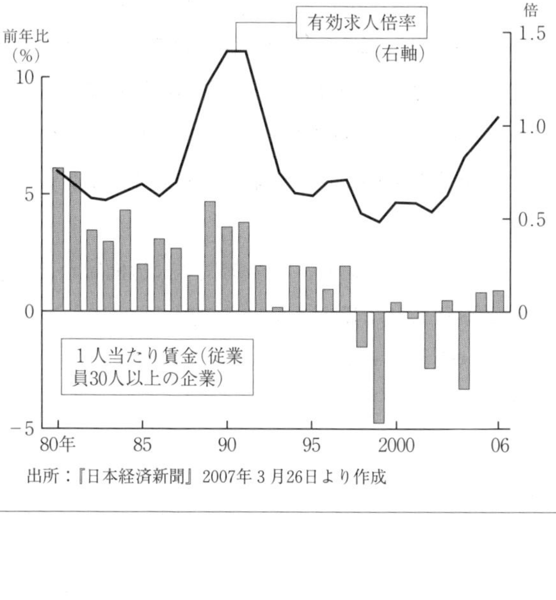

出所：『日本経済新聞』2007年３月26日より作成

いと論じています。

②　実質賃金の決定

古典派は実質賃金は企業者と労働者との間の賃金交渉によって直接に決定されると主張し，ケインズは「組織，設備および技術が一定の状態においては，労働一単位の得る実質賃金は，雇用量と一義的な（逆の）相関関係をもっている。」（p. 17）と論じています。

ケインズは失業を次の 3 つに分類しています。

①　摩擦的失業

これは「調整のさまざまな不正確さのために持続的な完全雇用の実現が妨げられる場合」（p. 6）の失業，すなわち，経済環境の変化に対する調整が即時的になされないことから生じる失業です。

②　自発的失業

これはさまざまな理由で「その労働の限界生産力に帰せられる生産物の価値に相応した報酬を受け入れることを拒否したり，あるいは受け入れることができないために生ずる失業」（p. 6），すなわち，市場で成立している雇用条件では働きたくないことから生じている失業です。

③　非自発的失業

「賃金財の価格が貨幣賃金に比してわずかに上昇した（したがって実質賃金が下落した—引用者注）場合に，現行の貨幣賃金で働こうと欲する総労働供給と，その賃金における総労働需要とがともに，現在の雇用量よりも大であるならば，人々は非自発的に失業しているのである。」（pp. 15-16）すなわち，家計は現行の貨幣賃金率で労働供給しているが，企業の労働需要が不足しているために生じている失業です。

摩擦的失業は一時的なものであり，自発的失業は労働者の自由意思によるものであるので，社会全体としては大きな失業問題ではなく，ケインズは非自発的失業が存在しない状態を「完全雇用」と呼んでいます。古典派は非自発的失業の可能性を認めないが，ケインズ『一般理論』は非自発的失業の存在を問題にしています。

図 71－3　古典派の完全雇用均衡

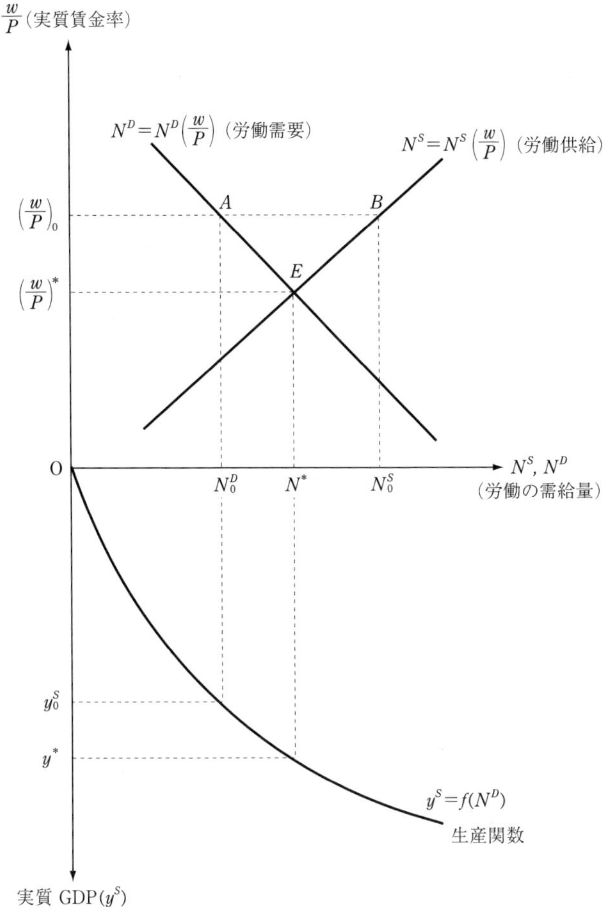

古典派の労働市場：

$N^S=N^D$　（需給均衡条件）

$N^S=N^S\left(\frac{w}{P}\right)$　（労働供給関数）

$N^D=N^D\left(\frac{w}{P}\right)$　（労働需要関数）

ここで，w＝貨幣賃金率，P＝一般物価水準，$\frac{w}{P}$＝実質賃金率です。古典派においては，雇用量は労働供給曲線と労働需要曲線の交点で決定され，現行の実質賃金率で働きたいと思っている労働者はすべて雇用され，働きたいのに働けない労働者はいません。

【知っておきましょう】　自然失業率

N^D＝労働需要量，N^S＝労働供給量，N＝雇用者数，V＝未充足求人数，U＝失業者数とすると，

$$N^D \equiv N+V \qquad \text{（労働需要量）}$$

$$N^S \equiv N+U \qquad \text{（労働供給量）}$$

です。労働市場における需給均衡条件は，

$$N^S = N^D \qquad \text{（労働供給＝労働需要）}$$

ですが，労働市場が均衡（$N^D=N^S$：完全雇用状態）していても，失業者（$U=V>0$：自発的失業者，摩擦的失業者）は存在します。「$\dfrac{\text{（自発的失業＋摩擦的失業）}}{\text{労働供給量}}$」は「自然失業率」と呼ばれています。

【知っておきましょう】　完全失業率

総務省の「労働力調査」では，「就業者」の範囲を，毎月月末の1週間に1時間以上，収入を伴う仕事をした者（ただし，家族従業者は無給でも就業者に含めます）と定めているので，「完全失業者」の範囲が狭く，完全失業率が低めに出る傾向があります。「完全失業者÷労働力人口」×100で求められる「完全失業率」は景気の遅行指標で，半年から1年前の景気状況を反映しています。

【知っておきましょう】　オークンの法則

「オークン（A. M. Okun）の法則」は失業率と実質 GDP ギャップ（＝現実の実質 GDP －完全雇用実質 GDP）との間に統計的に観察される負の相関関係のことです。失業率が自然失業率から1％上昇乖離したときに実質 GDP ギャップがマイナス何%になるかという値は「オークン係数」と呼ばれています。

図 71－4　ケインズ派の不完全雇用均衡

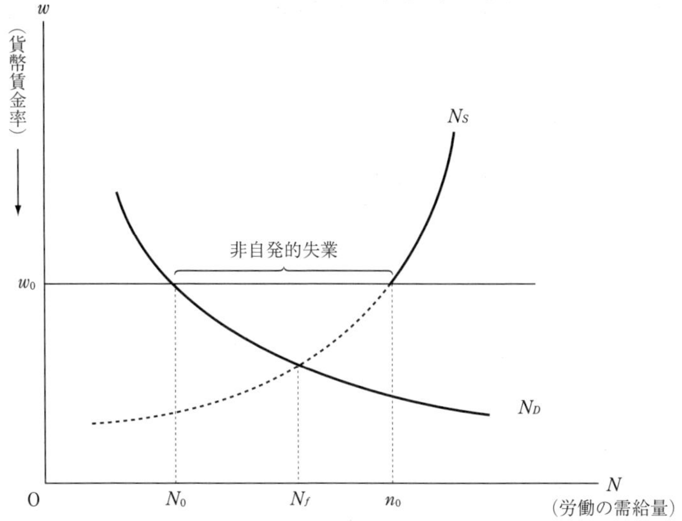

ケインズ派の労働市場：

$$w = w_0 + w(N) \qquad \text{（労働供給関数）}$$

$$N \leqq N^* \text{ ならば } \quad w(N) = 0$$

$$N > N^* \text{ ならば } \quad w'(N) = \frac{dw}{dN} > 0$$

$$N^D = N^D\left(\frac{w}{P}\right) \qquad \text{（労働需要関数）}$$

ここで，w＝貨幣賃金率，P＝一般物価水準，$\frac{w}{P}$＝実質賃金率です。古典派経済学とケインズ派経済学は，異なる均衡状態を分析対象にしています。つまり，古典派は，競争的労働市場において，需給を均衡させるように貨幣賃金率が急速に調整されることを前提にし，価格調整がゆきつくした均衡状態を分析し，ケインズ派は，現実には労働市場は競争的でなく，貨幣賃金率の調整は急速でない（貨幣賃金率の下方硬直性）という認識に立って，価格調整のゆきつくしていない均衡状態を分析しています。ですから，ケインズ派モデルの不完全雇用均衡は一種の均衡と解釈できるとしても，その場合の均衡は古典派で考えられている均衡とはかなり性質が異なっています。

72 経済の供給面：*AS* 曲線

(1) 古典派の *AS* 曲線

労働市場の需給均衡条件式より，$N^{S*}=N^{D*}=N^*$（労働の完全雇用），$\left(\frac{w}{P}\right)^*$（均衡実質賃金率）を得ることができます。生産関数より，$y^{S*}=f(N^{D*})$（完全雇用 GDP）であり，古典派の *AS* 曲線は垂直です。

(2) ケインズ派の *AS* 曲線

ケインズ派が古典派と異なるのは，労働供給の考え方についてです。古典派では，労働供給も実質賃金率の関数で，失業があれば貨幣賃金率は引き下げられると考えられています。一方，ケインズ派は，この考え方を批判し，貨幣賃金率の伸縮性の現実妥当性を否定しています。つまり，貨幣賃金率の現行水準以下への引き下げに対する労働者の抵抗などにより，貨幣賃金率の下方への調整は非常に働きにくくなっているとケインズ派は想定し，労働供給関数を次のように特定化しています。

$$w=w_0+w(N)$$

$$N\leqq N^* \text{ ならば } \quad w(N)=0$$

$$N>N^* \text{ ならば } \quad w'(N)=\frac{dw}{dN}>0$$

上記の定式化は，労働供給は，本来，実質賃金率の増加関数であるが，ひとたびある貨幣賃金率（w_0）が成立すると，労働者はその引き下げに反対し，それ以下の貨幣賃金率では労働を供給しなくなることを意味しています。

かくて，ケインズ派の労働市場は，次のように定式化されます。

$$w=w_0+w(N) \qquad \text{（労働供給関数）}$$

$$N\leqq N^* \text{ ならば } \quad w(N)=0$$

$$N>N^* \text{ ならば } \quad w'(N)=\frac{dw}{dN}>0$$

$$N^D=N^D\left(\frac{w}{P}\right) \qquad \text{（労働需要関数）}$$

図 72－1　古典派の *AS* 曲線

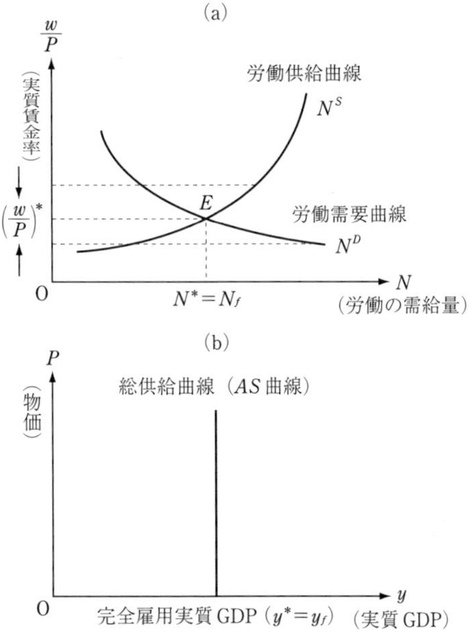

ある特定の一般物価水準（P_0）と，ある特定の貨幣賃金率（w_0）によって規定される実質賃金率$\left(\frac{w_0}{P_0}\right)$のもとで，労働の需要と供給がちょうど一致している，つまり労働の完全雇用が成立している状態（図 72－2 E_0 点）を考えましょう。いま，そこから何らかの理由（例えば，生産物市場における超過供給の発生）により，一般物価水準が P_0 から P_1 へ下落した場合を想定しましょう。

本来，労働の需給量は実質賃金率の関数ですが，図 72－2 は，労働の需要曲線と供給曲線を貨幣賃金率の関数として描いているので，各需要・供給曲線は特定の一般物価水準に対応して描かれています。一般物価水準が下落すると，同一水準の貨幣賃金率が以前よりも高い実質賃金率に対応することになるので，労働需要（N^D）曲線は左方へ，労働供給（N^S）曲線は右方へシフトします。同図で，一般物価水準が P_1 であるときの労働需要曲線は $N^D(P_1)$，労働供給曲線は $N^S(P_1)$です。このとき，貨幣賃金率が伸縮的ならば，両曲線は，貨幣賃金率 w_1 で交わるでしょう。

しかし，ひとたび，貨幣賃金率が w_0 に固定されると，労働者はその引き下げに反対し，それ以下の貨幣賃金率では労働を供給しなくなります。労働供給曲線は，N^S 曲線の実線部分と，w_0 の高さをもつ水平部分とから構成され，点線部分は働かなくなります。つまり，労働供給は，完全雇用点までは，貨幣賃金率の関数で，現行貨幣賃金率のもとで無限大の弾力性をもっています。労働雇用量は，労働の供給曲線と需要曲線の交点 E_1 に対応する水準 N_1 に決定されます。このとき，現行貨幣賃金率 w_0 で働きたいのに，雇用されていない人

(図72-2のE_1Aの大きさ)，つまり「非自発的失業」(☞ p. 200)が発生しています。

ケインズ派理論は，貨幣賃金率には下方硬直性があるため，労働市場の超過供給を解消することはできず，その結果として非自発的失業が発生すると考えています。非自発的失業は，一般物価水準がP_1から上昇し，労働需要曲線が右方へシフトしていくにしたがって減少します。一般物価水準がP_0にまで上昇すると(図72-2のE_0点)，非自発的失業はゼロになります。一般物価水準がP_0を超えてさらに上昇すると，貨幣賃金率は上方伸縮的であるので，貨幣賃金率は物価と比例的に上昇します。図72-2のE_0点とE_2点は同一の実質賃金率に対応していることに注意しましょう。

財貨・サービスの総供給(AS)を直接決定するのは，労働がどれだけ雇用されるかです。経済主体が進んで望む以上の取引は誰も強制されないと想定すれば，不均衡のもとでの取引量は需要と供給のうち少ない方で決定されます。貨幣賃金率の下方硬直性下，超過供給の状態にある労働市場では，市場のショート・サイドとなるのは労働需要であり，実現される雇用量は労働需要曲線上にあります。企業は一定の貨幣賃金率のもとで，労働需要量を決定します。つまり，雇用量の水準は，一般物価水準に依存して決定され，物価の上昇は労働雇用量を増大させます。逆に言えば，一般物価水準の上昇がなければ，労働雇用量は増大しません。雇用量の増大は，生産関数より財貨・サービスの総供給の増加を意味しています。かくして，ケインズ派のAS曲線は右上がりです。

図 72－2　ケインズ派の労働市場

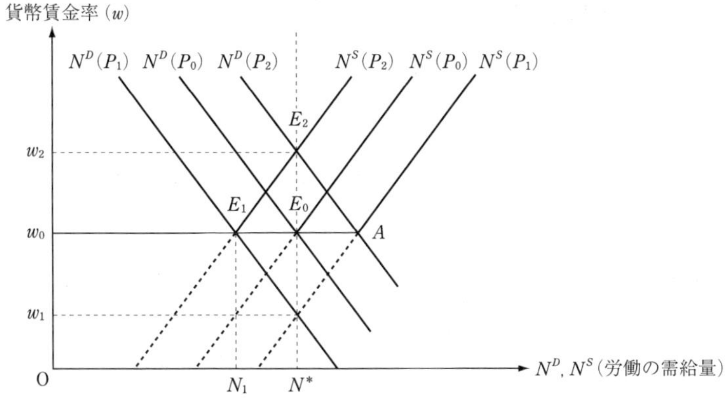

図 72－3　ケインズ派の *AS* 曲線

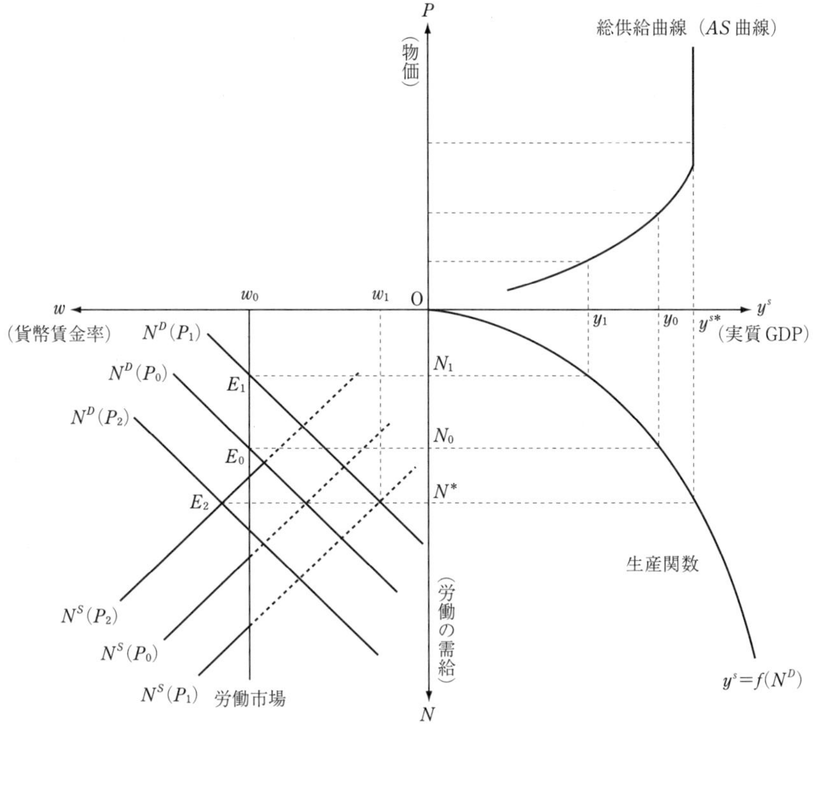

73 経済の需要面：*AD* 曲線

(1) 古典派の *AD* 曲線

古典派では，実質GDP，雇用量，金利などは貨幣市場とは独立に決定され，貨幣市場の役割は一般物価水準の決定だけです。それは「古典派の二分法」と呼ばれています。

貨幣数量説のケンブリッジ型数量方程式は，

$$M=kPy \qquad \text{(名目貨幣供給＝名目貨幣需要)}$$

ですが，それは財貨・サービスに対する名目総需要額が $\dfrac{M}{k}$ に等しくなるように決定される式と解釈することができます。名目総需要額は，一般物価水準と実質総需要の積であり，これを図示したものが「総需要（*AD*）曲線」です。マーシャルの k が定数である限り，財貨・サービスに対する名目総需要額はもっぱら貨幣供給量によって規定され，貨幣供給量が与えられている限り，総需要額の構成要素を決定する要因は総需要額の大きさには影響せず，その内訳に影響を与えるにすぎません。

(2) ケインズ派の *AD* 曲線

ケインズ派の総需要（*AD*）曲線は，*IS*-*LM* モデル（☞ p. 182）に一般物価水準（P）を導入することにより求められます。つまり，ケインズ派の *AD* セクターのモデルは，次のとおりです。

$$y=c+i+g \qquad \text{(財貨・サービス市場の需給均衡式)}$$

$$c=c_0+ay_d \qquad \text{(実質消費関数)}$$

$$y_d=y-t \qquad \text{(実質可処分所得の定義)}$$

$$t=t_0 \qquad \text{(実質一括固定税)}$$

$$i=i_0-vr \qquad \text{(実質投資関数)}$$

$$g=g_0 \qquad \text{(一定の実質政府支出)}$$

$$\frac{M}{P}=l_1+l_2 \qquad \text{(貨幣ストック市場の需給均衡式)}$$

図 73－1　古典派の *AD* 曲線

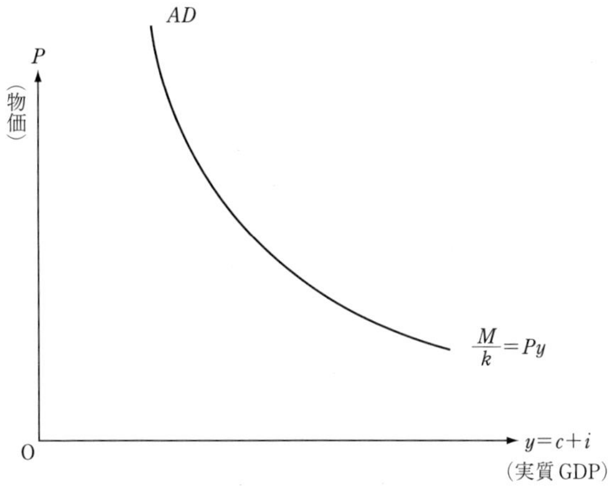

図 73－2　ケインズ派の *AD* 曲線

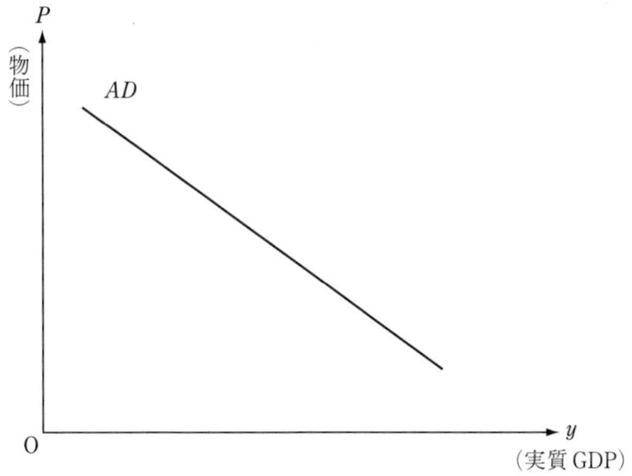

$M=M_0$　（一定の名目貨幣供給）

$l_1\equiv\frac{L_1}{P}=ky$　（取引動機・予備的動機にもとづく実質貨幣需要）

$l_2\equiv\frac{L_2}{P}=l_0-ur$　（投機的動機にもとづく実質貨幣需要）

上記の式を１本にまとめると，

$$y=\frac{\left\{c_0+i_0+g_0-at_0-\left(\frac{vl_0}{u}\right)\right\}}{\left\{1-a+\left(\frac{vk}{u}\right)\right\}}+\left[\frac{\left(\frac{vM_0}{u}\right)}{\left\{1-a+\left(\frac{vK}{u}\right)\right\}}\right]\left(\frac{1}{P}\right)$$

が得られ，これは「AD 方程式」と呼ばれています。つまり，財貨・サービス市場と貨幣市場を同時均衡させる y と r の組み合わせが，一般物価水準 P の関数として決定され，このうち特に y に注目して，P との関係を図示したものが「総需要（AD）曲線」と呼ばれているものです。

【知っておきましょう】 *IS*-*LM* モデルと *AD* 曲線

LM 方程式は，

$$y=\left(\frac{M_0}{K}\right)\left(\frac{1}{P}\right)-\frac{l_0}{K}+\left(\frac{u}{K}\right)r$$ （☞ p. 180）

であり，一般物価水準 P は *LM* 方程式だけに入っています。P の上昇（$P_0 \to P_1 \to P_2$）は *LM* 曲線を左上方へシフトさせます。*IS* 曲線，*LM* 曲線の交点で決まる均衡 GDP 水準（$y_0 \to y_1 \to y_2$）と均衡一般物価水準（$P_0 \to P_1 \to P_2$）を対応させたものが *AD* 曲線（総需要曲線）です。

図 73－3　*IS*-*LM* モデルと *AD* 曲線

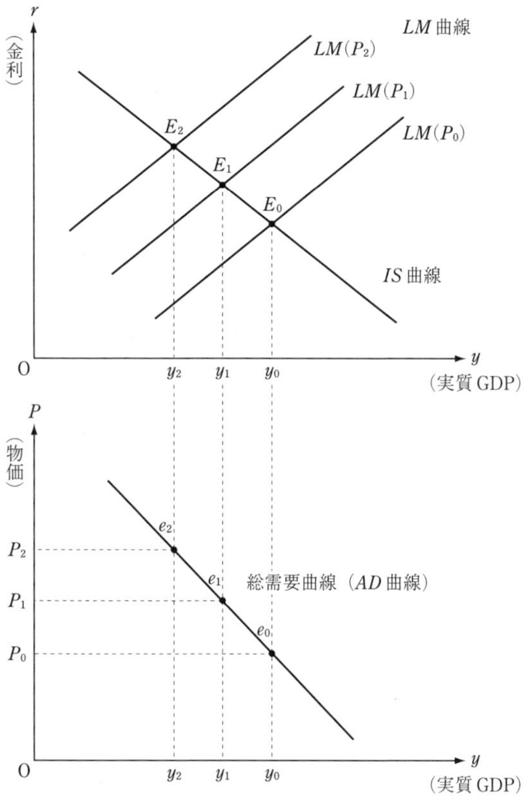

74 *AS*曲線と*AD*曲線：実質GDPと物価の決定

総需要（*AD*）曲線と総供給（*AS*）曲線との交点は，一般物価水準と実質GDPの均衡水準を決定しています。

(1) 古典派

実質GDP，雇用量，実質賃金率，金利などは貨幣量とは独立に，経済の実物領域のみによって決定されます。古典派理論では，「セイの法則」が仮定され，財貨・サービス市場では，資源（労働，資本）の完全雇用・完全利用によって生み出される財貨・サービスの供給量にちょうど等しい需要量が自動的に生み出されます。

(2) ケインズ派

均衡点に対応する実質GDPは，完全雇用実質GDPよりも左にあり，「不完全雇用均衡」と呼ばれています。

【知っておきましょう】　ディマンド・プル・インフレとコスト・プッシュ・インフレ

インフレーションは原因によって「ディマンド・プル・インフレ」と「コスト・プッシュ・インフレ」に分類されます。

① ディマンド・プル・インフレ

ディマンド・プル・インフレは***AD***曲線の右上方への継続的なシフトによるインフレーションです。

② コスト・プッシュ・インフレ

コスト・プッシュ・インフレは***AS***曲線の左上方への継続的なシフトによるインフレーションです。

③ 真性インフレーション

真性（真正）インフレーションは***AS***曲線が垂直である状況下での，***AD***曲線の右上方への継続的なシフトによるインフレーションです。

図 74－1　垂直の AS 曲線と右下がりの AD 曲線

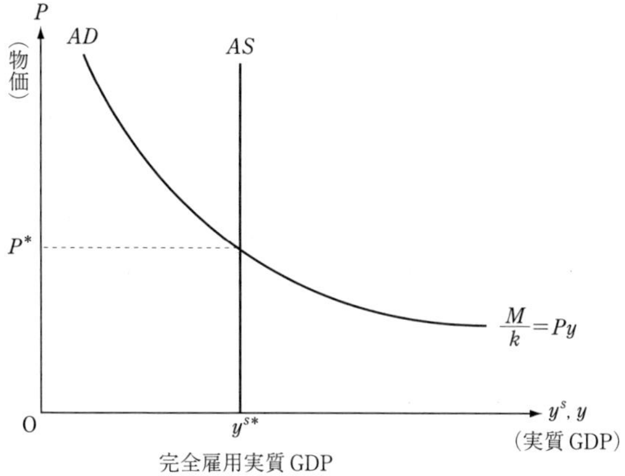

図 74－2　右上がりの AS 曲線と右下がりの AD 曲線

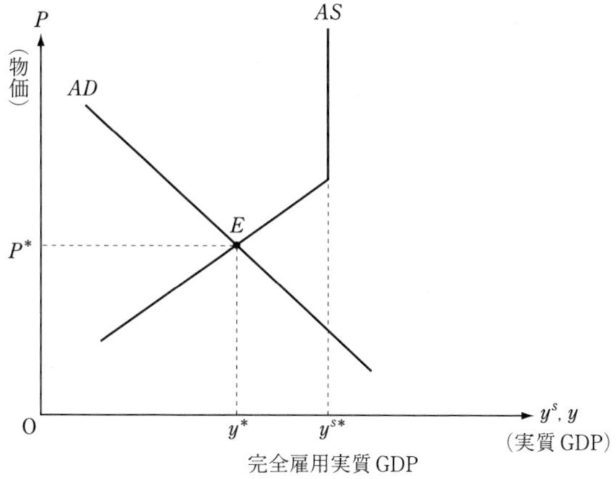

75 ディマンドサイド政策とサプライサイド政策の効果

構造改革（サプライサイド政策）は，*AS* 曲線を右下方へシフトさせるので，一般物価水準（*P*）を下落，実質 GDP（*y*）を増大させます。拡張的総需要管理政策（金融緩和・財政拡大政策：ディマンドサイド政策）は *AD* 曲線を右上方へシフトさせるので，一般物価水準（*P*），実質 GDP（*y*）を上昇させます。

ただし，*AS* 曲線が垂直の状態（古典派：☞ p. 212）にあるときは，実質 GDP に対して，ディマンドサイド政策は無効で，サプライサイド政策のみ有効です。一方，*AD* 曲線が垂直の状態（ケインズ派の投資の金利感応性ゼロ，もしくは貨幣需要の金利感応性無限大の状態：☞ p. 208）にあるときは，実質 GDP に対して，サプライサイド政策と金融政策は無効で，財政政策のみ有効です。

図 75－1　サプライサイド政策

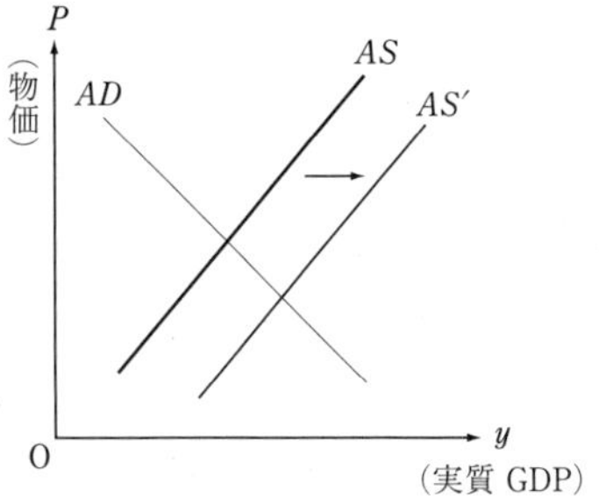

図 75－2　ディマンドサイド政策

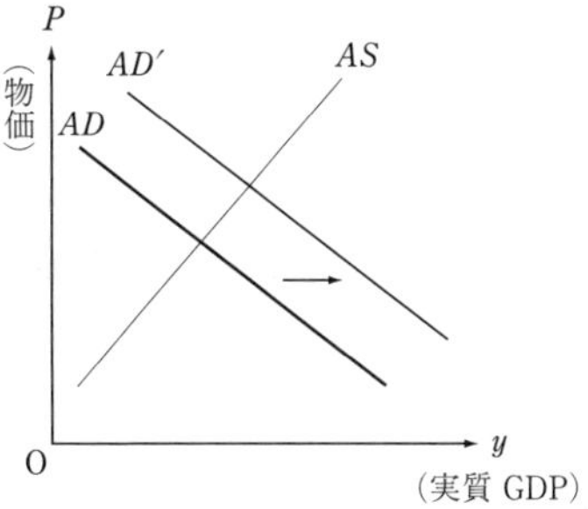

図 75－3　垂直の *AS* 曲線とディマンドサイド政策・サプライサイド政策

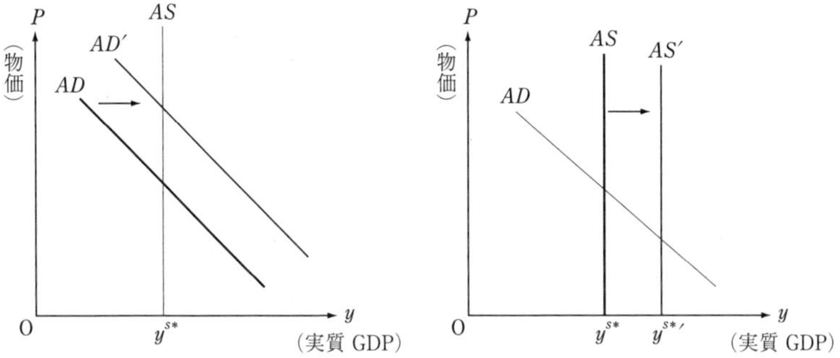

図 75－4　垂直の *AD* 曲線とディマンドサイド政策・サプライサイド政策

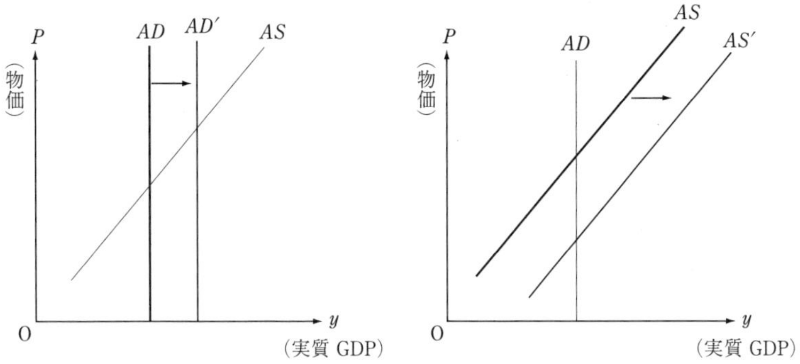

76 フィリップス曲線：インフレーションと失業

フィリップス（A. W. Phillips）が貨幣賃金率の上昇率と失業率との間の安定した負の相関関係を経験的に観察して以降，これは興味深いファクト・ファインディングスであるとの評価を得，縦軸に貨幣賃金率の上昇率，横軸に失業率をとった右下がりの曲線は「フィリップス曲線」と呼ばれるようになりました。そして，インフレ理論は，このフィリップス曲線をめぐる論争として展開されてきました。

フィリップス曲線をめぐる理論的展開は，フィリップス曲線の理論的導出，物価フィリップス曲線，マネタリストによる短期と長期のフィリップス曲線の区別（自然失業率仮説），合理的期待マクロ経済論者による垂直の短期フィリップス曲線の，4つの段階に整理されています。

(1)　R. G. リプシーによるフィリップス曲線の理論的導出

N^D, N^S＝労働の需要量・供給量，U＝失業者数，w＝貨幣賃金率，$u=\dfrac{U}{N^S}$＝失業率，k＝調整速度とします。$\dfrac{(N^D-N^S)}{N^S}$（超過需要率）を観察することはできませんが，w, u は観察可能です。

$$\frac{dw}{w}=k\left[\frac{(N^D-N^S)}{N^S}\right] \quad k>0 \quad \text{（賃金調整関数）}$$

$$u=g\left(\frac{(N^D-N^S)}{N^S}\right) \quad g'<0 \quad \text{（労働の超過需要率と失業率との関係）}$$

より，

$$\frac{dw}{w}=f(u) \quad \text{（フィリップス曲線）}$$

を導出できます。

(2)　物価フィリップス曲線

貨幣賃金率の上昇率 $\left(\dfrac{dw}{w}\right)$ と物価上昇率（インフレ率：$\dfrac{dP}{P}=\pi$）との間には密

図 76－1　賃金調整関数

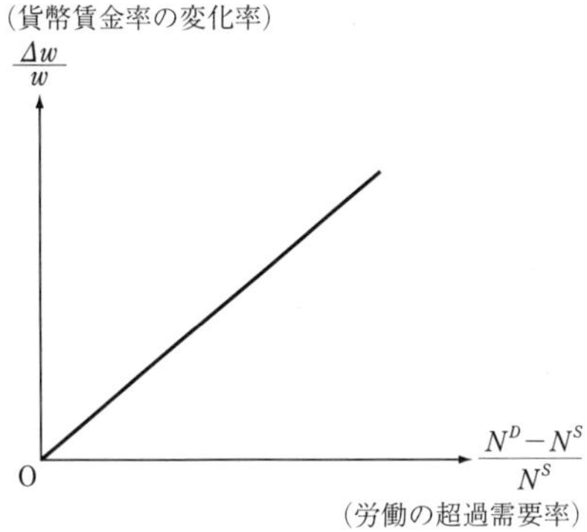

図 76－2　労働の超過需要率と失業率との関係

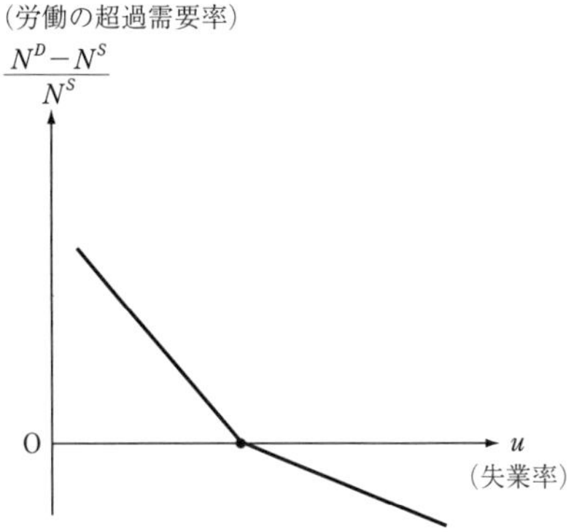

図 76－3　フィリップス曲線の理論的導出

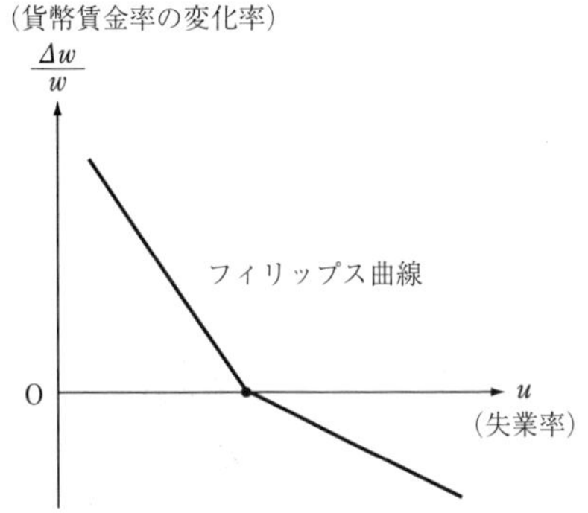

図 76－4　フィリップス曲線

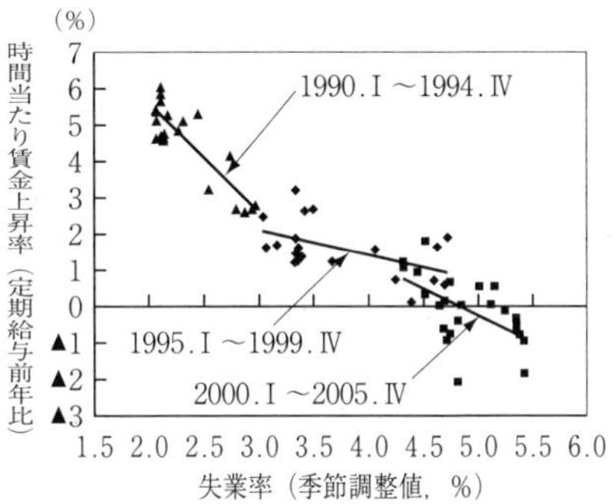

出所：内閣府『平成18年版経済財政白書』より作成

接な関係があり，「フィリップス曲線」で貨幣賃金率の上昇率を物価上昇率（インフレ率）で置き換えたものは「物価フィリップス曲線」と呼ばれています。物価フィリップス曲線はフィリップス曲線を縦軸方向に労働生産性の変化率（α）の分だけシフトさせたものであり，それは政策当局が直面する失業率（u）とインフレ率（π）のトレードオフ関係を明確にしています。フィリップス曲線は物価フィリップス曲線に書き換えられて，政策・理論両面で利用されるようになりました。すなわち，

$$\frac{w}{P}=\frac{dy}{dN} \qquad \text{（古典派の第一公準：実質賃金率＝労働の限界生産力）}$$

の両辺の変化率をとると，

$$(P\text{の変化率}：\pi)=\left(w\text{の変化率}：\frac{dw}{w}\right)-\left[\left(\frac{dy}{dN}\right)\text{の変化率}：\alpha\right]$$

であり，フィリップス曲線は $\dfrac{dw}{w}=f(u)$ であるので，

$$\pi=f(u)-\alpha \qquad \text{（物価フィリップス曲線）}$$

です。政策当局は有効需要管理政策（裁量的財政・金融政策）によって物価フィリップス曲線上の任意の点（低失業率と高インフレ率，あるいは高失業率と低インフレ率）を選ぶことができます。

(3)　マネタリストによる短期と長期のフィリップス曲線の区別（自然失業率仮説）

労働の需給曲線を図示するとき，縦軸に，ケインズ派経済学は貨幣賃金率，古典派経済学は実質賃金率をそれぞれとっています。フィリップス曲線が不安定であることが経験的事実として観察されるようになったとき，古典派経済学の流れの中にいるフリードマン（M. Friedman）などのマネタリストは，フィリップス曲線の不安定性を説明するために，縦軸に貨幣賃金率の上昇率ではなく，予想実質賃金率 $\left(\dfrac{w}{P^e}\right)$ の上昇率をとることを主張しました。

フリードマンは，期待（予想）を現実のデータに基づいて調整できる時間的な余裕のない期間を「短期」，時間的な余裕のある期間を「長期」と定義し，期待インフレ率（π^e）を導入することによって，短期のフィリップス曲線と長期のフィリップス曲線の区別を行っています。予想実質賃金率 $\left(\dfrac{w}{P^e}\right)$ の上昇

率$=\left(\frac{dw}{w}\right)-\pi^e$ であり，

$$\left(\frac{dw}{w}\right)-\pi^e=f(u)$$

です。$\frac{dw}{w}=\pi+\alpha$ を考慮すると，

$$\pi=f(u)-\alpha+\pi^e \qquad f'<0$$

$$=F(u)+\pi^e \qquad F'<0 \qquad \text{（期待フィリップス曲線）}$$

です。

図 76－5　物価フィリップス曲線

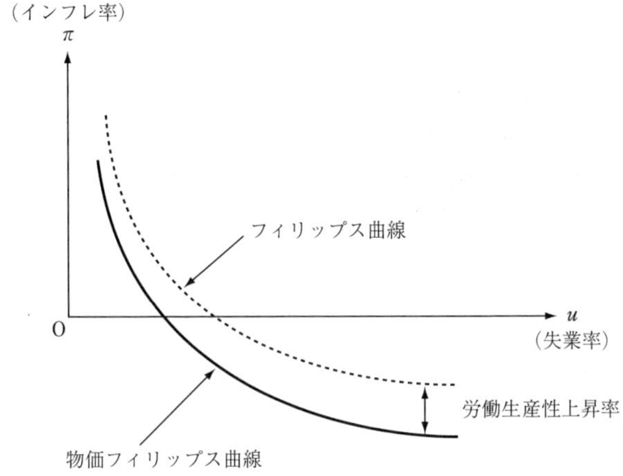

①　長期のフィリップス曲線

長期（$\pi=\pi^e$）のとき，フィリップス曲線は，$u=u_N$＝自然失業率（☞ p. 220）で垂直です。これは「自然失業率仮説」と呼ばれています。

②　短期のフィリップス曲線（期待フィリップス曲線）

短期においては，期待インフレ率（π^e）はフィリップス曲線のシフト・パラメータであり，インフレ率（π）と失業率（u）との関係は右下がりです。裁量的財政・金融政策により貨幣賃金率と予想物価水準が上昇し，予想実質賃金率（相対価格）が不変であったとしても，労働者は「貨幣錯覚」により貨幣賃金率の上昇だけを見て労働供給を増やし，失業率は自然失業率を下回ることがあります。

【知っておきましょう】　ルール vs. 裁量

フリードマンは，「認知ラグ」「決定ラグ」「実施ラグ」「波及ラグ」の4つのラグのために，政府が状況に応じて政策を変更する「裁量的な政策」よりも，あらかじめ定められた「ルールにもとづいた政策」を運営する方が望ましいと論じています。

(4)　合理的期待マクロ経済論者による垂直の短期のフィリップス曲線

合理的期待形成下，短期のフィリップス曲線は垂直です。合理的期待形成下，拡張的金融・財政政策はインフレーションを加速させるだけで，失業率を自然失業率以下に低下させることはできません。

有効需要拡大政策により，経済は短期的には失業率の低下およびインフレ率の上昇を経験しますが，長期的には自然失業率u_Nで一定のままで，加速的インフレ（0％→2％→4％→…）のみを経験するにすぎません。経済は当初 $\pi^e=0$ の短期フィリップス曲線上の点 E_0（$u_N, 0$）にあったとします。「$\pi=\pi^e=0, u=u_N$」が成立しています。政策当局は「$\pi^e=0$ の短期フィリップス曲線」と等損失曲線［$L_0=L(u, \pi：\pi^e=0)$］の接点である点 E_1（$u=u_1, \pi=\pi_1=2$）を達成するために有効需要拡大政策をとります。長期においては，「$\pi^e=0$ → $\pi^e=\pi_1=2$」に修正されます。長期においては，「$\pi^e=0$ の短期フィリップス曲線」から「$\pi^e=\pi_1=2$ の短期フィリップス曲線」へシフトします。政策当局は「$\pi^e=\pi_1=2$ の短期フィリップス曲線」と等損失曲線［$L_2=L(u, \pi：\pi^e=2)$］

の接点である点 E_2（$u=u_2, \pi=\pi_2=4$）を達成するために有効需要拡大政策をとります。長期においては，「$\pi^e=2$ → $\pi^e=\pi_2=4$」に修正されます。長期においては，「$\pi^e=2$ の短期フィリップス曲線」から「$\pi^e=\pi_2=4$ の短期フィリップス曲線へシフトします。

図 76－6　短期と長期のフィリップス曲線

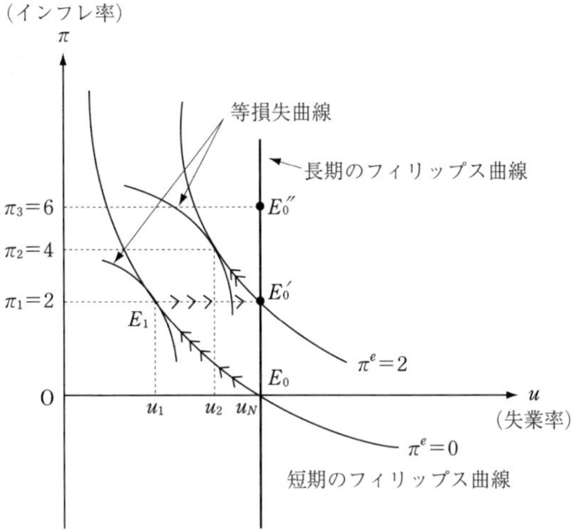

第5部　日本経済の国際面：オープン・マクロ経済モデル

第14章　為替レート：外貨の価格

「為替レート」は exchange rate の訳語であり，各国通貨間（例えば，円とドルの間）の交換比率のことです。円と1枚のドル紙幣との交換比率は為替レートと呼ばれていますが，円と1杯のうどんの交換比率は単にうどんの値段と呼ばれるにすぎません。為替レートと言うから難しいように聞こえるのであって，1枚のドル紙幣，1枚のユーロ紙幣をきつねうどん，天麩羅うどんのように考えれば，単に，「1ドル＝117円50銭」はドル紙幣1枚の値段，「1ユーロ＝148円20銭」はユーロ紙幣1枚の値段とみなすことができます。日本人が行くうどん屋には「ドル」うどん，「ユーロ」うどんなどが並べられ，米国人が行くうどん屋には「円」うどん，「ユーロ」うどんなどが並べられているようなものです。日本人はドル安を問題にし，米国人は円高を問題にすればよいのです。

「うどん1杯＝117円50銭」から「うどん1杯＝115円50銭」になったとき，日本人

【知っておきましょう】　為替レートの実際

テレビ，ラジオで報道される「円相場」は外貨（ドル，ユーロなど）の「銀行間直物」レートのことです。銀行間直物は，次のことを意味しています。

①　銀行間

外国為替相場には，銀行間レートと顧客レートの2種類があります。「銀行間レート」は金融機関間の卸値，「顧客レート」は金融機関と個人・企業間の小売値です。銀行へ行くと，電信売相場（TTS）や電信買相場（TTB）を見かけますが，TTS のSは売り（Sell），TTB の B は買い（Buy）を意味しています。このときの「売り」，「買い」は銀行から見ての呼び名ですので，顧客から見れば，銀行で，外貨（ドルなど）を買う値段が TTS，外貨（ドルなど）を売る値段が TTB です。外国為替相場は，銀行間（インターバンク）市場で決まり，各銀行はそれに基づいて顧客レートを決定しています。

②　直物（じきもの）

外国為替相場には，直物レートと先物レートの2種類があります。銀行間直物とは，外貨の売買契約から，円と外貨との実際の交換受け渡しを行うのが2営業日後（つまり翌々日，例えば火曜日のときは木曜日）までであることを意味しています。

はうどん安とは言っても，円高とは言いません。円高・ドル安を理解するコツは，1枚のドル紙幣を1杯の天麩羅うどんのように考えることです。そうすれば，ドル紙幣1枚が117円50銭から115円50銭になることは，ドルの値段が2円ちょうど安くなったこと，つまりドル安になったことと容易に理解できます。

為替レート（銀行間直物レート）が，外国為替（ドル，ユーロなど）の需給を均衡させるように決定されるということは，短期，中期，長期のいずれをとっても成立しますが，どれくらいの期間の為替レートを問題にするのかによって重点をおくべき需要・供給の内容は異なってきます。つまり，為替レートを決定するのは自国と外国との経済取引であり，国際間の経済取引には，財市場での取引と金融市場での取引があるので，為替レートは財市場と金融市場の両方の影響を受けて決定されます。問題は，為替レートの決定要因としての，財市場と金融市場の影響力は時間に依存して均等ではないということであり，短期では金融市場，長期では財市場，中期では財市場と金融市場の両方が影響力をもっています。本章では，短期と長期における為替レート決定理論を学習します。

短期の理論は「アセット・アプローチ」あるいは「ポートフォリオ・バランス・アプローチ」，中期の理論は「フロー・アプローチ」，長期の理論は「購買力平価説」とそれぞれ呼ばれています。

図14章－1　円・ドル交換比率（ドルの値段）：100年の推移

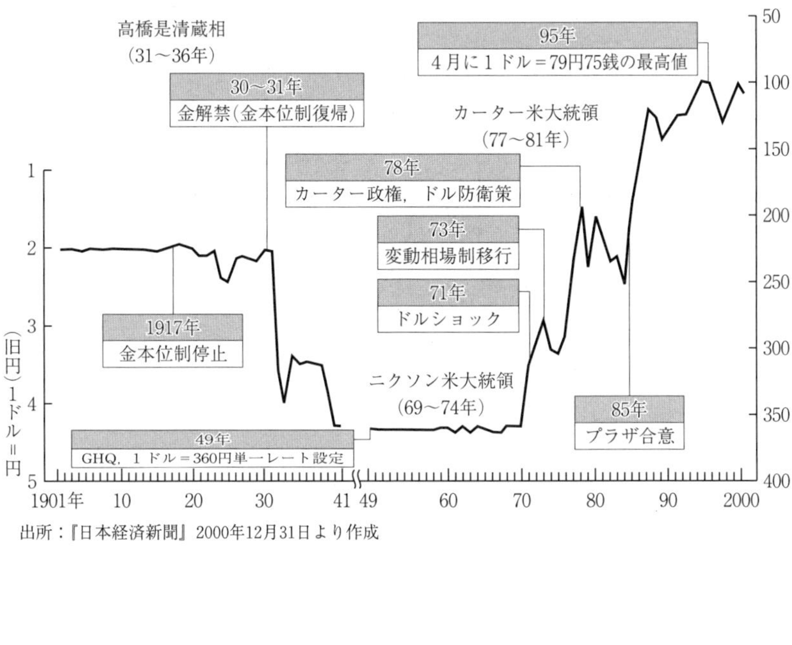

出所：『日本経済新聞』2000年12月31日より作成

77 こんな新聞記事が出ていました：主要通貨「1強2弱」

「主要通貨『1強2弱』」「ユーロ高　資金流入が拡大」「ドル安　根強い利下げ観測」「円安　存在感低下際立つ」という見出しのもとで，「外国為替市場でユーロ高・円安・ドル安という『1強2弱』の構図が鮮明になっている。景気拡大が続くユーロ圏で金利先高感が強い一方，米国では景気の先行き不透明感から利下げ観測がくすぶり，日本も利上げペースが緩やかとの見方が定着。ユーロに資金が集まっている。ユーロがドルに並ぶ存在感を示し始めたことで，円の相対的な地位低下が目立ってきた。」（『日本経済新聞』2007年5月1日）という新聞記事がありました。また，「円，危うい3番手」「外貨準備に占める比率英ポンドが抜く」という見出しのもとで，「1強2弱の構図は，ユーロ，ドル，

【知っておきましょう】　実効為替レート

実効為替レートは円と外国通貨全体の交換比率です。ドルが円に対して高くなり，ユーロが円に対して安くなったとき，円はドルに対して円安ですが，ユーロに対しては円高です。円と外国通貨（ドル，ユーロなど）全体の交換比率は「実効為替レート」と呼ばれています。

図77－1　円の実質実効為替レート

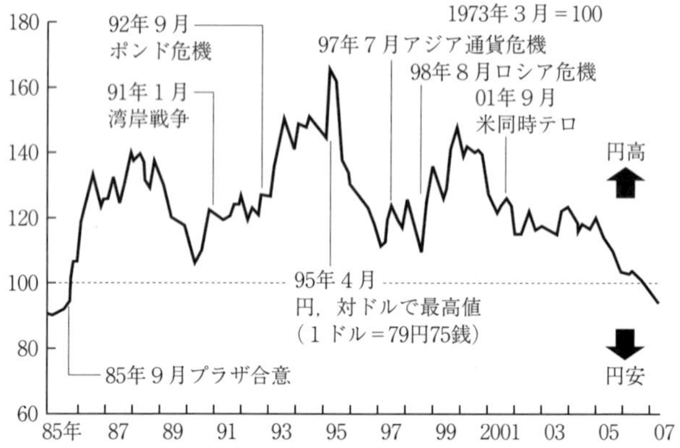

出所：『日本経済新聞』2007年6月6日より作成

円が三大主要通貨という前提に立つ。だが円は3番手の通貨としての地位すら危うい状況だ。世界の外貨準備高に占める比率でドル，ユーロに次ぐ三位だったが，2005年に英ポンドに逆転を許し，4位に転落した。06年末時点では英ポンドが4.4%，円が3.2%と差が開いた。」（『日本経済新聞』2007年5月1日）という新聞記事がありました。

学習は疑問から始まります。上記の新聞記事から2つの疑問が出てきます。

① 資金はどのような理由で流入，流出するのでしょうか（図77-3）。

② 景気，金利，国際通貨（外貨準備）としての地位がどうなれば，円は安くなるのでしょうか。

図77－2　円，ドル，ユーロ相場

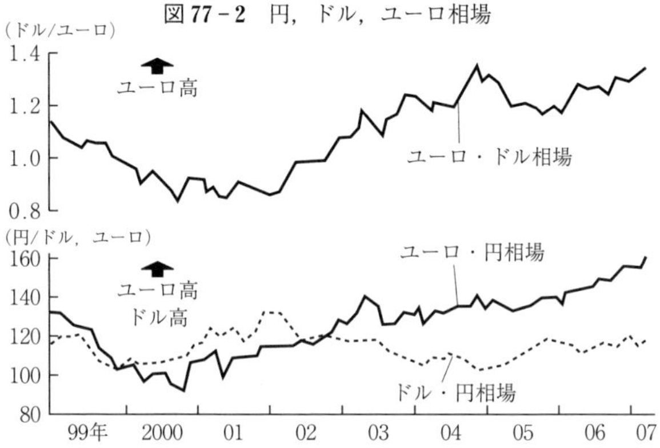

出所：『日本経済新聞』2007年5月1日より作成

図77－3　日本，米国，ユーロ圏3極間の資金の流れ

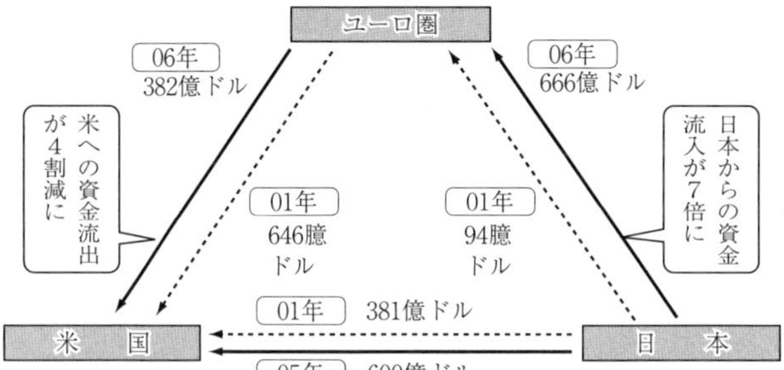

（注）日，米，ユーロ圏の直接投資，株式投資，債券投資を合算し，年間額に換算。

出所：『日本経済新聞』2007年5月1日より作成

78 為替レートは何に依存しているのか：短期日本経済マクロ計量モデル

「短期日本経済マクロ計量モデル」では，「名目為替レート（円ドル・レート）」は，資産ストック市場の需給均衡で為替レートが定まるアセット・アプローチ（☞ p. 234）をベースに，リスク・プレミアムをも考慮して決定されると考えられています。為替レートの期待に影響する購買力平価項として「内外相対価格」が，またリスク・プレミアム指標として「累積経常収支の対 GDP 比率」がそれぞれ用いられています。為替レート（計測期間：1980.1～1997.4）は，次の要因に依存しています。

① 内外相対価格

現在及び過去（1～11期前）の「$\frac{\text{国内卸売物価指数}}{\text{米国生産者価格指数}}$」が１％上昇したとき，為替レートは1.003％上昇（ドル高・円安）します。これは為替レートの期待に影響する購買力平価項（☞ p. 236）です。5期前の係数が最大です。

② 日米金利差

現在及び過去（1～3期前）の「10年物米国国債利回り－10年物利付国債利回り」が１％上昇したとき，為替レートは0.05％上昇（ドル高・円安）します。1，2期前の係数が最大です。

③ 累積経常収支の対 GDP 比率（リスク・プレミアム指標）（☞ p. 234）

現在及び過去（1～3期前）の「$\frac{\text{累積経常収支}}{\text{名目 GDP}}$」が１％上昇したとき，為替レートは0.12％下落（ドル安・円高）します。これはリスク・プレミアム指標です。つまり，経常収支の黒字が累積し，ドルが累増すると，ドル安懸念が生じます。1，2期前の係数の絶対値が最大です。

図78－1　為替レート

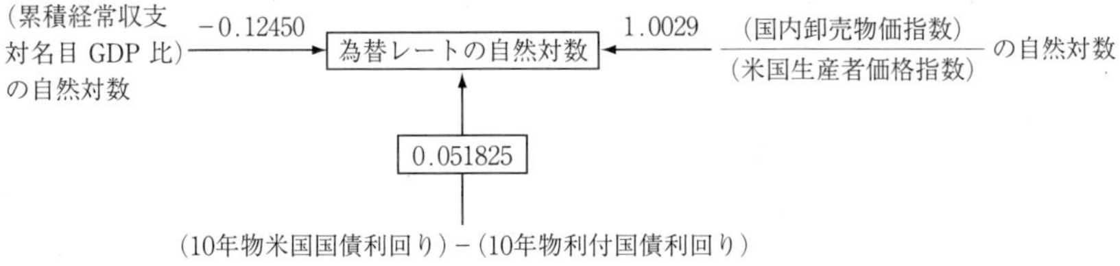

【知っておきましょう】　日本と世界の景気相関

日本と他の国との景気の連動性をみるために，日本，アメリカ，G７，ユーロ圏12カ国，東アジア諸国の実質 GDP 成長率の相関係数を見ると，日本と他の国・地域との相関はいずれの場合でも80年代と比べると90年代は低下しています。しかし，2000年以降について見ると，アメリカ，G７，ユーロ圏12カ国，東アジア諸国ともに日本との相関が再び高まっています。

表78－1　日本と世界の景気相関

	日本―アメリカ	日本―G７（除く日本）	日本―ユーロ圏	日本―東アジア（除く日本）
1980-89	0.496	0.369	0.327	−0.102
1990-99	−0.066	0.035	−0.011	−0.365
90-94	−0.251	−0.006	0.102	−0.973
95-99	0.160	0.085	−0.101	0.762
2000-05	0.598	0.580	0.419	0.845

（注）東アジア（除く日本）は，中国，香港，マカオ，北朝鮮，モンゴル，韓国。
出所：内閣府『平成18年版経済財政白書』より作成

（注）　相関係数

相関係数は２つのものの間の関係の度合いを示すもので，１に近ければ近いほど同じ方向に，−１に近ければ近いほど逆方向に動くことをそれぞれ意味しています。ゼロに近ければ，２つのものの間には関係がないことを意味しています。

79 裁定：通貨裁定，金利裁定および商品裁定

為替レートの決定に際しては，内外の通貨間，短期資産間，貿易財間での裁定取引が重要な役割を果たしています。「裁定取引」とは，同一時点で同じ資産・財に異なる価格がついているとき，その価格差を利用して，つまり単純なケースでは，安いところで買って，高いところで売ることによって儲ける行為のことです。その結果，安い価格が上昇し，高い価格が下落し，その価格差は解消します。通貨間，短期資産間では，利益機会は瞬時に取りつくされ，価格差はすぐに解消しますが，貿易財間では，価格差が解消するのに時間がかかります。

(1)　通貨裁定

世界に日米２カ国しかなければ，為替レートは円・ドルレートだけです。しかし，現実にはたくさんの国があり，国の数が増えれば増えるほど，為替レートの数は増えます。例えば，日米欧の３カ国になると，円・ドルレート，円・ユーロレート，ドル・ユーロの３つのレートとなります。しかし，これらの３つの為替レートは独自に決められるのではなく，３つのうちの１つは通貨裁定取引によって，決定されます。つまり，円・ドルレート，円・ユーロレートが決まれば，それらの２つの為替レートからドル・ユーロレートが決定されます。ドルとユーロの交換比率は「通貨クロスレート」と呼ばれています。

円をユーロに交換するには，円・ユーロ市場で交換を行う方法と，円・ドル市場とドル・ユーロ市場の２つの市場で交換を行う方法の２つの方法があります。円・ドル市場とドル・ユーロ市場の２つの市場から決定される円・ユーロレートは，「裁定レート」と呼ばれています。

(2)　金利裁定：アンカバーの金利平価式

「金利裁定」は，自国通貨建て・外国通貨建ての短期資産間の裁定関係です。外貨建て資産運用を行うときに，為替リスク（為替レート変動のリスク）をヘッ

図 79－1　カバー付きの金利平価式

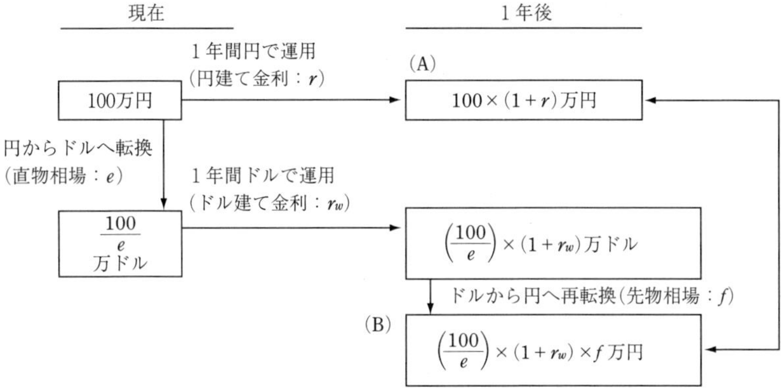

(A)　100万円を1年間国内で運用する場合
　　 1年後は$100\times(1+r)$万円
(B)　100万円を1年間米国で運用する場合
　　 1年後は$\left(\frac{100}{e}\right)\times(1+r_w)\times f$万円

●先物相場（f）は，(A) と (B) が等しくなるような水準に決まる。もし (A) と (B) が異なる場合には，等しくなるまで裁定取引が行われる。

(A)＝(B) から

$$100\times(1+r)=\left(\frac{100}{e}\right)\times(1+r_w)\times f$$

↓

r　＝国内の円建て金利
r_w＝米国のドル建て金利
e　＝直物為替相場
f　＝先物為替相場

$$f=\frac{1+r}{1+r_w}e$$

↓

$f<e$：先物ドルディスカウント
$f>e$：先物ドルプレミアム

$$r=r_w+\frac{f-e}{e}$$

(直先スプレッド)

すなわち，外国為替先物相場（f）は「2カ国間の金利差（$r-r_w$）が直先スプレッド$\left(\frac{f-e}{e}\right)$と等しくなる」ような水準に決まる。

ジするために為替の先物を用いれば「カバー付き」，為替リスクにさらされたままであれば「カバーなし（アンカバー）」とそれぞれ呼ばれています。

以下の，「アンカバーの金利平価式」の説明では，国際間の資本移動は完全に自由で，自国証券と外国証券は為替リスク以外のリスクに関して差がないと仮定します。そして，投資家は危険中立者であり，証券の選択基準は，運用の元利合計の期待値（リターン）だけであると仮定します。次に，記号を，e＝今期の直物為替レート，e^*＝来期の予想直物為替レート，r＝1年満期の自国証券の円建て金利，r_w＝1年満期の外国証券のドル建て金利，と定義します。1単位の円を内外の証券に投資します。外国通貨建て証券は，満期時の直物為替レートが不明なので，為替リスクがあります。ですから，自国証券と外国証券は同じ資産とは言えません。自国証券，外国証券への投資の満期時の元利合計は，それぞれ次のようになります。

①　自国証券への運用

1単位の円－（運用）→ $1\times(1+r)$円

②　外国証券への運用

1単位の円－（円からドルへの直物市場での変換）→ 1円×$\left(\frac{\text{ドル}}{\text{円}}\right)=1\times\left(\frac{1}{e}\right)$ドル－（運用）→ $1\times\left(\frac{1}{e}\right)(1+r_w)$ドル－（ドルから円への直物市場での変換）→ $1\times\left(\frac{1}{e}\right)(1+r_w)$ドル×$\left(\frac{\text{ドル}}{\text{円}}\right)=1\times\left(\frac{1}{e}\right)(1+r_w)\times e^*$円

自国証券，外国証券への投資の元本はいずれも円1単位ですので，満期時の元利合計を比較して高い方に運用されます。外国証券への投資の方が元利合計が大きいと予想されるときには，つまり，

$$(1+r)<\left(\frac{1}{e}\right)(1+r_w)\times e^* \qquad \text{（自国証券元利＜外国証券元利）}$$

であれば，直物ドル買いが大量に出て，直物為替レート（e）は上昇（ドル高・円安）し，元利合計のギャップは解消します。逆は逆で，その結果，均衡では，

$$(1+r)=\left(\frac{1}{e}\right)(1+r_w)\times e^* \qquad \text{（自国証券元利＝外国証券元利）}$$

が成立します。両辺を（$1+r_w$）で割ると，

$$\frac{(1+r)}{(1+r_w)}=\frac{e^*}{e}$$

であり，そして $\frac{(1+r)}{(1+r_w)}\fallingdotseq 1+r-r_w$ ですので，

$$1+r-r_w=\frac{e^*}{e}$$

【知っておきましょう】 カバー付きの金利平価式

「カバー付き」とは先物カバー付きのことです。「アンカバーの金利平価式」の説明のところで，自国証券と外国証券は同じ資産ではないと言いましたが，外国証券へ投資するときに，満期の元利合計を前もって先物市場で売っておけば，満期時には円ベースで確定した元利合計を得ることができ，自国証券と外国証券は無差別になります。「カバー付きの金利平価式」は，来期の予想直物為替レート（$\boldsymbol{e}^*$）を先物為替レート（$\boldsymbol{f}$）で置き換えたものです。つまり，

$$\boldsymbol{r}-\boldsymbol{r}_w=\frac{(\boldsymbol{f}-\boldsymbol{e})}{\boldsymbol{e}} \qquad \text{（カバー付きの金利平価式）}$$

です。$\frac{(\boldsymbol{f}-\boldsymbol{e})}{\boldsymbol{e}}$ は，「直先スプレッド」と呼ばれています。先物レートが直物レートよりもドル安（$\boldsymbol{f}<\boldsymbol{e}$）のときは「ディスカウント（$\boldsymbol{d}$）」，先物レートが直物レートよりもドル高（$\boldsymbol{f}>\boldsymbol{e}$）のときは「プレミアム（$\boldsymbol{p}$）」とそれぞれ呼ばれています。**118.10**円を直物レートとすれば，「**1** カ月 ***d*0.551**」は，「**1** カ月先物レート」が，

118.10−0.551≒117.55円（**5** ケタの表示）

であることを示しています。

【知っておきましょう】 直物レートと先物レート

「直物（じきもの）」とは，ドルを売った，買ったという契約をしてから，実際の円とドルとの交換（受け渡し）を行うのが **2** 営業日後（つまり翌々日で，例えば，火曜日のときは木曜日）までであることを意味しています。「直物」に対するものとして「先物（さきもの）」があります。例えば，**1** カ月先物について言えば，**7** 月 **1** 日にドルを売った，買ったという契約をしたとき，**7** 月 **3** 日が起算日（直物取引の受渡日）となり，それから **1** カ月先の **8** 月 **3** 日が応当日（先物取引の受渡日）になります。つまり，売り買いの契約と現金の受け渡しがほぼ同時なのが「直物」，ほぼ **1** カ月離れれば「**1** カ月先物」，ほぼ **3** カ月離れれば「**3** カ月先物」です。

つまり，

$$r - r_w = \frac{(e^* - e)}{e}$$ （アンカバーの金利平価式）

を得ることができます。かくて，

$$r = r_w + \frac{(e^* - e)}{e}$$

自国証券の利子率＝外国証券の利子率＋為替レートの予想変化率

です。内外金利差は，為替レートの予想変化率に一致しています。

(3)　商品裁定

内外で同じ財に同一時点で異なる価格がついているときに，安いところで買って，高いところで売ることによって儲ける行為が「商品裁定取引」ですが，内外の財については，裁定取引による利益機会があっても，価格差が解消するのに時間がかかります。ですから，内外の財についての裁定均衡関係は，長期においてのみ成立する関係です。長期においては，安い国では輸出が増え，高い国では輸入が増え，その結果，安い価格が上昇し，高い価格が下落し，最終的には，同じ財には同じ価格が付けられるようになります。つまり，商品裁定取引の結果，内外貿易財価格についての「一物一価の法則」が成立するようになります。p＝国内の貿易財の価格（円表示），p_w＝米国の同じ貿易財の価格（ドル表示），e＝為替レートとすると，

$$p = ep_w$$ （国内の貿易財の円建て価格＝米国の同じ貿易財の円建て価格）

が長期的に成立します。

図 79－2　主要国間の国際取引

（単位：億ドル）

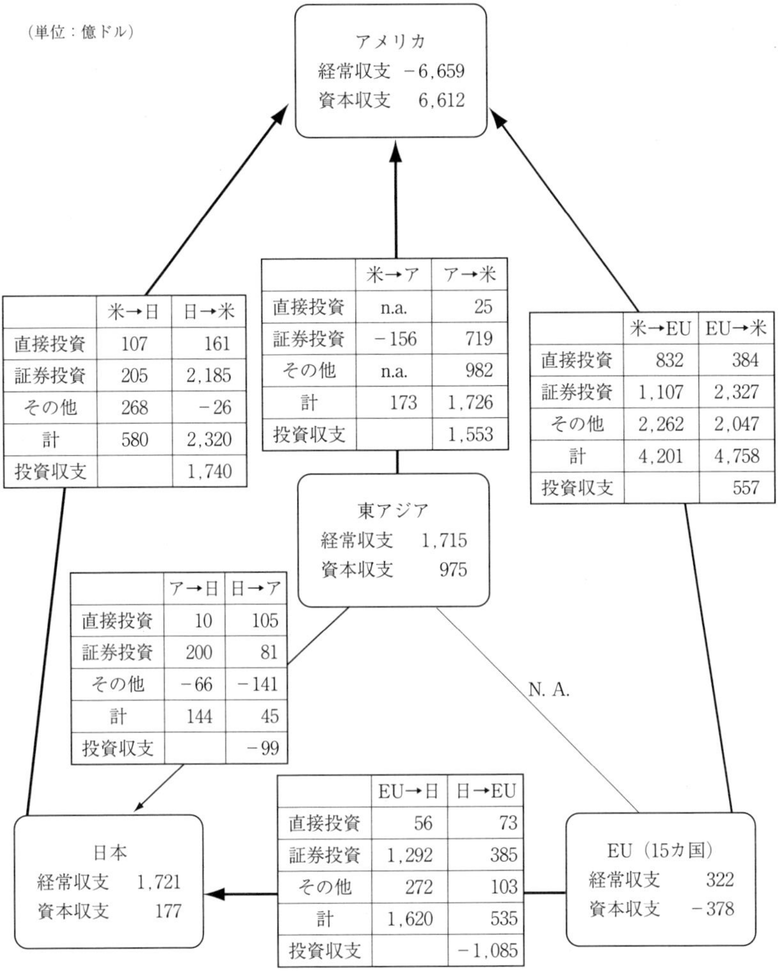

	米→日	日→米
直接投資	107	161
証券投資	205	2,185
その他	268	－26
計	580	2,320
投資収支		1,740

	米→ア	ア→米
直接投資	n.a.	25
証券投資	－156	719
その他	n.a.	982
計	173	1,726
投資収支		1,553

	米→EU	EU→米
直接投資	832	384
証券投資	1,107	2,327
その他	2,262	2,047
計	4,201	4,758
投資収支		557

	ア→日	日→ア
直接投資	10	105
証券投資	200	81
その他	－66	－141
計	144	45
投資収支		－99

	EU→日	日→EU
直接投資	56	73
証券投資	1,292	385
その他	272	103
計	1,620	535
投資収支		－1,085

（注）東アジア，EU（15カ国）の経常収支，資本収支の数値は，IFS の各国数値の合計値，なお，東アジアは中国，韓国，台湾，香港，フィリピン，タイ，マレーシア，インドネシア，シンガポールの合計。

出所：内閣府『平成18年版経済財政白書』より作成

80 為替レートの決定：短期

「アンカバーの金利平価式」の説明では，投資家はリターンのみに関心をもつ危険中立者だと仮定しましたが，投資家が危険回避者だと仮定すれば，

$$r-r_w=\frac{(e^*-e)}{e} \qquad \text{（アンカバーの金利平価式）}$$

あるいは，

$$r=r_w+\frac{(e^*-e)}{e}$$

は成立しません。危険回避者は，外貨建て証券のリターンのみならず，リスクに関心をもち，自国通貨建て証券と外貨建て証券のリターンが同一であっても，為替リスクのある外貨建て証券への投資を避けようとします。このとき，β＝「リスク・プレミアム」（☞ p. 226）とすると，両証券の選好が無差別であるためには為替リスクのある外貨建て証券のリターンがβだけ大きい，つまりハイリスクに対してはハイリターンである必要があります。かくて，均衡では，

$$r+\beta=r_w+\frac{(e^*-e)}{e} \qquad \beta>0$$

が成立しなければなりません。「短期日本経済マクロ計量モデル」では，β（リスク・プレミアム指標）は，「累積経常収支の対 GDP 比率」ですが，「ポートフォリオ・バランス・アプローチ（アセット・アプローチ）」では，

$$\beta=\beta(A) \qquad \beta'=\frac{d_\beta}{d_A}>0$$

と特定化されています。ここで，A＝経常収支黒字の累積額です。つまり，それは，経常収支黒字の累積額（A）が増大すると，ドル下落のリスクが高まり，外貨建て証券への投資に対してはより大きいリスク・プレミアムを要求するようになることを意味しています。ポートフォリオ・バランス・アプローチでは，

$$r+\beta=r_w+\frac{(e^*-e)}{e} \qquad \beta>0$$

の「$\frac{(e^{*}-e)}{e}$」，つまり為替レートの予想変化率は，

$$\frac{(e^{*}-e)}{e}=(\pi^{*}-\pi_{w}^{*})+\alpha(E_{p}-e) \qquad 0<\alpha<1$$

と特定化されています。ここで，π^{*}＝日本の予想インフレ率，π_{w}^{*}＝米国の予想インフレ率，E_{p}＝購買力平価に基づく均衡為替レート，e＝為替レート，α＝現実の為替レートと均衡為替レートの差を埋める調整速度です。日米の予想インフレ率格差（$\pi^{*}-\pi_{w}^{*}$）は，購買力平価に基づく均衡為替レートの変化率を意味しています（☞ p. 236 の相対的購買力平価説）。かくて，

$$r+\beta(A)=r_{w}+(\pi^{*}-\pi_{w}^{*})+\alpha(E_{p}-e)$$

より，為替レート（e）を求めると，

$$e=E_{p}+\left(\frac{1}{\alpha}\right)\{(r_{w}-\pi_{w}^{*})-(r-\pi^{*})\}-\left(\frac{1}{\alpha}\right)\beta(A)$$

が得られます。これが「ポートフォリオ・バランス・アプローチ」による為替レートの決定理論であり，それによれば，日本の実質金利（$r-\pi^{*}$）が米国の実質金利（$r_{w}-\pi_{w}^{*}$）より高いほど，また，日本の累積経常収支黒字額（A）が大きいほど，為替レートはドル安・円高になります。

図 80－1　日米の経常収支（対名目 GDP 比率）と円・ドル交換比率

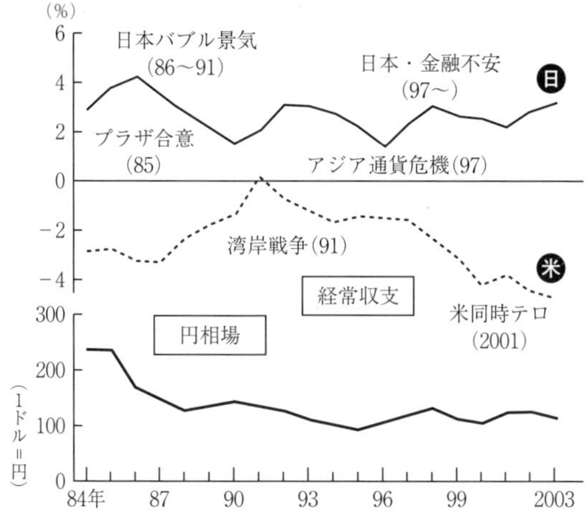

出所：『日本経済新聞』2004年 8 月21日より作成

81 為替レートの決定：長期

長期的には，商品裁定取引が働いて，内外の同一貿易財価格には「一物一価の法則」が成立します。つまり，p＝国内の貿易財の価格（円表示），p_w＝米国の同じ貿易財の価格（ドル表示），e＝為替レートとすると，

$p=ep_w$　　（国内の貿易財の円建て価格＝米国の同じ貿易財の円建て価格）

が長期的に成立します。これを書き換えると，

$$E_p=\frac{\left(\frac{1}{p_w}\right)}{\left(\frac{1}{p}\right)}$$

です。ここで，E_p＝購買力平価に基づく均衡為替レートです。

$\left(\frac{1}{p}\right)$，$\left(\frac{1}{p_w}\right)$ はそれぞれ，内外通貨１単位でこの貿易財をどれだけ購入できるかを，つまりこの貿易財で測った内外通貨の購買力の比を示しています。もし日米の２国がこの貿易財しか生産していなければ，これは一般物価水準でもあります。このように一般物価水準で測った外国通貨の購買力と自国通貨の購買力の比に為替レートが決定されるというのが「購買力平価説（絶対的購買力平価説）」です。これは，円，ドルどちらの通貨を保有していても，財の買える量が同じになるように，為替レートが決定されるという考えです。

【知っておきましょう】 相対的購買力平価説

絶対的購買力平価説は一般物価の水準，相対的購買力平価説は一般物価の変化率をそれぞれ問題にしています。

均衡為替レートの変化率＝日本のインフレ率－米国のインフレ率

なので，「日本のインフレ率＞米国のインフレ率」のときはドル高・円安，「日本のインフレ率＜米国のインフレ率」のときはドル安・円高です。

図 81－1　円・ドル相場と購買力平価

出所：『日本経済新聞』2007年2月4日より作成

第5部　日本経済の国際面：オープン・マクロ経済モデル

第15章　*IS-LM-BP* モデル：開放体系のマクロ経済モデル

日本の国内総生産（GDP）に占める輸出の比率は上昇しています。「中国などの新しい市場が拡大していることや，コスト削減や円安などで企業の輸出競争力が高まったことが背景だ。人口減時代に突入した日本の海外だのみは今後も強まる傾向。世界経済の変動に揺れ動きやすい経済構造にもなる。」（『日本経済新聞』2007年2月15日）との新聞記事がありました。

図15章－1　実質 GDP に占める輸出の割合

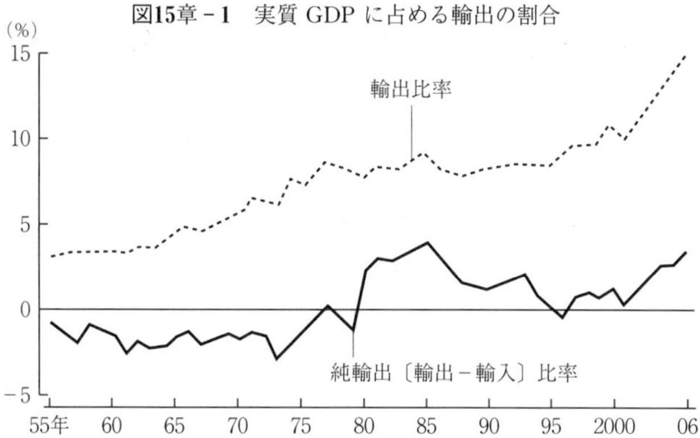

出所：『日本経済新聞』2007年２月15日より作成

図15章－2　膨らむ世界の総輸入額　(単位：億ドル)

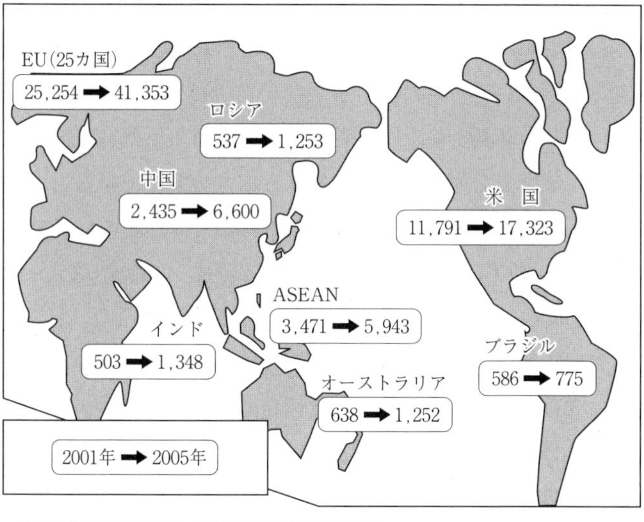

出所：『日本経済新聞』2007年２月15日より作成

82 こんな新聞記事が出ていました：米依存構造に変化

「世界経済　柔軟性増す」「米依存構造に変化」「新興国成長，欧州も復活」という見出しのもとで，「世界経済は米国経済が減速局面にあるにもかかわらず，アジア，欧州など他のほとんどの地域が堅調さを保つ過去に例がない状況にある。中国，インドなど新興国の力強い成長と欧州や日本の復活で，世界経済の柔軟性が増し，過度の米国依存の構造が変わり始めている可能性もある。」「2001年末から５年に及ぶ世界経済の拡大は世界経済の２割，米経済の７割を占める米家計部門の消費に依存する形で続いてきた。住宅価格上昇の資産効果をテコに，米家計は借金を拡大し，消費を膨らませた。米国の貿易赤字は06年7,652億ドルと01年の２倍に拡大した。特に，対中国赤字はその４分の１以上の2,000億ドル規模に上る。」「世界経済が安定を保つ理由は米消費に代わる景気のエンジンが徐々に育ち始めているからだ。1990年には３割強にすぎなかった先進７カ国を除く新興・途上国の世界経済に占める比率は４割近くまで上昇。ユーロ圏経済は健全さを増し，日本の景気も拡大を続けている。」「米経済が減速する一方で，他の国・地域の経済の勢いが持続しているのは，米国に過度に依存した世界経済の不均衡の是正につながる望ましい軌道修正といえる。」（『日本経済新聞』2007年５月21日）という新聞記事がありました。

学習は疑問から始まります。上記の新聞記事から２つの疑問が出てきます。

① 記事中に「世界経済は米国経済が減速局面にあるにもかかわらず，アジア，欧州など他のほとんどの地域が堅調さを保つ過去に例がない状況にある。」とあるが，世界各国の相互連関はどのようになっているのでしょうか。米国景気が悪化したときに，各国の景気はなぜ悪化していたのでしょうか。

② 経常収支はなぜ赤字・黒字になるのでしょうか。経常収支の決定要因は何でしょうか。

図82－1　世界経済の地域別割合

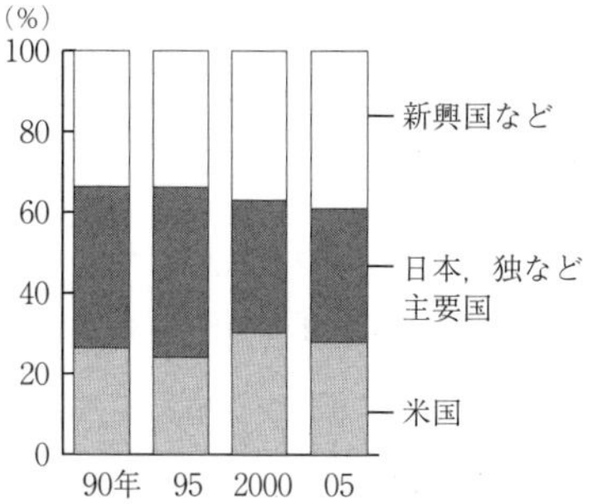

出所：『日本経済新聞』2007年５月21日より作成

図82－2　各国・地域の経常収支
(2005年)

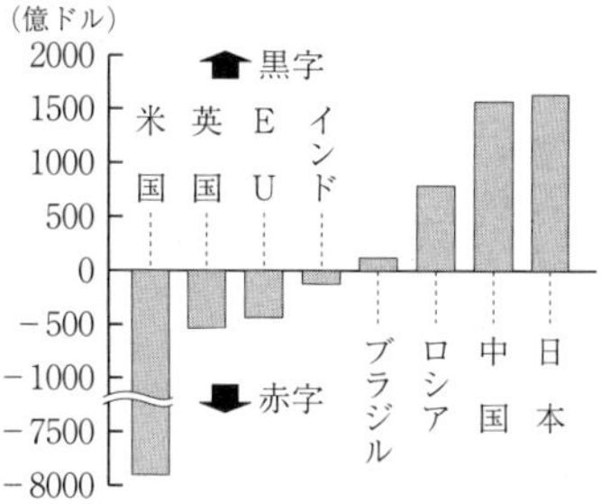

出所：『日本経済新聞』2007年５月21日より作成

表82－1　日本の国際収支（対名目 GDP）の推移

期　間	経常収支	貿易・サービス収支	貿易収支	うち輸出	うち輸入	輸入のうち原油価格上昇分の寄与	サービス収支	所得収支	対外純資産残高
1985-89年	3.3%	2.7%	3.6%	10.1%	6.5%	—	−0.9%	0.6%	9.4%
1990-94年	2.4%	1.8%	2.9%	8.7%	5.7%	—	−1.2%	0.8%	12.4%
1995-99年	2.3%	1.3%	2.5%	9.1%	6.6%	—	−1.2%	1.2%	21.1%
2000-04年	2.9%	1.4%	2.4%	10.3%	8.0%	—	−0.9%	1.6%	34.2%
2005年	3.6%	1.5%	2.1%	12.5%	10.4%	0.5%	−0.5%	2.3%	36.0%

出所：内閣府『平成18年版経済財政白書』より作成

【知っておきましょう】　国際収支の発展段階説とは

一国経済の経済発展段階に応じ貯蓄・投資バランスが変化していくことに着目し，対外的な資金の流れから国際収支構造の変化を説明しています。

表82－2　国際収支の発展段階

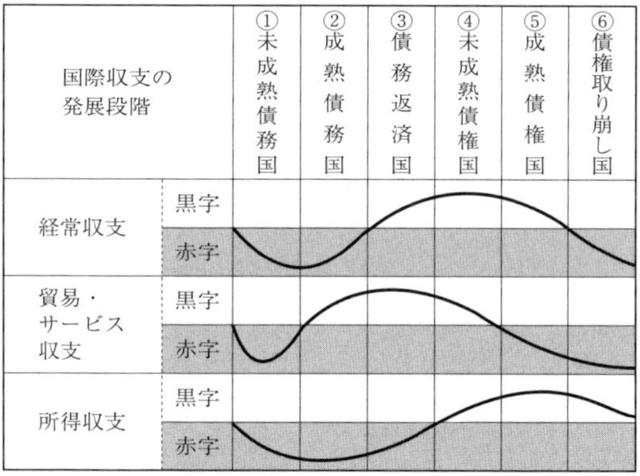

83 国際収支表：所得収支の黒字が貿易収支の黒字を上回る

国際収支表は，一定期間（年，月）における，居住者と非居住者との間の経済取引の収支を，複式簿記の原理にしたがって記録しているものです。ここで，「居住者」とは国籍のいかんにかかわらず，日本の国内領土内で１年以上の期間居住している経済主体（企業，一般政府，個人など）のことです。ですから，外国企業の在日子会社は居住者であり，日本企業の海外支店は非居住者であるとみなされます。

国際収支表は，財貨・サービスの取引に関する経常勘定と，金融商品の取引に関する資本勘定の２つからなっています。経常勘定の収支は「経常収支」，資本勘定の収支は「資本収支」とそれぞれ呼ばれています。経常収支の「黒字」は外貨（ドルなど）の日本国内への流入，「赤字」は外貨（ドルなど）の日本国外への流出を，それぞれ意味しています。

①　貿易・サービス収支

財（自動車など）の輸出は黒字，輸入は赤字の要因です。つまり，米国へ車を売れば輸出代金としてドルを受け取り，米国から車を買えば輸入代金としてドルを支払います。サービスの１つの例は旅行であり，日本人の外国への旅行は赤字，外国人の日本への旅行は黒字の要因です。

②　所得収支

所得収支の１つの例は投資収益です。米国からの利子・配当の受取は黒字，米国への利子・配当の支払は赤字の要因です。

③　経常移転収支

移転の１つの例は無償援助です。無償援助が飲み食いに使用されると，それは「経常移転」と呼ばれます。外国への無償援助は赤字，外国からの無償援助は黒字の要因です。日本がアフガニスタンへ食料を無償援助すると，それは一方で食料の輸出とみなして貿易収支の黒字，他方で経常移転収支の赤字と計上されます。このとき，経常収支は変わりません。

サービス収支は赤字ですが，貿易収支の大幅な黒字により，貿易・サービス収支は黒字です。日本は援助国であるので経常移転収支は赤字ですが，世界最大の債権国であるので，所得収支は黒字であり，これと貿易・サービス収支の黒字により，経常収支は大幅黒字です。経常収支の大幅黒字により，世界中のドルが日本へ流入してくるので，これを世界へ還流するために，日本は直接投資，証券投資などを行っています。このことが「債権大国」と言われる由縁なのだが，資本収支の赤字（ドルの国外への流出）が経常収支の黒字（ドルの国内への流入）よりも小さい限り，外貨準備高は増加します。

2005年には，所得収支の黒字が貿易収支の黒字を初めて上回り，「国際収支の発展段階説」に沿うと，日本は今後，所得収支が黒字，貿易・サービス収支が赤字になる「成熟した債権国」になるのではとの見方もなされています。

図 83－1　経常収支，貿易収支，所得収支の推移

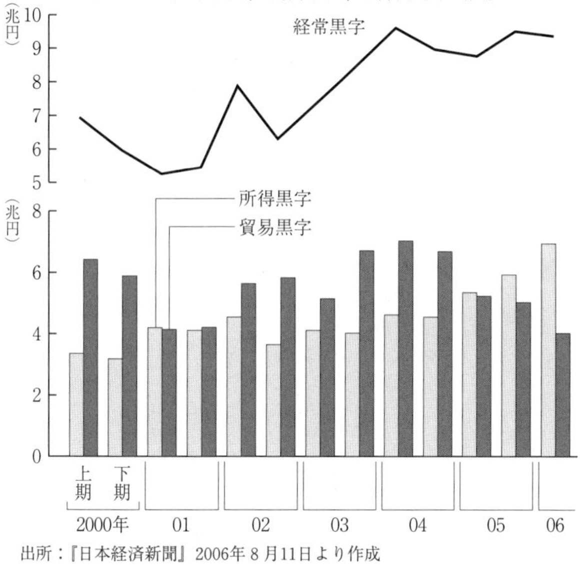

出所：『日本経済新聞』2006年 8 月11日より作成

84 経常収支の決定要因：為替レート，内需，貯蓄・投資バランス

為替レート，内需，貯蓄・投資バランスの３つは経常収支の決定要因です。

(1) 為替レート：弾力性アプローチ

P_X＝日本の輸出財（日本製品）の円建て価格，P^*_M＝日本の輸入財（米国製品）のドル建て価格，e＝邦貨建て円・ドル交換レート（ドルの値段）とします。日本の輸出の弾力性（ε_X：米国の輸入需要の価格弾力性）は日本の輸出財のドル建て価格 $\left[P_X \text{円} \times \left(\frac{\text{ドル}}{\text{円}}\right) = P_X \cdot \left(\frac{1}{e}\right) \text{ドル}\right]$ 1％の上昇によって日本の輸出量（X）が何％変化するかを示しています。P_X を一定と仮定すれば，

$$\varepsilon_X = -\frac{\left(\frac{\Delta X}{X}\right)}{\left\{\frac{\Delta\left(\frac{P_X}{e}\right)}{\left(\frac{P_X}{e}\right)}\right\}} = \frac{\left(\frac{\Delta X}{X}\right)}{\left(\frac{\Delta e}{e}\right)}$$

です。日本の輸入の弾力性（ε_M：日本の輸入需要の価格弾力性）は日本の輸入財の円建て価格 $\left[P^*_M \text{ドル} \times \left(\frac{\text{円}}{\text{ドル}}\right) = P^*_M \cdot e \,\text{円}\right]$ 1％の上昇によって日本の輸入量（M）が何％変化するかを示しています。P^*_M を一定と仮定すれば，

$$\varepsilon_M = -\frac{\left(\frac{\Delta M}{M}\right)}{\left\{\frac{\Delta(P^*_M e)}{(P^*_M e)}\right\}} = -\frac{\left(\frac{\Delta M}{M}\right)}{\left(\frac{\Delta e}{e}\right)}$$

です。$(\varepsilon_X + \varepsilon_M) > 1$ は「マーシャル＝ラーナー条件」と呼ばれ，マーシャル＝ラーナー条件（輸出の弾力性＋輸入の弾力性>1）が満たされていれば，

① e の上昇（ドル高・円安）→米国製品高・日本製品安→輸入額の減少・輸出額の増大→経常収支の改善

② e の下落（ドル安・円高）→米国製品安・日本製品高→輸入額の増大・輸出額の減少→経常収支の悪化

【知っておきましょう】 Jカーブ効果

貿易取引が，ある一定期間，契約にしばられており，為替レートの変動に合わせて取引内容を機動的に変更できないとき，短期的には，マーシャル＝ラーナー条件（外国為替市場におけるワルラスの安定条件）が満たされないことがあります。このときは，$(\varepsilon_X+\varepsilon_M)<1$ であり，ドル安・円高が進行しているにもかかわらず，経常収支が改善したり，ドル高・円安が進行しているにもかかわらず，経常収支が悪化したりすることがあります。これは「Jカーブ効果」と呼ばれています。

図 **84－1**　Jカーブ効果

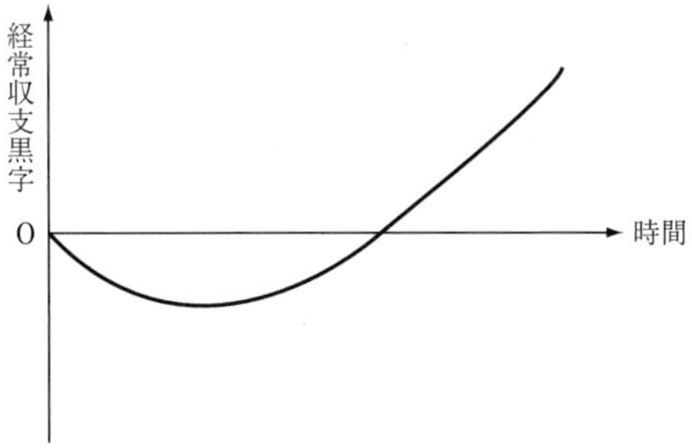

です。

(2)　内需：アブソープション・アプローチ

「国民経済計算」（☞ p. 20）より，

国内総生産(Y)＝民間最終消費支出(C)＋民間総資本形成(I)
＋政府支出(G)＋輸出等(EX)－輸入等(IM)

であり，

内需＝民間最終消費支出(C)＋民間総資本形成(I)＋政府支出(G)

外需＝輸出等(EX)－輸入等(IM)
＝経常収支＋その他資本収支

です。内需は「アブソープション」と呼ばれ，それは国産品を国内需要で吸収することを意味しています。

経常収支＋その他資本収支＝国内総生産(Y)－内需

であり，内需不足により，国内総生産(Y)－内需>0 であると，経常収支＋その他資本収支>0 です。日本で財をたくさん作っても，居住者（日本に住む人）が買わなければ，非居住者（外国に住む人）に売らなければなりません。国内需要が不足しているので，外国への販路を求めることになり，経常収支などの大幅黒字を生むことになります。経常収支は国内総生産（Y）と内需のバランスによって赤字あるいは黒字になります。

(3)　国内の貯蓄・投資バランス：貯蓄・投資バランスアプローチ

「国民経済計算」（☞ p. 20）より，

貯蓄－投資＝民間部門の貯蓄投資差額＋政府部門の貯蓄投資差額
＝輸出等－輸入等
＝経常収支＋その他資本収支

です。経常収支は国内の貯蓄・投資バランスによって赤字あるいは黒字になります。つまり，貯蓄超過（貯蓄>投資）であれば黒字，投資超過（貯蓄<投資）であれば赤字です。居住者（日本に住む人）が貯蓄しすぎると，言い換えれば，消費が少なすぎると，国産品は国内では売れません。消費が不足しているので，外国への販路を求めることになり，経常収支などの大幅黒字を生むことになります。

【知っておきましょう】　外国為替相場制度：固定為替相場制と変動為替相場制

(1)　固定為替相場制（ブレトン・ウッズ体制）

為替レートは通貨当局による外国為替市場への介入により平価（例えば，**1971**年までは**1**ドル＝**360**円）に固定されます。ただし，実際には，固定為替相場制下，平価の切り上げ・切り下げを通じた為替レートの改訂は認められていました。これはアジャスタブル・ペッグ制と呼ばれています。

(2)　変動為替相場制

①　クリーン・フロート

為替レートは外貨（ドル）の需給不均衡があると変動します。クリーン・フロート下，為替レートはドルの超過需要がゼロになるように決定されます。

②　ダーティ・フロート（管理フロート）

為替レートの変動は通貨当局の積極的介入によりスムージングされます。

表 **84－1**　平価切上げ・切下げとドル高・円安

ドルの円価格で表示された為替レートの値（e）（たとえば，1ドル＝120円とすると，e＝120）	上　昇	下　落
変動為替相場制のケース	円の減価（円安）	円の増価（円高）
固定為替相場制のケース	円の平価切下げ	円の平価切上げ

図 **84－2**　固定為替相場制と変動為替相場制

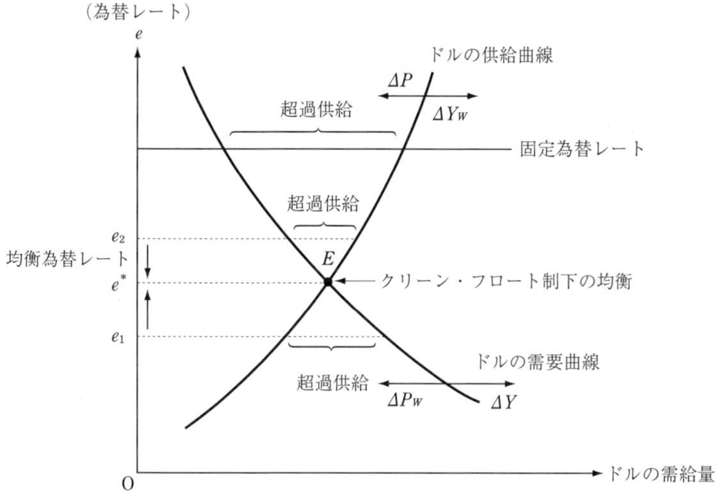

85 2国開放経済の45度線モデル：「閉鎖経済 vs. 開放経済」の乗数

A，Bの2国を考えます。＊印の付いていない変数はA国，＊印の付いている変数はB国についてのものを表しています。

① A国（日本）

$Y=C+I+G+EX-IM$	（生産物市場の需給均衡式）
$C=C_0+cY_d$	（消費関数）
$Y_d=Y-T$	（可処分所得の定義）
$T=T_0$	（定額税）
$I=I(r_0)=I_0$	（一定の投資）
$G=G_0$	（一定の政府支出）
$EX=EX_0$	（一定の輸出）
$IM=IM(Y,\tau_0)=IM_0+mY$	（輸入関数）
$BP=EX_0-IM+F_0=0$	（国際収支の均衡）

② B国（アメリカ）

$Y^*=C^*+I^*+G^*+EX^*-IM^*$	（生産物市場の需給均衡式）
$C^*=C_0^*+c^*Y_d^*$	（消費関数）
$Y_d^*=Y^*-T^*$	（可処分所得の定義）
$T^*=T_0^*$	（定額税）
$I^*=I^*(r_0^*)=I_0^*$	（一定の投資）
$G^*=G_0^*$	（一定の政府支出）
$EX^*=EX_0^*$	（一定の輸出）
$IM^*=IM(Y^*,\tau_0^*)=IM_0^*+m^*Y^*$	（輸入関数）
$BP^*=EX_0^*-IM^*+F_0^*=0$	（国際収支の均衡）

A国とB国の関係は，$EX=IM^*$，$IM=EX^*$ であるので，

$$Y=C+I+G+EX-IM=C+I+G+IM^*-IM$$

$$Y^*=C^*+I^*+G^*+EX^*-IM^*=C^*+I^*+G^*+IM-IM^*$$

図 85－1　2国開放経済の45度線分析

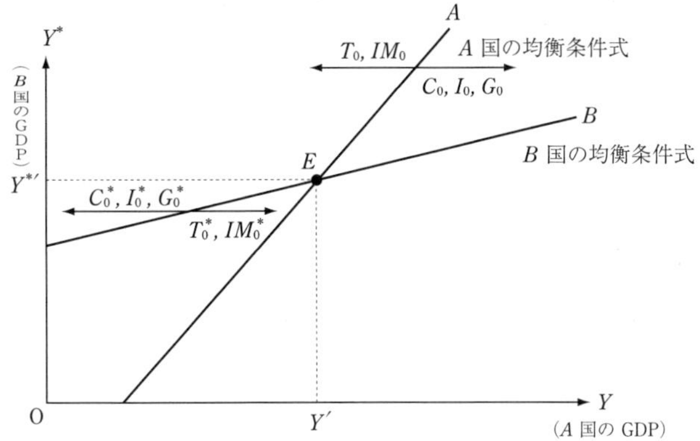

です。

$Y = Y(Y^*：C_0, T_0, I_0, G_0, IM_0)$　　（A国の均衡条件式）

$Y^* = Y^*(Y：C_0^*, T_0^*, I_0^*, G_0^*, IM_0^*)$　　（B国の均衡条件式）

であり，これらは2つの未知数 Y, Y^* を決定する2本の方程式です。A，B両国の生産物市場を同時に均衡させる GDP を求めると，

$Y' = Y'(C_0, T_0, I_0, G_0, IM_0, C_0^*, T_0^*, I_0^*, G_0^*, IM_0^*)$

$Y'^* = Y'^*(C_0^*, T_0^*, I_0^*, G_0^*, IM_0^*, C_0, T_0, I_0, G_0, IM_0)$

であり，

B国の外生変数 → B国の GDP → A国の対B国輸出 → A国の GDP

A国の外生変数 → A国の GDP → B国の対A国輸出 → B国の GDP

です。乗数は，

(i)　閉鎖経済下の乗数

A国の政府支出 → A国の GDP

(ii)　2国モデルを考慮しない開放経済下の乗数

A国の政府支出 → A国の GDP → A国の輸入 → A国の GDP

(iii)　2国モデルを考慮した開放経済下の乗数

A国の政府支出 → A国の GDP → A国の輸入・B国の輸出 → A国の GDP

であり，上記の3つの乗数を比較すると，「2国モデルを考慮しない開放経済下の乗数＜2国モデルを考慮した開放経済下の乗数＜閉鎖経済下の乗数」です。

86 IS-LM-BPモデル：マンデル＝フレミング・モデル

日本を小国，米国を大国とします。下添字の w は米国についての変数を意味しています。P＝日本の円建て物価水準，P_w＝米国のドル建て物価水準，e＝邦貨建ての円・ドル交換レート（ドルの値段）とします。IS-LM-BPモデル（マンデル＝フレミング・モデル）は次のように定式化されます。

(1)　**IS 方程式：生産物市場**

$Y=C+I+G+E$	（生産物市場の需給均衡式）
$C=C_0+cY_d$	（消費関数）
$Y_d=Y-T$	（可処分所得の定義）
$T=T_0$	（一定の租税）
$I=I_0-vr$	（投資関数）
$G=G_0$	（一定の政府支出）
$E=E(Y,\tau)\qquad E_1<0,\ E_2<0$	（経常収支）
$\tau=\dfrac{P}{(P_w e)}$	$\left(\dfrac{\text{輸出財の価格}}{\text{輸入財の価格}}：\text{円建ての交易条件}\right)$

(2)　**LM 方程式：貨幣市場**

$M^S=M_0^D$	（貨幣市場の需給均衡式）
$M^S=M_0^S$	（一定の貨幣供給）
$M_0^D=kY+M_0^D-ur$	（貨幣需要関数）

(3)　**BP 方程式：**

$BP=E(Y,\tau)+F(r)=0$	（国際収支均衡式）

以上より，

$Y=C(Y_d)+I(r)+G_0+E(Y,\tau)$	（生産物市場の需給均衡式）
$M_0^S=kY+M_0^D-ur$	（貨幣市場の需給均衡式）

$$BP = E(Y, \tau) + F(r) = 0 \qquad \text{（国際収支均衡式）}$$

が得られ，生産物市場，貨幣市場の均衡と国際収支均衡によって，３つの未知数の均衡値（Y^*, r^*, τ^*）が決定されます。

図 86－1　円の国際化：貿易取引での円利用比率

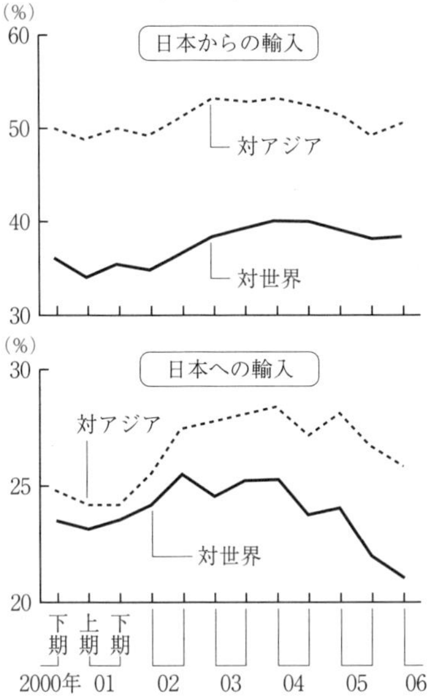

出所：『日本経済新聞』2006年８月18日より作成

図 86－2　円の国際化：IMF 加盟国の通貨別外貨準備の割合

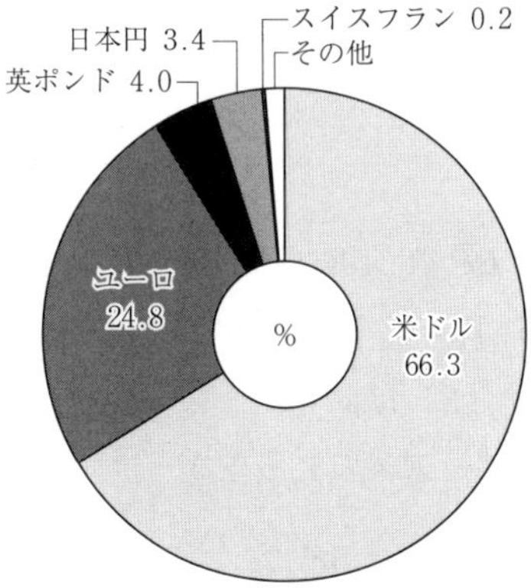

（2006年３月末時点）

出所：『日本経済新聞』2006年８月18日より作成

87 交易条件と *BP* 線（国際収支均衡線）

(1) 交易条件

円建ての交易条件は，以下の通りであり，輸出財１単位を輸出することにより何単位の輸入財を輸入することができるかを示しています。

$$\tau=\frac{P}{(P_w e)}=\frac{\text{輸出財の価格}}{\text{輸入財の価格}}$$

(2) *BP* 線（国際収支均衡線）

Y, Y_w＝日本，米国の GDP，r, r_w＝日本，米国の金利とします。経常収支の黒字（E）は，

$E=E(Y, \tau, Y_w)$　（経常収支の黒字）

$E_1=\frac{\partial E}{\partial Y}<0$　（日本の好景気→輸入増加→経常収支の赤字化）

$E_2=\frac{\partial E}{\partial \tau}<0$　（ドル安・円高（e の下落・τ の上昇）→米国製品安・日本製品高→輸入増加・輸出減少→経常収支の赤字化）

$E_3=\frac{\partial E}{\partial Y_w}>0$　（米国の好景気→米国の輸入増加・日本の輸出増加→経常収支の黒字化）

であり，資本収支の黒字（F）は，

$F=F(r-r_w)$　（資本収支の黒字）

$F'>0$　（日本の金利上昇・米国の金利低下→ドル流入増・ドル流出減→資本収支の黒字化）

です。ですから，日本の国際収支は，

$BP=E(Y, \tau, Y_w)+F(r-r_w)$　（国際収支＝経常収支＋資本収支）

であり，日本は小国であると仮定しているので，Y_w, r_w は所与であり，

$BP=E(Y, \tau)+F(r)=0$　（日本の国際収支均衡線：*BP* 線）

です。

縦軸に r，横軸に Y をとって *BP* 線（日本の国際収支均衡線）を図示すると，

$$\frac{\partial r}{\partial Y}=\frac{-E_1}{F'}>0 \qquad \text{（右上がり）}$$

$$\frac{\partial r}{\partial \tau}=\frac{-E_2}{F'}>0 \qquad \text{（上へのシフト）}$$

完全な資本移動のケースでは，資本移動は金利差にきわめて感応的であるので，国際収支均衡線は水平です。というのは，小国にとっては，r_w は所与であり，$r>r_w$ のときドル流入が起こり，r は下落し，$r=r_w$ になり，$r<r_w$ のときドル流出が起こり，r は上昇し，$r=r_w$ になるからです。

図 87－1　国際間の資本移動が不完全であるときの *BP* 線

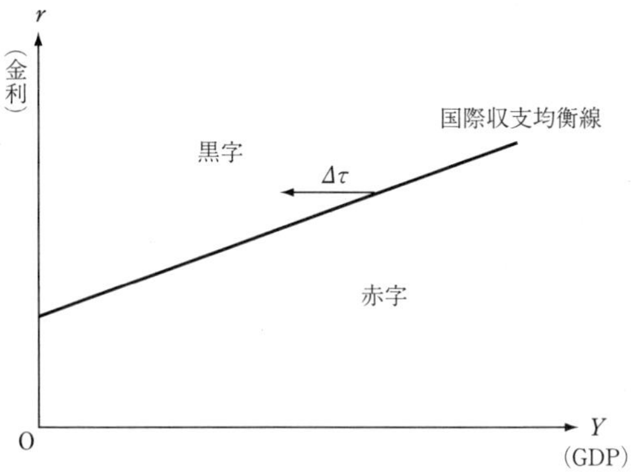

図 87－2　国際間の資本移動が完全であるときの *BP* 線

88 固定為替相場制下の金融・財政政策：完全な資本移動のケース

(1)　固定為替相場制下の金融政策の有効性

図 88 - 1 の E 点は不完全雇用均衡ですので，政策当局は金融緩和政策（貨幣供給量の増大）をとります。$E \rightarrow E'$ になりますが，E' 点では国際収支は赤字（ドルの超過需要）であるので，固定為替相場制下，為替レートを現行水準に維持するためには，当局はドルを供給（円を需要）しなければならず，不胎化政策（需要した円を債券の買いオペによって再び供給しないこと）がとられないとすると，貨幣供給量は減少します。LM 曲線は左にシフトし，$E' \rightarrow E$ になるので，金融政策は無効です。

(2)　固定為替相場制下の財政政策の有効性

図 88 - 2 の E 点は不完全雇用均衡であるので，政策当局は拡張的財政政策（政府支出の増大）をとります。$E \rightarrow E'$ になりますが，E' 点では国際収支は黒字（ドルの超過供給）であるので，固定為替相場制下，為替レートを現行水準に維持するためには，当局はドルを需要（円を供給）しなければならず，不胎化政策（供給した円を債券の売りオペによって再び需要しないこと）がとられないとすると，貨幣供給量は増大します。LM 曲線は右にシフトし，$E' \rightarrow E''$ になるので，財政政策は有効であり，クラウディング・アウトは全く生じていません。

図 88－1　固定為替相場制下の金融政策の有効性

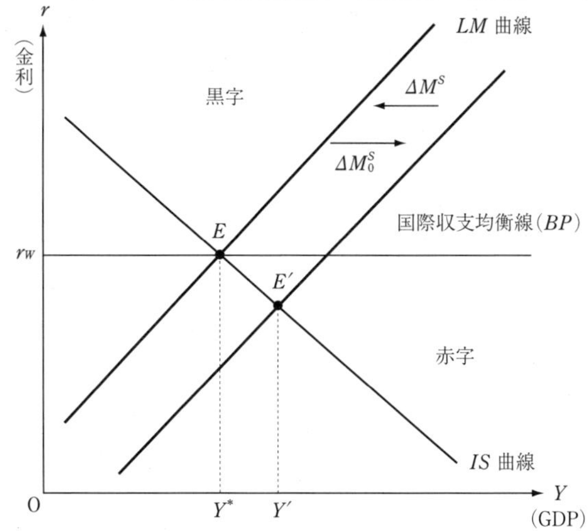

図 88－2　固定為替相場制下の財政政策の有効性

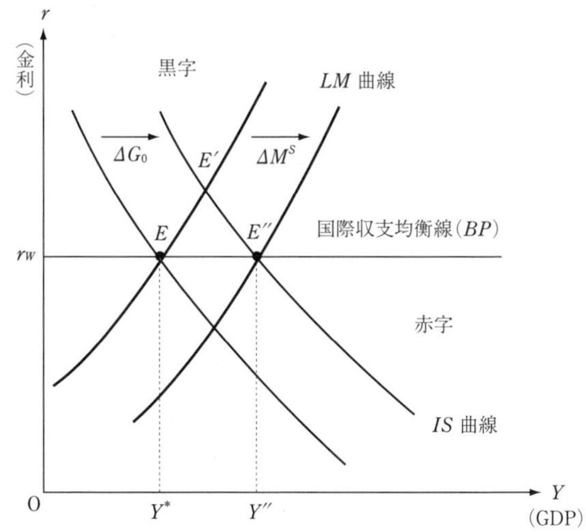

89 変動為替相場制下の金融・財政政策：完全な資本移動のケース

(1) 変動為替相場制下の金融政策の有効性

図 89 - 1 の E 点は不完全雇用均衡であるので，政策当局は金融緩和政策（貨幣供給量の増大）をとります。$E \to E'$ になりますが，E' 点では $r' < r_w$ であるので，ドル流出が起こり，国際収支は赤字（ドルの超過需要）になります。変動為替相場制下，為替レートは上昇（ドル高・円安）し，交易条件 $\left(\frac{\text{輸出品価格}}{\text{輸入品価格}}\right) \tau$ は低下します。τ の低下のため経常収支の黒字は増大し（輸入減少・輸出増大），IS 曲線は右へシフトします。日本の金利＜米国の金利であるかぎり，ドル流出→国際収支赤字→ドル高・円安→輸入減少・輸出増大→IS 曲線の右へのシフト，が続き，最終的には，$E' \to E''$ になります。金融政策は有効であり，このような政策は「近隣窮乏化政策」と呼ばれています。

(2) 変動為替相場制下の財政政策の有効性

図 89 - 2 の E 点は不完全雇用均衡であるので，政策当局は拡張的財政政策（政府支出の増大）をとります。$E \to E'$ になりますが，E' 点では $r' > r_w$ であるので，ドル流入が起こり，国際収支は黒字（ドルの超過供給）になります。変動為替相場制下，為替レートは下落（ドル安・円高）し，交易条件 $\left(\frac{\text{輸出品価格}}{\text{輸入品価格}}\right) \tau$ は上昇します。τ の上昇のため経常収支黒字は減少し（輸入増大・輸出減少），IS 曲線は左へシフトします。日本の金利＞米国の金利であるかぎり，ドル流入→国際収支黒字→ドル安・円高→輸入増大・輸出減少→IS 曲線の左へのシフト，が続き，最終的には，$E' \to E$ になります。財政政策は無効です。

図 89－1　変動為替相場制下の金融政策の有効性

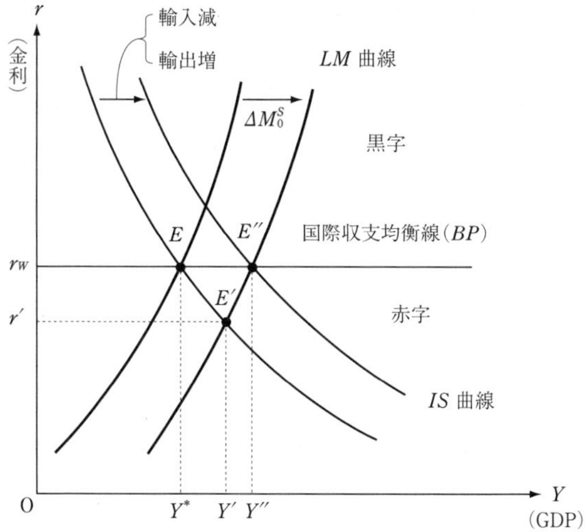

図 89－2　変動為替相場制下の財政政策の有効性

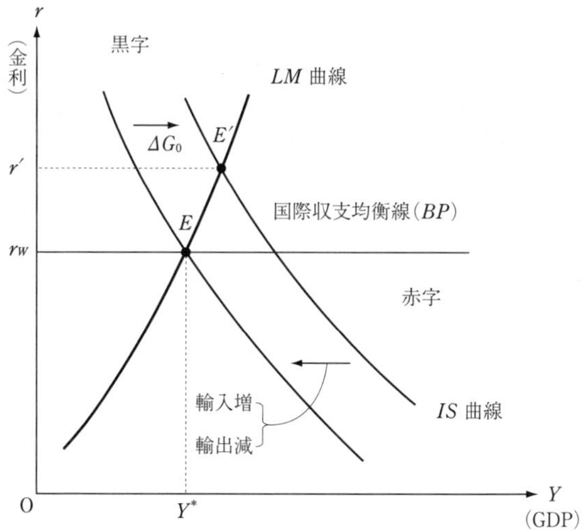

第6部　日本経済の財政面

第16章 財政の規模：歳入と歳出

政府の予算には，中央政府の一般会計予算，特別会計予算，財政投融資計画のほか，地方予算があり，中央政府の一般会計，特別会計，財政投融資および地方財政の間で巨額の資金が移転しています。

中央政府（国）の予算は，「憲法」および「財政法」に基づいて作成され，国会の議決を経て成立します。わが国の予算制度の主な原則としては，毎財政年度（4月1日～3月31日）作成されるという「単年度主義」，予算の決定・租税の賦課などの権限は国会の議決に基づいて行使されるという「国会議決主義」，歳入歳出はすべて予算に編入されるという「総計予算主義」などが定められています。

中央政府（国）の一般会計予算は単に「予算」と呼ばれ，租税，公債金等により歳入を賄い，社会保障，公共事業，教育等の国の基本的な経費を歳出に計上する会計です。予算の規模やその構成を見ることによって，中央政府の経済活動を知ることができます。

7月末から8月上旬に閣議了解された「概算要求基準（シーリング）」を目安として，国の各省庁は，各々の翌年度予算を見積もり，8月末までに財務省に翌年度予算の概算要求を提出します。財務省はそれを受けて，予算査定作業を行ない，いわゆる「予算原案」を12月末までに内示します。この段階で初めて予算規模が明らかになり，内示後，各省庁から査定事項の復活要求が出され，これを巡って財務省との間で復活折衝が行われます。ただし，財務省原案には予め調整財源が盛り込まれているため，通常，折衝後も予算規模全体には変化はありません。復活折衝で合意が成立すると，最終的に閣議了解されて政府案が決定し，国会に提出されます。

図16章－1　予算編成の流れ

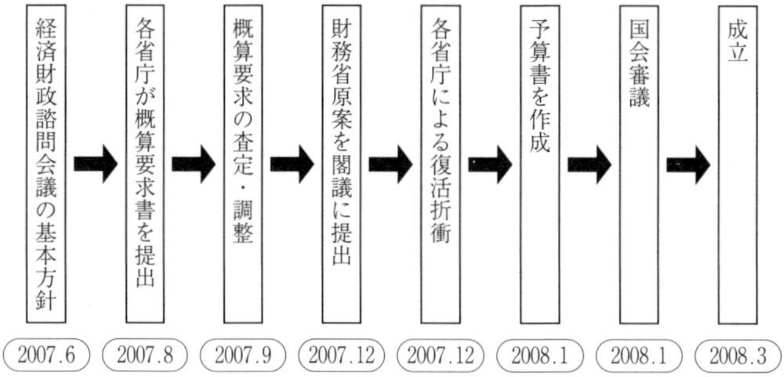

【知っておきましょう】　補正予算

中央政府（国）の一般会計には「当初予算」「補正予算」「暫定予算」の３種類があります。「当初予算」は通常，前年度末（３月31日）までに組まれ，「本予算」あるいは「国家予算」と呼ばれています。「暫定予算」は，国会での予算成立が遅れて新年度（４月１日～）予算の執行に支障が生じる場合に組まれる予算のことです。「補正予算」は，年度途中の経済環境の変化に対応するために，すでに国会で成立した予算（当初予算）を修正するための予算です。補正予算は，基本的に一般会計に手を加えますが，これに伴い関連する特別会計などのほかの予算の内容も変えます。

図16章－2　一般会計と特別会計

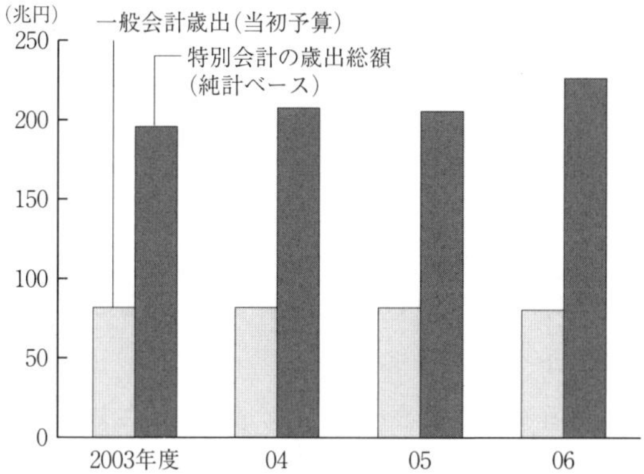

出所：『日本経済新聞』2006年８月22日より作成

90 こんな新聞記事が出ていました：来年度予算政府案決定

「来年度予算政府案決定」「一般歳出３年ぶり増」「社会保障費膨らむ」という見出しのもとで，「政府は24日午前の臨時閣議で2007年度予算案を決めた。景気回復と定率減税の全廃を背景に，税収は53兆4,670億円と06年度当初予算に比べて16.5％の大幅増。これを追い風に新規国債発行額は過去最大の減額とするが，政策経費の一般歳出は1.3％増と３年ぶりの増加に転じた。財政健全化路線は堅持したが，高齢化で膨張する社会保障費など歳出面での切り込みに課題を残した。政府は07年度予算案を06年度補正予算案とともに，年明けの通常国会に提出し，３月末までの成立を目指す。」「税収の大幅増を受け，予算の規模を示す一般会計総額は4.0％増の82兆9,088億円と２年ぶりに増加した。新規国債発行は過去最大の４兆5,410億円減らし，25兆4,320億円にとどめた。」「歳出面で一般会計総額が膨らんだ主な理由は，国債費の増加だ。国税の一部を地方に配分する地方交付税で，不足分を補ってきた交付税特別会計の借入金（総額53兆円）のうち約19兆円を一般会計に移し，国債費から約２兆円を返済に充てる。国税の伸びに連動して地方交付税は２兆円増加。交付税総額は2.6％増の14兆9,316億円に膨らんだ。財務省は来年度予算案について，税収増を新規国債の減額と『隠れ借金』といわれる交付税特会の債務返済に回したと説明。」（『日本経済新聞』2006年12月25日）という新聞記事がありました。

学習は疑問から始まります。上記の新聞記事（および表90－1）から次の疑問が出てきます。

① 記事中に「景気回復と定率減税の全廃を背景に，税収は53兆4,670億円と06年度当初予算に比べて16.5％の大幅増。」とあるが，歳入の構造はどうなっているのでしょうか。

② 記事中に「政策経費の一般歳出は1.3％増と３年ぶりの増加に転じた。」とあるが，歳出の構造はどうなっているのでしょうか。

③ 記事中に「国税の一部を地方に配分する地方交付税で，不足分を補ってきた交付税特別会計の借入金（総額53兆円）のうち約19兆円を一般会計に移し，

国債費から約２兆円を返済に充てる。」とあるが，中央政府と地方政府の関係はどのようになっているのでしょうか。

表 90－1　2007年度の一般会計と財政投融資計画

一般会計			82兆9088億円(4.0％増)
歳入	税収		53兆4670億円（16.5％増）
	国債(新規の発行)		25兆4320億円（15.2％減）
	その他収入		4兆　98億円　(4.6％増)
歳出	一般歳出		46兆9784億円　(1.3％増)
	主な項目	社会保障関係費	21兆1409億円　(2.8％増)
		公共事業費	6兆9473億円　(3.5％減)
		文教・科学振興費	5兆2743億円　(0.1％増)
		防衛費	4兆8016億円　(0.3％減)
	国債費		20兆9988億円（11.9％増）
	地方交付税など		14兆9316億円　(2.6％増)
財政投融資計画			14兆1622億円　(5.6％減)

（注）　カッコ内は06年度比増減率
出所：『日本経済新聞』2006年12月25日より作成

図 90－1　一般会計と財政投融資計画（2007年度）

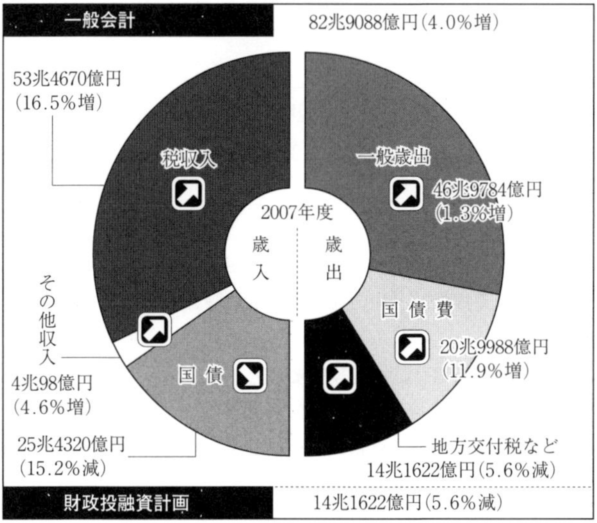

出所：『日本経済新聞』2006年12月25日より作成

91 歳入の構造：租税，納付金，国債

国の一般会計の「歳入」は，主に「租税等」「納付金等」「国債」の３つで構成されています。これらの主要項目が占める割合は，経済情勢などによって大きく変動します。

①　租税・印紙収入（租税等）

「租税」は，中央政府・地方政府の中心的な財源です。租税は，課税主体によって，「国税」と「地方税」に分かれています。また，直接税（所得税，法人税など）と間接税（消費税，酒税など）に分類されています。租税は，すべてが一般会計の歳入になるわけではありません。というのは，法律で使途を決められた目的税（地方道路税など），特定財源充当税（揮発油税，自動車重量税など）は「特定財源」と呼ばれ，一般会計とは別の特別会計の予算制度の歳入になるからです。特定財源は，財政運営を硬直化させる一因であると言われています。租税収入は景気に遅行しています。というのは，法人税や消費税の場合には，（中間申告・納付等があるものの）最終的な税額が確定して，納税が完了するのは事業年度（課税期間）終了後２カ月間の納付期限内であるといった事情があるからです。

【知っておきましょう】　望ましい租税制度：中立性，公平性，簡素さ

租税制度は「中立」「公平」「簡素」の３条件を満たすとき「望ましい租税制度」と言われます。

(1)　中立性

中立性とは市場の最適資源配分メカニズムを阻害しないことです。市場メカニズムの阻害により生じる損失は「税の超過負担」と呼ばれています。

(2)　公平性

公平性とは望ましい所得分配を実現することです。

①　水平的公平（同じ豊かさの人には同額を課税）

②　垂直的公平［貧しい人（負担能力の低い人）に比べて豊かな人（負担能力の高い人）により多くを課税］

(3)　簡素さ

②　その他収入（納付金等）

「納付金」には，日本銀行，日本中央競馬会などが納入する分と，いくつかの特別会計からの分があります。

③　公債金（国債：☞ p. 273）

国が発行する債券（借用証書）です。

表 91－1　租税などの実質 GDP 弾性値

	実質 GDP 弾性値		実質 GDP 弾性値
所得税	1.20	間接税	1.00
社会保障負担	0.66	政府支出	0
法人税	1.30		

（注）「弾力性」は敏感度のことであり，ここでの弾力性は景気に対する敏感度です。弾力性の数字が 1 を上回ること（敏感であること）は景気が良いときにはそれ以上に税収などが増え，景気が悪いときにはそれ以上に税収などが減ることを意味しています。逆に，弾力性の数字が 1 を下回ること（鈍感であること）は景気が良いときにはそれ以下に税収などが増え，景気が悪いときにはそれ以下に税収などが減ることを意味しています。
出所：内閣府『平成18年版経済財政白書』より作成

図 91－1　2007年度一般会計の歳入の内訳

（単位：百万円，％，▲は減）

区　　分	2007年度 概算額	2006年度	伸び率
租税・印紙収入	53,467,000	45,878,000	16.5
その他収入	4,0009,808	3,835,024	4.6
公　債　金	25,432,000	29,973,000	▲15.2
合　　計	82,908,808	79,686,024	4.0

出所：『日本経済新聞』2006年12月25日より作成

図 91－2　一般会計の主要税目の税収

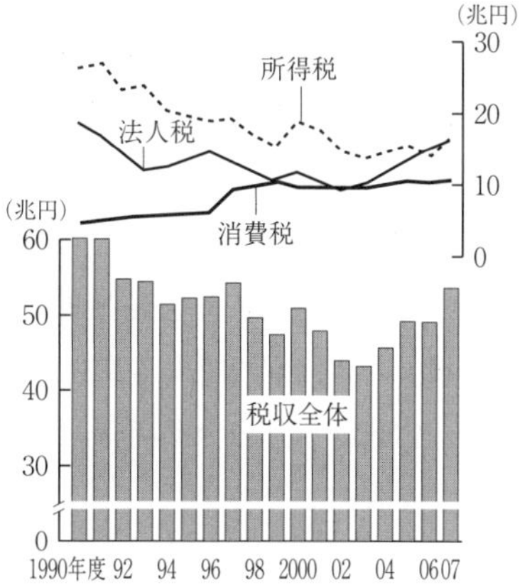

（注）06年度以前は決算額，07年度は予算額。
出所：『日本経済新聞』2007年 7 月 5 日より作成

92 歳出の構造：一般歳出，国債費，地方交付税交付金

国の一般会計の「歳出」は，「一般歳出」「国債費」「地方交付税交付金」の3種類に大別されています。

⑴　一般歳出

「一般歳出」は，一般会計の「歳出」のうち，国が政策を遂行するために，公共事業や社会保障，文教，外交・防衛などに充てる歳出のことです。毎年ほぼ自動的に歳出額が決まる国債費や地方交付税交付金などと違い，政府が景気状況や経済政策に応じて規模や内容を変えられるため「政策的経費」とも呼ばれています。

⑵　国債費

「国債費」は，国の借金の返済にかかる費用，つまり償還費，利払い費，事務取扱費のことです。国債費の割合（2007年度当初予算概算額では一般会計の25.3%）が増すと，その分だけほかの政策にあてる予算が減り，これは「財政の硬直化」と呼ばれています。

⑶　地方交付税交付金

国は地方交付税，地方譲与税などによって財源調整を行っています。「地方交付税」とは，国税である所得税，法人税，酒税，消費税の国税分，たばこ税等の一定割合を地方公共団体へ，その財源不足額に応じて客観的基準に基づき交付する税のことです。

図 92－1　2007年度一般会計の歳出の内訳

（単位：百万円，％，▲は減）

区　　分	2007年度 概算額	2006年度	伸び率
• 社会保障関係費	21,140,896	20,573,898	2.8
• 文教及び科学振興費	5,274,308	5,267,104	0.1
• 国　債　費	20,998,807	18,761,560	11.9
• 恩給関係費	923,505	998,888	▲7.5
• 地方交付税交付金	14,619,635	13,742,474	6.4
• 地方特例交付金	311,983	815,960	▲61.8
• 防衛関係費	4,801,643	4,813,939	▲0.3
• 公共事業関係費	6,947,279	7,201,494	▲3.5
• 経済協力費	691,259	721,826	▲4.2
• 中小企業対策費	162,549	161,646	0.6
• エネルギー対策費	864,748	470,927	83.6
• 食料安定供給関係費	607,370	636,055	▲4.5
• 産投会計繰り入れ	20,286	48,054	▲57.8
• その他事項経費	5,194,540	5,122,199	1.4
• 予　備　費	350,000	350,000	0
合　　計	82,908,808	79,686,024	4.0

出所：『日本経済新聞』2006年12月25日より作成

93 三位一体の改革：中央政府と地方政府

地方公共団体の財政規模は中央政府（国）を上回っており，「政府が何をしているのか」を理解するためには，地方予算も知る必要があります。「地方財政計画」は，地方公共団体（都道府県，市町村）の歳入歳出額見込みを集計したもので，「地方交付税法」に基づいて内閣が作成し，国の予算審議の参考資料として，前年度の２月前後に国会へ提出されます。

地方財政計画は，国から地方への地方交付税額（所得税，法人税，酒税，消費税等の国税収入の一定割合を各地方公共団体に交付する総額）や地方債発行予定額の増減等の点で，その時々の国の予算編成方針や経済情勢を反映しています。地方財政計画の「投資的経費」が公共事業費を表しています。投資的経費は，予算措置などから，「補助事業」と「地方単独事業」の２つに分類されています。補助事業は国が約半分程度予算措置を行なってくれる地方の公共事業です。

国と地方の財政構造を見ると，税収の６割は国税であるのに対し，歳出面では実際の事業を担う地方が全体の６割を支出しています。いま，このアンバランスを是正して，地方自治体が自らの権限，責任，財源で自主的，効率的な財政運営ができることを目指して，「補助金の削減」「財源の地方への移譲」「地方交付税制度の改革」の３つを一体的に行う「三位一体の改革」が進められています。

表 93－1　平成19年度地方財政計画

（単位：億円，％）

区　　分	平成19年度 (A)	平成18年度 (B)	増減額 (A)－(B)，(C)	増減率 (C)／(B)	備　考
（歳入）					
地方税	403,728	348,983	54,745	15.7	
地方譲与税	7,091	37,324	▲30,233	▲81.0	
地方特例交付金等	3,120	8,160	▲5,040	▲61.8	
地方交付税	152,027	159,073	▲7,046	▲4.4	
国庫支出金	101,739	102,015	▲276	▲0.3	
地方債	96,529	108,174	▲11,645	▲10.8	
使用料及び手数料	16,455	16,450	5	0.0	
雑収入	50,572	51,329	▲757	▲1.5	
計	831,261	831,508	▲247	▲0.0	
（歳出）					
給与関係経費	225,111	225,769	▲658	▲0.3	
退職手当以外	201,283	205,321	▲4,038	▲2.0	
退職手当	23,828	20,448	3,380	16.5	
一般行政経費	261,811	251,857	9,954	4.0	
補助	112,300	107,286	5,014	4.7	
単独	139,510	134,785	4,725	3.5	▲0.9
国民健康保険関係事業費	10,001	9,786	215	2.2	（投資的経費との一体的かい離是正＋6,000億円を除いた場合）
公債費	131,496	132,979	▲1,483	▲1.1	
維持補修費	9,766	9,768	▲2	▲0.0	
投資的経費	152,328	168,889	▲16,561	▲9.8	
直轄・補助	66,444	67,978	▲1,534	▲2.3	
単独	85,884	100,911	▲15,027	▲14.9	▲3.0
公営企業繰出金	27,249	27,346	▲97	▲0.4	（一般行政経費との一体的かい離是正▲12,000億円（一般財源ベース▲6,000億円）を除いた場合）
企業債償還費普通会計負担分	18,915	18,828	87	0.5	
その他	8,334	8,518	▲184	▲2.2	
下交付団体水準超経費	23,500	14,900	8,600	57.7	
計	831,261	831,508	▲247	▲0.0	
地方一般歳出	657,350	664,801	▲7,451	▲1.1	公債費，企業債償還費普通会計負担分，不交付団体水準超経費を除く

出所：総務省のホームページ

第6部　日本経済の財政面

第17章　財政赤字と国債

小さな政府（「安価な政府」「夜警国家」）を標傍する古典派経済学は「均衡財政の原則」を堅持していますが，大きな政府を許容するケインズ派経済学は財政収支の赤字・黒字を有効需要管理政策の１つとみなしています。

古典派経済学は国債の発行・政府支出の増大は民間投資支出をクラウド・アウトするとしていますが，ケインズ派経済学は国債の発行・政府支出の増大は有効需要を増大させるとしています。

図17章－1　財政赤字の循環的要因と構造的要因

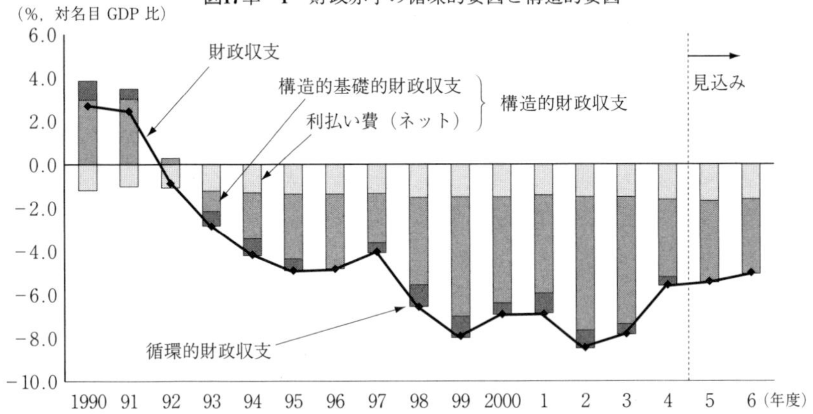

（注）　財政収支＝循環的財政収支＋構造的財政収支
＝循環的財政収支＋構造的基礎的財政収支＋利払い費（ネット）
＝基礎的財政収支＋利払い費（ネット）

出所：内閣府『平成18年版経済財政白書』より作成

94 こんな新聞記事が出ていました：国の借金

「『国の借金』最大834兆円　昨年度末，増加率は0.8％」「新規国債発行　景気回復で減」という見出しのもとで，「国債や借入金などを合計した2006年度末（07年３月末）時点の『国の借金』が834兆3,786億円にのぼり，過去最大を更新した。財務省が25日発表した。景気回復に伴う税収増で新規国債発行が減ったため，05年度末に比べた増加率は0.8％にとどまった。ただ金利が上昇に転じれば利払い費が膨らむ懸念があり，積み上がった国の借金をどう返していくかはなお重要課題だ。」（『日本経済新聞』2007年６月26日）という新聞記事がありました。

学習は疑問から始まります。上記の新聞記事から次の疑問が出てきます。

①　記事中に「2006年度末（07年３月末）時点の『国の借金』が834兆3,786億円にのぼり」とあるが，国の借金は国民一人当たりで見ると，約653万円です。「国の借金」は何を含んでいるのでしょうか。

②　記事中に「景気回復に伴う税収増で新規国債発行が減ったため，05年度末に比べた増加率は0.8％にとどまった。」とあり，06年度の国の借金全体の増加額は６兆8,981億円と統計を取り始めた1996年度末以来最も低い水準にとどまっているが，新規国債発行以外の国債発行はあるのでしょうか。

③　記事は国（中央政府）の借金についてであるが，地方政府の借金はいくらあるのでしょうか。

図 94－1　国の借金

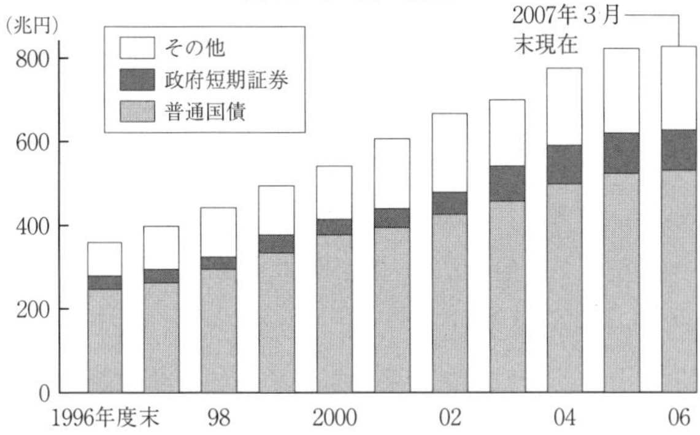

出所：『日本経済新聞』2007年6月26日より作成

【知っておきましょう】　国の借金

06年度末時点で，普通国債の残高は**531**兆**7,015**億円です。**06**年度は償還期限の集中に備え約**12**兆円分の発行済み国債を買い入れ償却し，残高は前年度末比で微増にとどまっています。財投債の残高は**138**兆**9,061**億円であり，初めて減少に転じました。これは財投機関の自力での資金調達を促す狙いからここ数年発行額を減らしてきたほか，**2**年物や**5**年物の償還が**06**年度に集中したからです。国庫の一時的な不足を補うために発行される政府短期証券（**FB**）は**100**兆**9,741**億円と初めて**100**兆円を突破しました。これは政府が**9,000**億ドルを超える外貨準備を抱え，特別会計のルールに従い運用益で増えたドル建て資産に見合う円を調達する必要があり **FB** 発行が膨らんだためです。

95 国債と国債依存度

「国債」は，国が歳入の不足を補うために発行する債券です。国債は，その発行目的（歳入債，繰延債，融通債），根拠法［財政法（建設国債），特例公債法（赤字国債），国債整理基金会計法］，償還期間，発行方式，利払方式によりさまざまな分類が行われています。

「国債依存度」とは，一般会計の歳入に占める国債発行額の割合のことです。旧大蔵省（財務省）は，国債の適正発行額を判断する際，国債依存度を有力な目安としていました。

図 95－1　歳出・歳入と国債新規発行額

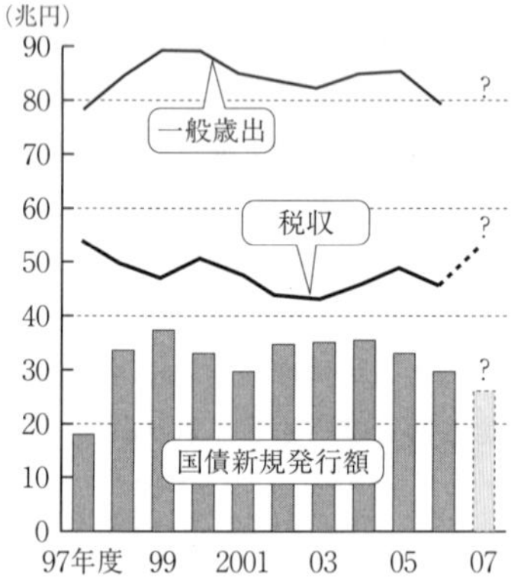

出所：『日本経済新聞』2006年12月１日より作成

図 95－2　国債・財投債残高の伸び率

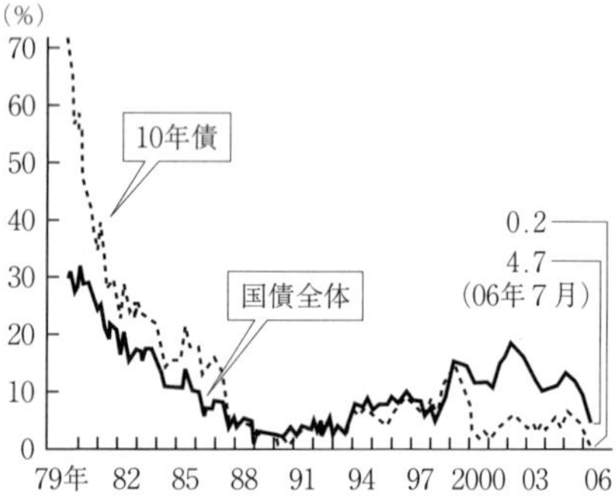

（注）　前年同月比。
出所：『日本経済新聞』2006年８月29日より作成

図 95－3　普通国債残高の財務省推計

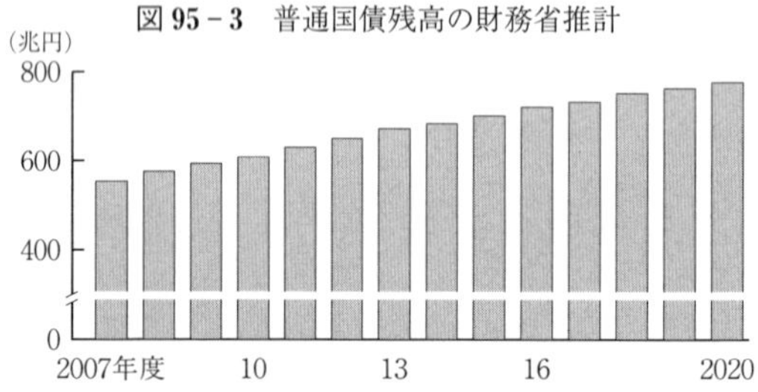

（注）　2011年度以降の新規の国債発行額は10年度と同額と仮定。
出所：『日本経済新聞』2007年１月24日より作成

【知っておきましょう】　建設国債と特例国債

「国債（公債）」は，使途により，経常的経費を賄う「赤字国債（特例国債）」と，投資的経費にあてる「建設国債」に分けられています。

図表 95－4　建設国債と特例国債

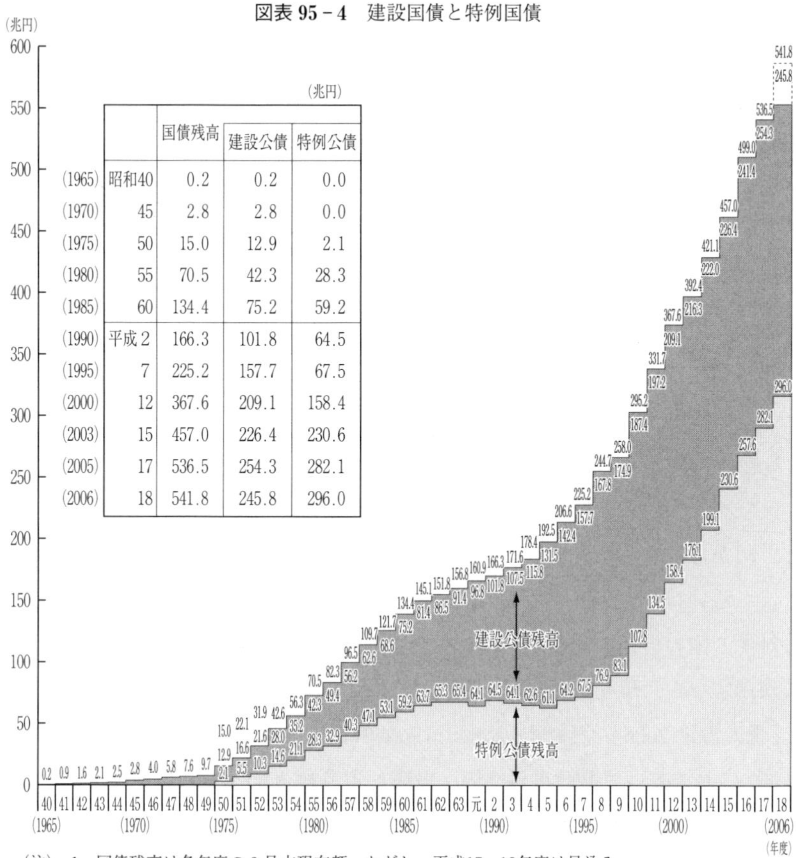

		国債残高	建設公債	特例公債
(1965)	昭和40	0.2	0.2	0.0
(1970)	45	2.8	2.8	0.0
(1975)	50	15.0	12.9	2.1
(1980)	55	70.5	42.3	28.3
(1985)	60	134.4	75.2	59.2
(1990)	平成2	166.3	101.8	64.5
(1995)	7	225.2	157.7	67.5
(2000)	12	367.6	209.1	158.4
(2003)	15	457.0	226.4	230.6
(2005)	17	536.5	254.3	282.1
(2006)	18	541.8	245.8	296.0

（兆円）

（注）1. 国債残高は各年度の3月末現在額。ただし，平成17，18年度は見込み。
2. 特例公債残高は，国鉄長期債務，国有林野累積債務等の一般会計承継による借換国債を含む。
3. 平成18年度見込みの残高は，財政融資資金特別会計の金利変動準備金からの繰入れ（12兆円）を見込んだ額。
4. 平成17，18年度の翌年度借換債の前倒発行限度額を除いた見込額はそれぞれ，506兆円程度，517兆円程度。

出所：内閣府『時の動き』2006年9月より作成

96 財政再建：基礎的財政収支

国の一般会計の「歳入」は「税収＋税外収入＋国債」，「歳出」は「一般歳出＋地方交付税交付金等＋国債費」です。ですから，一般会計の「財政収支」は，「(税収＋税外収入)－(一般歳出＋地方交付税交付金等＋国債費)」で定義されます。「税収＋税外収入」が「一般歳出＋地方交付税交付金等＋国債費」よりも小さければ，「財政赤字」ということで，国債の発行が行われます。

一方，財政健全化に向けた目標（「骨太方針 2006」の目標）として，「過去の借金の元利払い以外の歳出は新たな借金に頼らない」ことが挙げられています。つまり，「税収＋税外収入」（借金を除く歳入）と「一般歳出＋地方交付税交付金等」（借金の元利払いを除く歳出）がバランスすること，あるいは「国債を中心とする新規借入額」と「国債費」がバランスすることです。このような均衡を「プライマリーバランス（基礎的財政収支）」の均衡と呼びます。

「プライマリーバランス」の均衡は，国民が国に支払う税金などの「負担」と，国から受けるサービスなどの「受益」の水準が同じであることを意味します。あるいは，金利と名目経済成長率が同じ場合には，国内総生産（GDP）に対する国の借金の割合が上昇しないことを意味します。プライマリーバランスが赤字なら，現在世代が将来世代にツケを回していることになります。

「骨太方針 2006」（経済財政運営と構造改革に関する基本方針：2006年７月７日閣議決定）においては，財政再建への２段階の取り組みが示されています。すなわち，第１段階（2007年度～2011年度）では，国・地方合算の基礎的財政収支（プライマリーバランス）の均衡化，第２段階（2010年代半ばまで）では，国と地方の債務残高 GDP 比の安定的引き下げのための基礎的財政収支の黒字化が提示されています。そして，第１段階のプライマリーバランス均衡化のために，名目経済成長率３％程度を前提として，16.5兆円の不足を，11.4兆～14.3兆円の歳出削減，２兆～５兆円の歳入増で穴埋めすることが計画されています。歳出削減は，国・地方の公務員人件費で2.6兆円，社会保障費で1.6兆円，公共事業費で3.9兆～5.6兆円がそれぞれ予定されています。

図 96－1　国の基礎的財政収支

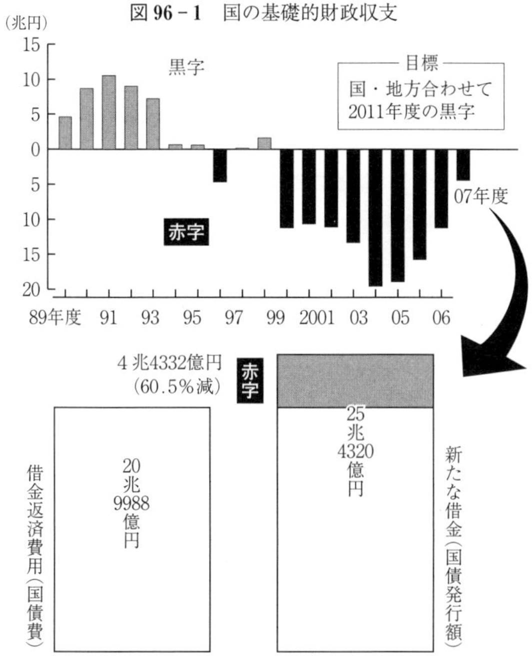

出所：『日本経済新聞』2006年12月25日より作成

表 96－1　2005年度「改革と展望」における国・地方の基礎的財政収支

年　　度	2005	2006	2007	2008	2009	2010	2011
国・地方を合わせた基礎的財政収支の GDP 比（%）	▲3.3 ▲3.3	▲2.8 ▲2.8	▲2.0 ▲2.5	▲1.5 ▲2.4	▲1.0 ▲2.5	▲0.4 ▲2.4	0.0 ▲2.4
公　債　残　高（兆円）	730.6 730.6	737.2 737.2	758.7 761.6	778.8 788.6	801.5 823.0	824.3 863.2	848.3 910.8
名目経済成長率（%）	1.6 1.6	2.0 2.0	2.5 3.4	2.9 3.7	3.1 3.8	3.1 3.8	3.2 4.0
名目長期金利（%）	1.4 1.4	1.7 1.7	2.4 2.5	2.9 3.2	3.3 3.9	3.7 4.6	3.9 5.0
消費者物価上昇率（%）	0.1 0.1	0.5 0.5	1.1 1.3	1.6 2.0	1.9 2.5	2.1 2.7	2.2 2.9

（注）　上段は改革加速，下段は改革停滞の場合。▲は財政赤字。成長率，物価は前年度比。消費者物価は生鮮除く総合。

出所：『日本経済新聞』2006年１月19日より作成

【知っておきましょう】 日本の借金

中央政府・地方政府の「長期債務残高」，つまり「国債残高＋地方債残高＋借入金残高」は「日本の借金」と呼ばれています。

【知っておきましょう】 国債の負担：名目経済成長率と長期金利

個人が年金利５％の借金をかかえているとしましょう。借金をかかえているので利息を支払わなければいけませんが，給料が５％よりも高い例えば７％の増大を示しているならば，年金利５％の借金は苦にはなりません。この話は国についても同じで，国も，国の収入である税金の増大率（それは名目経済成長率と連動しています）が，借金証書である国債の金利（長期金利）よりも高ければ苦にはなりません。

図 96－2　日米の名目経済成長率と長期金利

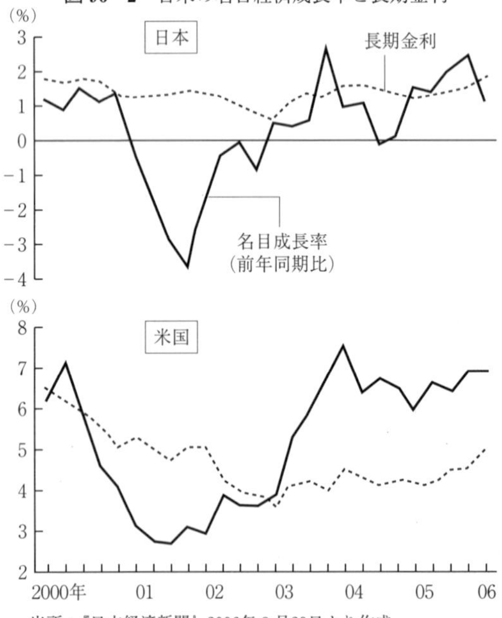

出所：『日本経済新聞』2006年８月29日より作成

図 96－3　借換債と新規発行債：国債の総発行額（当初予算ベース）

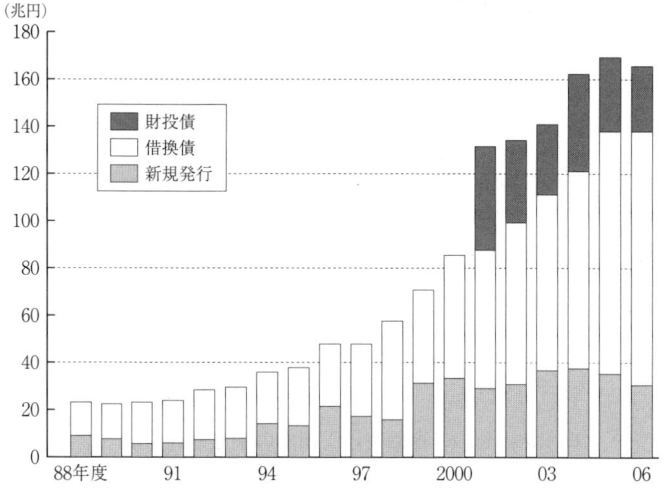

出所：『日本経済新聞』2006年10月１日より作成

97 国債の負担：国債の中立命題

日本で発行されている国債の中心は10年満期の利付国債ですが，この国債はいったん発行されると完全償還するのに60年間を要します。すなわち，国債の償還は長期に及び，国債発行によって減税（あるいは政府支出）を受けた人々の生存期間中に増税が行われるとは限りません。国債は国の借金であり，現在の国債発行は「将来世代に対する課税」によって元利が支払われるので将来世代の負担となります。

⑴ リカード（D. Ricardo）の等価定理：国債の中立命題

国債発行によって減税（あるいは政府支出）を受けた人々の生存期間中に増税が行われるとしましょう。つまり，国債の発行・償還が同じ現在世代によって行われるとしましょう。国債はいったん発行されれば，いずれは償還のための増税が行われます。家計が「消費関数のライフサイクル仮説」（☞ p. 76）に基づいて行動し，現在の国債発行によって減税が実施されたとしても，将来にその国債の償還のための増税が行われると予想すれば，生涯所得は不変であるので，消費行動は変わりません。つまり，国債は現在の課税を将来に繰り延べたものにすぎないので，政府支出の財源調達を国債（将来の租税）によるか，現在の租税によるかは同じことです。

⑵ バロー（R. J. Barro）の等価定理：国債の中立命題

次に，国債の発行は現在世代，償還は将来世代によってそれぞれ行われるとしましょう。現在の国債発行は「将来世代に対する課税」によって元利金が支払われるので将来世代の負担となると思われるが，もし現在世代の効用が現在世代の消費量と将来世代（子孫）の消費量の両方に依存している（「利他主義」）ならば，国債の発行が現在世代，償還が将来世代によってなされたとしても，政府支出の財源調達を国債（将来の租税）によるか，現在の租税によるかは同じことです。すなわち，経済主体の生涯を通ずる総消費量の減少によって国債の負担を定義し，将来世代が現在世代の遺産により生涯にわたる総消費量を不変に保つならば，国債債発行による将来世代への負担転嫁はありません。

【知っておきましょう】　国債の中立命題

「貨幣の中立性」は貨幣供給量が増大しても実物経済に与えないことを意味していますが，「国債の中立命題」は国債の増発（およびそれによる政府支出の増大）が実物経済に影響を与えないことを意味するものではありません。国債の中立命題は「国債発行と増税の実物経済に及ぼす影響は同じである」ことを意味するものです。

【知っておきましょう】　国債の負担：建設国債と赤字国債

モジリアーニ（**F. Modigliani**）は国債発行・政府支出の増大は非生産的であり，国債発行は将来世代への負担転嫁を生む，すなわち，国債の発行にともなって現在の投資がクラウド・アウトされる結果，将来の生産能力の低下によって得べかりし所得が失われるという意味で，将来世代に負担が生じる論じています。この考え方は建設国債と赤字国債の区別を生むものです。

98 課税平準化の理論

「課税平準化の理論」の論理は「生産平準化の理論」(☞ p. 96) と同じです。右ページの図は課税額が増大すると徴税費用が逓増する徴税費用関数を示しています。政府は，歳出額の大きさに応じて，課税額をHとLの水準で交互に変えるとしましょう。つまり，政府は歳出額の大きいときはHの課税を行い，歳出額の小さいときはLの課税を行うとしましょう。政府が歳出額の変動に合わせて課税額を変動させたときの徴税費用は $\frac{(C_H+C_L)}{2}$ です。一方，「歳出額＞課税額」のときは国債を発行し，「歳出額＜課税額」のときは国債を償還することによって，平均的な歳出額 $\left[M=\frac{(H+L)}{2}\right]$ で課税額を一定（平準化）にしたときの徴税費用はC_Mです。$C_M<\frac{(C_H+C_L)}{2}$ であるので，国債の発行・償還を行うことによって課税額を平準化するほうが徴税費用を節減できます。

1989年４月に消費税３％が導入され，97年４月に３％から５％へ引き上げられましたが，いま消費税の引き上げが問題になっています。消費税率引き上げの理由は来たるべき高齢社会における社会保障費の増大に備えるためとされていますが，消費税率引き上げが課税平準化の論理から，将来の歳出増大を見越して，現在から少しずつ課税するという主張であるならば，徴税の社会的費用の最小化の意味から正当化されうるでしょう。

【知っておきましょう】　課税基準：利益説と能力説

⑴　利益説（受益者負担）

消費税のように消費によって利益を受けるものが税を払います。

⑵　能力説

所得税のように税負担能力（所得）が高いものがより大きな税を払います。

図 98－1　課税平準化

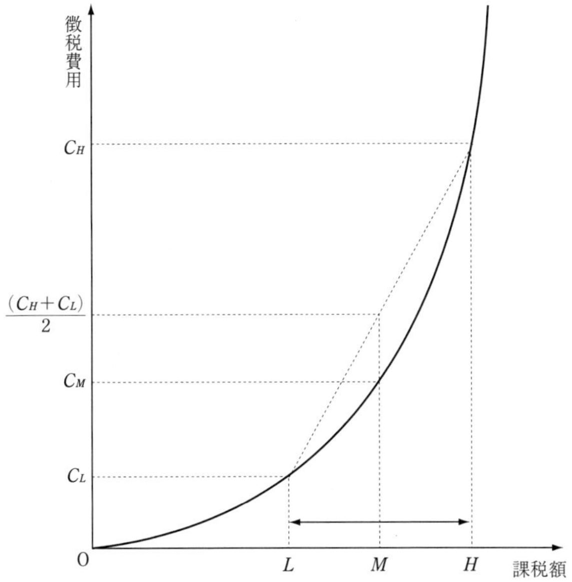
徴税費用
CH
(CH+CL)/2
CM
CL
O
L
M
H
課税額

索　引

あ　行

か　行

さ　行

た　行

参考文献

内閣府経済社会総合研究所『国民経済計算年報（平成19年版）』2007年6月。

内閣府『平成18年版経済財政白書』2006年7月。

日本統計協会『統計でみる日本2007』2006年11月。

滝川好夫『経済記事の要点がスラスラ読める「経済図表・用語」早わかり』PHP文庫，2002年12月。

滝川好夫『入門新しい金融論』日本評論社，2002年12月。

滝川好夫『やさしい金融システム論』日本評論社，2004年9月。

滝川好夫『チャートでわかる入門ファイナンス理論』日本評論社，2007年4月。

滝川好夫『ケインズ経済学を読む：「貨幣改革論」，「貨幣論」，「雇用・利子および貨幣の一般理論」』ミネルヴァ書房，2008年3月。

《著者紹介》

滝川　好夫（たきがわ・よしお）

1953年　兵庫県に生まれる。
1978年　神戸大学大学院経済学研究科博士前期課程修了。
1980-82年　アメリカ合衆国エール大学大学院。
1993-94年　カナダブリティシュ・コロンビア大学客員研究員。
現　在　神戸大学大学院経済学研究科教授（金融経済論，金融機構論）
主　著　『現代金融経済論の基本問題――貨幣・信用の作用と銀行の役割』勁草書房，1997年7月。
『ミクロ経済学の要点整理』税務経理協会，1999年3月。
『マクロ経済学の要点整理』税務経理協会，1999年4月。
『経済学の要点整理』税務経理協会，2000年1月。
『経済学計算問題の楽々攻略法』税務経理協会，2000年6月。
『経済学の楽々問題演習』税務経理協会，2000年10月。
『文系学生のための　数学・統計学・資料解釈のテクニック』税務経理協会，2002年6月。
『経済記事の要点がスラスラ読める「経済図表・用語」早わかり』PHP 文庫，2002年12月。
『ケインズなら日本経済をどう再生する』税務経理協会，2003年6月。
『ミクロ経済学の楽々問題演習』税務経理協会，2007年2月。
『マクロ経済学の楽々問題演習』税務経理協会，2007年2月。
『ケインズ経済学を読む――「貨幣改革論」・「貨幣論」・「雇用・利子および貨幣の一般理論」』ミネルヴァ書房，2008年3月。
『たのしく学ぶ金融論』ミネルヴァ書房，2008年4月。

たのしく学ぶマクロ経済学

2008年4月20日　初版第1刷発行　〈検印廃止〉
2019年10月10日　初版第3刷発行

定価はカバーに
表示しています

著　者　滝　川　好　夫
発行者　杉　田　啓　三
印刷者　坂　本　喜　杏

発行所　株式会社　ミネルヴァ書房
607-8494　京都市山科区日ノ岡堤谷町1
電話代表　(075)581-5191番
振替口座　01020-0-8076番

冨山房インターナショナル・清水製本

ISBN 978-4-623-05128-1
Printed in Japan